GANGBANK

A Giulia!
I nostri diritti,
la nostra libertà!

GANGBANK

A Giulia!
i nostri dubbi,
la nostra libert

GIANLUIGI PARAGONE

GANGBANK

PIEMME

Redazione: *Edistudio, Milano*

ISBN 978-88-566-5979-5

I Edizione 2017

Anno 2017-2018-2019 - Edizione 2 3 4 5 6 7 8 9 10

Stampato presso ELCOGRAF S.p.A. - Stabilimento di Cles (TN)

Dedicato a Laura, Tom e Fede.
Dedicato a mamma, papà e Edy.

Introduzione

Si stanno fregando i nostri soldi

Perché non sopportiamo più i politici? Perché ci rubano i soldi.

E allora perché non odiamo gli economisti e i finanzieri? Semplice, perché non abbiamo ancora capito quanti soldi ci fregano.

E perché non l'abbiamo capito? Facile, perché non ce lo raccontano. Perché il sistema bancario e finanziario mantiene tutti. Dai giornali alla politica. Quindi il corpo del reato non lo vediamo mai. Eppure la crisi che stiamo vivendo non nasce soltanto dalle creste che i politici fanno sugli appalti. No, la crisi che stiamo vivendo è causata da un sistema. Che io chiamo GangBank. E le creste che questo sistema fa sono un crimine che stiamo ancora pagando.

GangBank ha rubato i nostri soldi, ci ha privato del lavoro dopo averne annullato i diritti. GangBank mira a toglierci di mezzo come cittadini. A loro bastiamo come clienti.

Si stanno fregando i nostri soldi. Soldi guadagnati con sudore, con sacrificio. Soldi che magari qualcuno ha messo via in nero, che per questo diventa il bersaglio della reprimenda di commentatori che poi tengono i loro *speech* ai convegni promossi o sponsorizzati da multinazionali ingrassate con l'elusione fiscale. La retorica dei nostri commentatori e dei nostri tromboni si è abbattuta sugli artigiani evasori, provocando un danno economico, sui dipendenti pubblici che fanno il doppio lavoro e cose simili, facendo credere che i guai dell'Italia dipendessero da costoro. Le gazzette mantenute dai diretti interessati hanno sputato sulle tute blu, generando così i presupposti per riforme del lavoro all'insegna della flessibilità che hanno prodotto così tanti posti di lavoro che i nostri figli girano da un posto a un altro con contratti da stagisti o pagati a voucher.

Al bar si fa ancora casino sulle auto blu e sui vitalizi dei parlamentari perché l'informazione mantenuta dal neoliberismo non racconta con la stessa insistenza l'arroganza e l'avidità di banchieri e finanzieri. Scrivono libri sugli sprechi del settore pubblico (la siringa che al Nord costa 5 e al Sud costa 50), ma non si racconta della montagna di soldi che ci costa salvare i disastri provocati dalla finanza coi suoi algoritmi.

Sì, i politici rubano e molti andrebbero presi per la collottola e sbattuti fuori dalle istituzioni. Ma se tutta la rabbia finisce lì, allora non abbiamo capito nulla. E nulla capiremo. I politici meritano tutta la nostra rabbia perché hanno tradito la Costituzione, l'hanno svenduta alle lobby che scrivono in nome e per conto dell'Europa. I trattati internazionali e i trattati europei sono stati la nostra rovina, ma sono stati scritti col linguaggio dell'ipertecnicismo per allontanarci dalla conoscenza. La crisi parte dal linguaggio. Purtroppo i politici parlano come al bar, sono un branco di ignoranti pagati profumatamente. Ma li capiamo. Perché parlano a slogan. La finanza non parla a slogan. L'economia non parla a slogan. Il sistema GangBank non ha bisogno di prendere i voti, usa quelli degli altri.

La scena è questa: noi cittadini e i politici ci scanniamo in un combattimento da strada, la finanza scommette su di noi. Non si sporcano mai le mani, loro. Sebbene siano i responsabili. Chi ha scatenato questa crisi finanziaria? Chi non ha avvertito che il gioco era truccato, che il prodotto venduto era un virus mortale (titoli spazzatura, derivati, inganni finanziari...)? Loro. Quelli del GangBank. Quelli che prima che saltasse il sistema mettevano nero su bianco sui loro report che andava tutto bene. Sentenziavano persino che Lehman Brothers fosse una banca solida, un mese e mezzo prima che saltasse. I banchieri centrali. Le merchant bank coi loro sicari economici sguinzagliati nelle istituzioni. Le agenzie di rating. Pensate che questi non siano corrotti come lo sono i politici contro cui ci scagliamo? Certo che lo sono. Lo sono molto di più. E sarebbe ora quindi di smetterla di pendere dalle loro labbra.

Come fare per depotenziarne il verbo? Semplice, ripuntando sullo Stato. Sì, su quello Stato che ci fa arrabbiare dalla mattina alla sera ma che almeno vediamo e possiamo controllare. Attraverso la democrazia e la Costituzione che è sempre meglio di quegli stupidi trattati europei in nome dei quali ci siamo impoveriti. Riprendiamoci lo Stato. RIPRENDIAMOCI TUTTO QUELLO CHE CI SPETTA PER COSTITUZIONE! Chi l'ha detto che dobbiamo assistere a questo arrogante processo di "sdemocratizzazione"? Come? Decidendo noi se premiare o punire quei politici che vanno a braccetto con le multinazionali, che vanno a pranzo con i capi delle banche d'affari. Decidendo di non ascoltare più quei soloni che parlano a vanvera sul debito pubblico e non sanno che il debito pubblico, negli anni di austerity, è aumentato ugualmente senza generare quella ricchezza che negli anni del cosiddetto "spreco" ci ha permesso di vivere bene. Decidendo di rompere quella retorica per cui il pubblico è male e il privato è bene. Le privatizzazioni e le liberalizzazioni sono state una fregatura. Il libero mercato è tutt'altro che libero: è il regno del potere neoliberista. Nel libero mercato si pensano, si scrivono e si comandano le nuove regole del lavoro, del risparmio, della nostra quotidianità.

Gente avida di denaro e di potere peggio della casta parlamentare sta impoverendo l'Italia e gli italiani. Solo che non va nei talk show a farsi vedere. Fateci caso. Lascia agli altri le baruffe chiozzotte. Così non facendosi vedere non muovono ad antipatia. Però non è vero che sono invisibili. Costoro ci circondano ma non ci facciamo caso. Il sistema GangBank è dentro le pubblicità delle banche, delle assicurazioni, delle società di investimento, delle auto vendute a debito, dei telefonini che ci controllano h24, dei social che ci hanno ridotto a un branco di beoti. Andiamoli a stanare, questi truffatori, questi nuovi criminali con il colletto bianco.

Da soli, singolarmente, non riusciremo a vincere. Abbiamo bisogno di ripartire dallo Stato, che alla fine è meno ladro di questi altri. Solo che questi altri pagano e mantengono esperti e commentatori per dire il falso. Lo Stato ha gli strumenti per fermare il neoliberismo. Certo, ci vuole una classe dirigente che abbia il coraggio di servire lo Stato e non di servire se stessa pensando di essere lei lo Stato. Rivediamo il debito pubblico contratto con l'inganno e con il ricatto, altrimenti tanti saluti. Facciamo come fanno loro: bad company e good company. Per quale motivo il neoliberismo combina i guai (cioè scatena la crisi) e poi noi dobbiamo pagare il conto?

La finanza non ha bisogno di particolari segreti da svelare o di codici da decriptare: qualche volta entreremo anche nei dettagli, ma se vi annoiano, saltateli. Vi basti capire una cosa, facile facile. Sotto gli occhi di tutti. SI STANNO FREGANDO I NOSTRI SOLDI. Li prendono come fossero i loro. E oltre ai soldi SI SONO IMPOSSESSATI DELLE NOSTRE VITE. Per loro è facile: saremo presto sostituiti da robot che lavoreranno al posto nostro. Per chi resta ci sarà la riffa dei posti disponibili, con i contratti che ci sono.

Michele era un ragazzo, trentenne, friulano. Ha detto addio alla vita. Si è ucciso stanco del precariato accusando chi ha tradito la sua generazione, lasciata senza prospettive. Ha scritto una lettera che per volontà dei genitori è divenuta pubblica. Lo hanno fatto perché la sua denuncia non cadesse nel vuoto. Mi sembra giusto che il suo suicidio politico, che il suo manifesto di cittadino invisibile, non si smarrisca nel menefreghismo del dibattito politico italiano. Ecco il testo.

Ho vissuto (male) per trent'anni, qualcuno dirà che è troppo poco. Quel qualcuno non è in grado di stabilire quali sono i limiti di sopportazione, perché sono soggettivi, non oggettivi.
Ho cercato di essere una brava persona, ho commesso molti errori, ho fatto molti tentativi, ho cercato di darmi un senso e uno scopo usando le mie risorse, di fare del malessere un'arte.
Ma le domande non finiscono mai, e io di sentirne sono stufo. E sono stufo anche di pormene. Sono stufo di fare sforzi senza ottenere risultati, stufo di critiche, stufo di inutili colloqui di lavoro come grafico, stufo di sprecare sentimenti e desideri per l'altro genere (che evidentemente non ha bisogno di me), stufo di invidiare, stufo di chiedermi cosa si prova a vincere, di dover giustificare la mia esistenza senza averla determinata, stufo di dover rispondere alle aspettative di tutti senza aver mai visto soddisfatte le mie, stufo di fare buon viso a pessima sorte, di fingere interesse, di illudermi, di essere preso in giro, di essere messo da parte e di sentirmi dire che la sensibilità è una grande qualità.
Tutte balle. Se la sensibilità fosse davvero una grande qualità, sarebbe oggetto di ricerca. Non lo è mai stata e mai lo sarà, perché questa è la realtà sbagliata, è una dimensione dove conta la praticità che non premia i talenti, le alternative, sbeffeggia le ambizioni, insulta i sogni e qualunque cosa non si possa inquadrare nella cosiddetta normalità. Non la posso riconoscere come mia.
Da questa realtà non si può pretendere niente. Non si può pretendere un lavoro, non si può pretendere di essere amati, non si possono pretendere riconoscimenti, non si può pretendere di pretendere la sicurezza, non si può pretendere un ambiente stabile.

A quest'ultimo proposito, le cose per voi si metteranno talmente male che tra un po' non potrete pretendere nemmeno cibo, elettricità o acqua corrente, ma ovviamente non è più un mio problema. Il futuro sarà un disastro a cui non voglio assistere, e nemmeno partecipare. Buona fortuna a chi se la sente di affrontarlo.
Non è assolutamente questo il mondo che mi doveva essere consegnato, e nessuno mi può costringere a continuare a farne parte. È un incubo di problemi, privo di identità, privo di garanzie, privo di punti di riferimento, e privo ormai anche di prospettive.
Non ci sono le condizioni per impormi, e io non ho i poteri o i mezzi per crearle. Non sono rappresentato da niente di ciò che vedo e non gli attribuisco nessun senso: io non c'entro nulla con tutto questo. Non posso passare la vita a combattere solo per sopravvivere, per avere lo spazio che sarebbe dovuto, o quello che spetta di diritto, cercando di cavare il meglio dal peggio che si sia mai visto per avere il minimo possibile. Io non me ne faccio niente del minimo, volevo il massimo, ma il massimo non è a mia disposizione.
Di no come risposta non si vive, di no si muore, e non c'è mai stato posto qui per ciò che volevo, quindi in realtà, non sono mai esistito. Io non ho tradito, io mi sento tradito, da un'epoca che si permette di accantonarmi, invece di accogliermi come sarebbe suo dovere fare.
Lo stato generale delle cose per me è inaccettabile, non intendo più farmene carico e penso che sia giusto che ogni tanto qualcuno ricordi a tutti che siamo liberi, che esiste l'alternativa al soffrire: smettere. Se vivere non può essere un piacere, allora non può nemmeno diventare un obbligo, e io l'ho dimostrato. Mi rendo conto di fare del male e di darvi un enorme dolore, ma la mia rabbia ormai è tale che se non faccio questo, finirà ancora peggio, e di altro odio non c'è davvero bisogno.

Sono entrato in questo mondo da persona libera, e da persona libera ne sono uscito, perché non mi piaceva nemmeno un po'. Basta con le ipocrisie.
Non mi faccio ricattare dal fatto che è l'unico possibile, il modello unico non funziona. Siete voi che fate i conti con me, non io con voi. Io sono un anticonformista, da sempre, e ho il diritto di dire ciò che penso, di fare la mia scelta, a qualsiasi costo. Non esiste niente che non si possa separare, la morte è solo lo strumento. Il libero arbitrio obbedisce all'individuo, non ai comodi degli altri.
Io lo so che questa cosa vi sembra una follia, ma non lo è. È solo delusione. Mi è passata la voglia: non qui e non ora. Non posso imporre la mia essenza, ma la mia assenza sì, e il nulla assoluto è sempre meglio di un tutto dove non puoi essere felice facendo il tuo destino.
Perdonatemi, mamma e papà, se potete, ma ora sono di nuovo a casa. Sto bene.
Dentro di me non c'era caos. Dentro di me c'era ordine. Questa generazione si vendica di un furto, il furto della felicità. Chiedo scusa a tutti i miei amici. Non odiatemi. Grazie per i bei momenti insieme, siete tutti migliori di me. Questo non è un insulto alle mie origini, ma un'accusa di alto tradimento.
P.S. Complimenti al ministro Poletti. Lui sì che ci valorizza a noi stronzi.
Ho resistito finché ho potuto.

Michele ha consegnato un manifesto politico che solo la inadeguatezza e la superficialità della nostra classe politica poteva non vedere. Quella lettera è troppo alta, troppo impegnativa, per il nanismo di Poletti e di tutti gli altri. «Non strumentalizzate questa morte» hanno detto alcuni politici evidentemente con la coda di paglia. E perché dovremmo farlo quando è proprio Michele che lancia accuse precise, con nomi precisi? Il suicidio di Michele e di tutti coloro che si sono impiccati nei capannoni o altrove, perché il lavoro è un tema che da decenni viene sacrificato sull'altare delle politiche neoliberiste, non vale meno del suicidio di Mohamed Bouazizi, il giovane ambulante tunisino che si diede fuoco davanti alla sede del governatorato di Sidi Bouzid. Quel gesto nel 2011 scatenò la Rivoluzione dei gelsomini in Tunisia. Non c'è depressione, c'è antagonismo politico. Michele non è dissimile da Mohamed o da Jan Palach, eroe della Primavera di Praga (ricordate, compagnucci dalla memoria corta e dalla dignità svenduta a prezzi di saldo? Certo che non potete ricordare, visto che il vostro punto di riferimento oggi è quel Giorgio Napolitano che allora arrivò a solidarizzare con l'Unione Sovietica), anch'egli suicida. Suicidi politici, com'è politico il gesto estremo del "fantasma" friulano. Altro che strumentalizzazioni. È tutto rivendicato, non c'è niente da "manipolare".

Ecco perché politicamente tutta questa classe dirigente è responsabile. Sono loro le firme sulle leggi che istituiscono il precariato sociale, il disagio sociale. Se Poletti non è capace si scansi, tanto non se ne accorgerebbe nessuno. Non è più tempo dei nani. E a tal proposito faccio mie le parole del Cirano di Guccini: «Tornate a casa nani, levatevi davanti; per la mia rabbia enorme mi servono giganti». Peccato che di giganti non ce ne siano.

Ci siamo dimenticati di avere una Costituzione come guida. Michele e i tanti che si sono tolti la vita sono stati svenduti da una classe politica che ha tradito non solo lo spirito della Costituzione ma anche le sue norme. Ci siamo fatti narcotizzare dal mito dell'Europa unita e della cittadinanza europea. Non è vero. Non c'è alcuna cittadinanza europea. Non c'è una Carta che sancisca così cristallinamente quello che è scritto nella Costituzione italiana, non quella che l'eurofanatismo ha mutilato con il pareggio di bilancio. È imbarazzante come GangBank chieda esplicitamente – e lo vedremo in questo libro – di stracciare la nostra Carta in nome dei trattati europei e internazionali. Se l'Europa vuole ripartire, ricominci dai diritti dei cittadini, non dai privilegi per la finanza. Il neoliberismo ci sta indebitando, ci costringe alla "vita a rate". Il neoliberismo ha sostituito il welfare pubblico con il business privato, che costa di più e non è immune a quei ladrocini che contestiamo alla classe politica. Il neoliberismo, dopo aver annullato il lavoro, è pronto a calare la carta della supermodernità, della supertecnologia: la robotizzazione perfetta.

Richard Freeman, economista di Harvard, afferma che la robotizzazione «rischia di dividere le società tra i proprietari dei robot e degli algoritmi da una parte e i lavoratori dall'altra. Il maggior rischio non è un futuro senza lavoro bensì un futuro in cui i salari saranno in calo o stagnanti (perché le macchine si prenderanno la quota maggiore di lavori ad alta produttività) e la fetta di guadagno che andrà ai proprietari aumenterà».

Lavoratori e imprenditori dell'economia reale non potranno che allearsi: Brexit, Trump e Marine Le Pen dimostrano che le appartenenze ideologiche sono sospese in questa guerra allo strapotere del neoliberismo. I ruggiti della finanza speculativa, quindi ladra, si saldano con l'ingordigia dei nuovi guru della Silicon Valley, ai quali abbiamo consegnato le nostre vite private.

Facebook ha in mano una licenza bancaria e da qui partirà per entrare anche nel mondo della raccolta e della gestione del credito; scommettete? Per ora le regole se le fa scrivere dai politici, ma il Manifesto sociale vergato da Mark Zuckerberg ci fa capire che questi ragazzini miliardari sono pronti a scendere in campo raccontandoci la favoletta della modernità, della globalizzazione e della pace.

Fa specie pensare che un giovane leader – Matteo Renzi – sia andato in California per imparare «dai più bravi», come egli ha spiegato. Mi muove tristezza pensare che i campioni del nuovismo, della rottamazione, guardino all'America con la sudditanza culturale di chi ha già mollato l'Italia. Non abbiamo bisogno degli americani, né tanto meno di quelli della Silicon Valley. Le nostre province hanno innovato producendo "cose", non dati. Il mondo dei capannoni e dei distretti – che mai tanta attenzione ha avuto dai governi, nemmeno quando governava il cosiddetto "fronte del Nord" – non è per nulla finito. È stato tradito in nome della rottamazione culturale. Gli italiani hanno sempre avuto una marcia in più. «Vado a imparare da chi è più bravo» è una frase meschina: altro che leadership, questo è servilismo verso i nuovi padroni. Per ripartire occorre rispettare l'Italia e gli italiani, le sue storie di piccole imprese. Qualità, design, organizzazione. Non tutto è perduto. Nemmeno in tempo di crisi.

GangBank ha pronta la sua società, basata sugli algoritmi e sui dati. Una società dove comandano le nuove élite. Molto più odiose e pericolose di quella Casta contro cui urliamo.

1
La vita a rate

Quattro ragazzi. Belli. Sorridenti. Due maschi e due femmine. Vestiti casual. Ognuno col calice di bollicine in mano perché è l'ora dell'happy hour. Chi tiene il bicchiere alzato, chi lo sta alzando. Si brinda. Perché il presente è loro. Il futuro ancora di più. Una foto che da sola vale un messaggio. Già, perché questa è una pubblicità. Di cosa? Di un vino. Di uno spumante. O di un profumo. O di una marca di vestiti. Potrebbe essere una di queste cose…

Poi, l'indizio. Una scritta: *Vita*. E allora pensi: "È la pubblicità progresso a favore delle nascite!". Stavolta il ministro della Salute ce l'ha fatta a trovare l'idea giusta per il Fertility Day senza fare figure da pisquani. «Culle vuote, il tracollo delle nascite: nel 2016, appena 474.000; ancora meno dei 486.000 del 2015. Mai così pochi nella storia d'Italia» ci hanno informato poco tempo fa. Quindi… forza, ragazzi! Dai, dateci dentro e che la *Vita* vi sorrida!

Invece no, perché subito dopo trovi un altro indizio, una scritta un po' più piccola: *Bper*. E sotto, in lettere ancora più ridotte, *Banca*.

Sì, è la pubblicità di una banca. Ma è come se avessero pudore, imbarazzo a rivendicarlo. Tutto è espresso in caratteri discreti: *La tua idea di futuro raccontala a una banca solida che sa ascoltare, capire e fare. Vicina. Oltre le attese.*

Non so cosa si possa raccontare a una banca nell'epoca in

cui si chiudono gli sportelli e i titoli azionari schizzano quando i CEO (gente che prima chiamavamo semplicemente "amministratori delegati" e prima ancora "capi"...) annunciano piani di esubero in nome delle ristrutturazioni aziendali. Tu racconti, va bene. Ma a chi, se non sai mai con chi parlare? Un tempo andavi allo sportello e trovavi il signor Mario o la signora Carla, magari sempre impicciati in qualcosa. «Sono subito da lei.» E sparivano per cinque minuti. Oggi, a chi parli? Al Numero verde? Ai call center 800 eccetera eccetera? O le tue idee, i tuoi bisogni li racconti su Facebook, Twitter, Instagram? Sicuro che la banca che ti ascolta, la banca che ti attrae, la banca che ti aiuta, la banca che ti sta attorno, la banca che ti coccola, insomma sicuro che le banche ci siano, quando devi raccontare loro che vorresti una casa ma non hai un contratto che va oltre i dodici mesi, se ti va bene?

Voglia di saldi? Entra in banca! Scopri i nostri prestiti personali. Ecco, siamo conciati così: un tempo i saldi servivano per comprare e risparmiare, per comprare bene e non svuotare il portafoglio. Vi ricordate, no? «Ho fatto un bell'affare, ho preso una giacca e una gonna e ho speso pochissimo.» Oggi, invece, anche con i saldi ti vogliono indebitare. L'affare lo devono fare solo loro. Dentro le parole c'è un'idea di società che ci sfugge. Che ci fanno apparire normale, ma che normale non è.

È l'inganno malizioso delle parole.

Boh, a guardare gli spot, le banche sembrano un consultorio, un centro d'ascolto, un istituto di anime pie: che bella invenzione, la comunicazione! La pubblicità è la poesia 2.0, ammanta tutto e trasforma la crisi in opportunità.

Questo è iPhone7, mi dice la pubblicità. *A tasso zero. In 10 o 18 rate. Scopri come nelle agenzie UnipolSai.* Oddio, e che c'entra UnipolSai? Li avevamo lasciati che facevano gli assicuratori, ora si sono buttati sull'elettronica? *Scopri le incredibili polizze a tasso zero (asterisco) di UnipolSai. Scegli la tua serenità e puoi avere in 10 o 18 rate (due asterischi) a tasso zero (tre asterischi) anche iPhone, iPad, iMac, MacBook, AppleWatch, AppleTv.*

«Scegli la tua serenità?» Una compagnia di assicurazione abbina la parola "serenità" (senza asterisco) alla vendita a rate (con asterischi come se piovessero) di telefoni e simili? Ormai anche loro fanno questo: vendono a rate, vendono prestiti. Ai giovani l'iPhone7 e agli anziani la pensione anticipata, come vedremo meglio dopo. Del resto, se parli di pensione ai giovani, ti guardano come se fossi un becchino. Quindi meglio acchiapparli con i feticci della modernità.

Allora evviva la modernità. Dove tutto è in evoluzione. Tanto che, se alla compagnia di assicurazione chiedi di fare l'assicurazione alla vecchia maniera, può finire così: «Investita mentre attraversava sulle strisce. Era in sella alla bici, l'assicurazione non paga. La vittima, una donna di settantaquattro anni, ha dovuto sottoporsi a numerosi interventi chirurgici. Ma la compagnia non riconosce neppure il concorso di colpa». L'ho presa da un giornale locale. Scelta a caso. E non ho dubbi che ci sarà stato un rigo del contratto che metteva al riparo l'assicurazione, ma – perdonatemi – mi riesce davvero difficile lasciare la povera signora in mezzo al guado.

Se le assicurazioni vendono i telefonini, le compagnie telefoniche che cosa vendono?

Il nuovo smart tv Samsung Full HD è super leggero con Tim. A soli 9,90 euro in bolletta ogni mese e la consegna è gratuita. Un televisore? Ma dammi una rete che funziona! Dammi un centralino che se ho bisogno mi risponde e mi risolve i problemi, non che mi stalkerizza di offerte e di promozioni. Roba che, se poi accetti, il giorno dopo nessuno ti risponde più, come se non ti conoscessero: l'importante è acquisire i clienti, fare volume. Tanto a lasciarsi c'è sempre tempo perché loro un modo per tenerti legato lo trovano sempre. Per esempio, noleggiando smartphone, tablet e persino televisori moderni collegati a contenuti web. Poi c'è il "tutto incluso", che non è mai davvero tutto incluso perché qualcosina in bolletta te lo ritrovi sempre. E siccome gli hai dato i codici del conto corrente, loro se lo prendono comunque e poi... «Sì, vabbe', mi faccia causa». Per non dire del passaggio da una compagnia all'altra. «Non si preoccupi, facciamo tutto noi.» Certo, fino a quando non si presenta la vecchia compagnia che ti chiede di pagare gli arretrati. Ed è tutto una catena di sant'Antonio, dove il pollo sei tu.

Ma non è finita...

Per l'auto dei tuoi sogni, vieni all'ufficio postale. Il mio sogno, care Poste Italiane, è molto più alla vostra portata: riuscite a garantire un servizio postale adeguato? Una cosa del tipo che mi eviti di trovare nella casella della posta un avviso di giacenza anche quando sono in casa? Non è che il postino debba per forza bussare due volte, ma una volta fatta bene sì. Che poi in quell'avviso c'è sempre una multa da pagare, un avviso di Equitalia con tutte le more del caso, un pacco da ritirare... Magari un servizio che mi eviti di doverci andare alle Poste, ecco cosa vorrei dalle Poste Italiane. Invece uno va in posta (la prima impresa è trovare un parcheggio, altro che «per l'auto dei tuoi sogni vieni all'ufficio postale») e sembra di essere per metà in un centro commerciale e per metà in una banca. Anche loro vendono tutto. *Scopri la gamma Prestiti BancoPosta in tutti gli uffici postali abilitati, anche in quelli aperti il sabato mattina. Prestiti BancoPosta. Ce n'è uno per tutti.* Grazie mille, che accortezza. Che bel mondo, questo, dove il postino viene licenziato perché nella modernità dei tempi le Poste cambiano pelle e purtroppo certi lavori sono destinati a morire. C'è internet, quindi non si usano più né le lettere né i francobolli. Che belle le Poste raccontate nella pubblicità che vorrebbero umanizzare i robot, come se i robot per forza debbano entrare nella società e quindi umanizzarsi! Si usa la pubblicità per rendere tutto normale. Che bel mondo, questo, dove Poste Italiane gestisce una liquidità spaventosa, muovendosi con maestria dentro le dinamiche della finanza, dove la logica dei vecchi libretti postali ha di fatto lasciato il passo ai fondi di investimento. Ci torneremo per bene, sulle Poste e sul loro ruolo in quello che io chiamo il "welfare bank".

Prestiti. Leasing. Mutui. Che mondo leggero è questo del denaro facile. *Come ottenere un prestito alla velocità della luce. Scarica l'app e richiedi il prestito via mobile. Benvenuto in UniCredit.* È sempre tutto facile, sembra sempre tutto un gioco. Se non fosse che poi i dati ufficiali raccontano di elenchi di cattivi pagatori, di persone che non riescono a rientrare dalle linee di credito. E di banche piene di *non performing loans*, cioè di sofferenze, crediti che non saranno mai pagati. Il gioco del Monòpoli diventa il gioco della crisi. Eppure il turboconsumismo voluto dal sistema GangBank non si ferma. Spinge per rateizzare tutto. Persino un asciugacapelli modernissimo da quasi 400 euro (giuro!), che puoi pagare in venticinque comode rate da 16 euro: venticinque volte 16 euro, che poi è più o meno il prezzo di un asciugacapelli normalissimo (sempre che l'asciugacapelli serva per l'appunto ad asciugare i capelli e non a impiantarteli in testa).

Trony, Expert, Mediaworld, IperCoop: insomma non c'è centro commerciale o outlet village che non agevoli gli acquisti. Tutto facile. Tutto col sorriso. E con l'asterisco.

Non sanno più come venderti la modernità.

Se vuoi comprarti un drone... Giuro, nella casella della posta una volta ho trovato anche chi mi voleva vendere un drone in comode rate. Lo avevano fatto sotto Natale, così mio figlio mi dice: «Ehi papà, mi regali un drone?». «E che te ne fai, figliolo?» «Boh, i miei compagni ce l'hanno tutti.» Per fortuna non era vero, non ce l'avevano tutti: soltanto tre. Ma d'altronde, oggigiorno, chi non vorrebbe farsi un drone?

Basta un finanziamento, basta un "sì", una firma, e ti trovi fregato. Eppure non eravamo così, l'indebitamento privato non era una nostra caratteristica. Prima il mutuo lo si pensava per la casa. Qualcuno per la macchina, che si pagava con le cambiali che erano anche materialmente un qualcosa che non potevi non ricordarti. Il debito aveva una sua tremenda "fisicità". Ma, se te lo potevi permettere e volevi fare un affare, entravi in concessionaria e dicevi che volevi pagare tutto in un'unica soluzione. Loro ti facevano un signor sconto e ci guadagnavate entrambi. Ora, prova a entrare in una concessionaria e dire: «Dai, te la pago tutta subito, che sconto mi fai?». Ti guardano come se gli avessi menato la madre o la sorella!

Perché il venditore ci guadagna se fai il loro finanziamento... Tu compri più la polizza che il bene. L'affare è diventato questo. Le grandi case automobilistiche ormai hanno in casa la parte bancaria, cosicché il contratto parte dalla vettura ma si ingrossa con la vendita rateizzata, che poi prevede un'assicurazione, gli interessi eccetera eccetera.

Ci hanno spinto all'americanizzazione del turboconsumismo. Tutto anche se non puoi. Così loro vendono e ti tengono pure per il collo. Perché quando sei indebitato, sei loro ostaggio. Non paghi le rate? Eh...

Vi racconto una vecchia storia.

«La casa è mia. Provati a toccarla. Fa' tanto ad avvicinarti e t'ammazzo come un cane.»

«Ma non sono io. Io non posso far niente. Io perdo il posto se non eseguo gli ordini. Del resto, cosa credete di risolvere ammazzando me? Vi impiccheranno certo, ma prima ancora d'impiccarvi ne manderanno un altro, qui, con la trattrice a buttarvi giù la casa. Come vedete è inutile ammazzare me.»

«Vedo. Ma chi te li dà questi ordini? Vuol dire che andrò a scovare lui. È lui che ammazzo.»

«Non volete proprio capire: anche lui riceve gli ordini dalla banca. La banca dice: "Sbatti fuori quella gente, abbatti la casa o ci rimetti il posto".»

«Ma ci sarà pure un presidente, una direzione. Io prendo il fucile e vado alla banca a fare una carneficina.»

«Anche la banca, da quello che so, riceve gli ordini. Gli ordini dicono: "O ci mostrate gli utili o vi mettiamo in liquidazione".»

«Da chi devo andare, maledizione? Ci sarà pure un responsabile da fare fuori. Io non ho nessuna intenzione di crepare di fame senza ammazzare chi mi assassina.»

«Non so cosa dirvi. Forse non esiste un responsabile da far fuori. Probabile che, come dite, responsabile di tutto è la proprietà.»

Non è una storia di oggi. È una pagina tratta da *Furore* di John Steinbeck. Anno del Signore 1939, il racconto della Grande depressione americana. E mica è cambiato niente: il fantasma di Tom Joad è sempre imprigionato nelle menzogne della speculazione. L'America è crollata sulla grande menzogna del tutto a tutti, del debito che si spalma... E questa crisi ha trascinato tutto il mondo, in fasi diverse e con modalità diverse. La crisi che stiamo vivendo è la grande crisi del debito impossibile da ristrutturare, del grande inganno del credito che invece è debito. È la grande crisi della vita a rate.

«Complessivamente i debiti finanziari derivanti dal credito a consumo superano i 2,1 miliardi con un peso vicino al 70% del totale delle esposizioni.» Lo rivelava uno studio dell'Osservatorio di Si Collection, società specializzata nella gestione del recupero crediti, condotto scandagliando nel proprio database tutte le linee di credito attivate da quasi settecentomila consumatori (lo studio riguarda anche stranieri regolarmente in Italia) tra il 2006 e metà del 2016, cioè l'arco temporale centrale della crisi. Secondo questa analisi, il "profilo medio" del cattivo pagatore è un maschio di età compresa tra i quarantasei e i cinquantacinque anni che vive nel Nord Italia con un saldo da pagare che raggiunge i 4.600 euro. Milano è il capoluogo più strozzato: rate non pagate per 121 milioni; Genova la città con il maggior importo pro capite con 5.900 euro.

La fascia di età più colpita è tra i trentasei e i cinquantacinque anni: si tratta per lo più di uomini – spesso capifamiglia – i quali devono fronteggiare o la perdita del lavoro o scadenze che riguardano la vita familiare. Sempre secondo questi dati, se il 70% delle sofferenze arriva dal credito al consumo spinto da pubblicità, articoli di giornali e quant'altro, un'altra parte di sofferenze arriva da crediti bancari e conti correnti scoperti, da bollette della luce, del gas, dell'acqua o della spazzatura non pagate, e ancora dalla cessione del quinto dello stipendio, pratica che sta prendendo sempre più piede. Gli aumenti costanti e progressivi delle tariffe nel settore dei servizi dimostrano che le tanto strombazzate liberalizzazioni e privatizzazioni non hanno affatto prodotto migliorie nei bilanci famigliari. Di contro, le liberalizzazioni hanno aumentato le truffe contro gli anziani, il cui consenso al passaggio ad altre aziende viene spesso strappato con l'inganno.

Come dicevo prima, questa attitudine all'indebitamento privato non ci apparteneva: eravamo sempre pronti a ribaltare il discorso del grande debito pubblico italiano con il bassissimo debito privato accompagnato da un grande risparmio cumulato. La progressiva crescita dell'indebitamento privato fotografa una situazione che definirei così: siamo una bella preda. Pensate un po': in Italia, nel 1995 il debito familiare medio (cioè il debito a carico delle famiglie espresso in percentuale sul reddito netto disponibile) si attestava intorno al 38%. A fine 2015 era salito all'89%

(fonte: Organizzazione per la Cooperazione e lo Sviluppo Economico – OCSE).

Non voglio tediarvi con i numeri, ma ne voglio aggiungere qualcun altro per mettere meglio a fuoco la questione della vita a rate. Dall'avvio dell'euro, la Germania (sempre dati OCSE) è l'unico paese dell'eurozona in cui il debito familiare è diminuito costantemente: dal 115% del 1999 al 93% del 2015. Ma guarda caso, prima dell'introduzione della moneta unica, dal 1995 al 1999, stava aumentando costantemente. Tra il 1999 e il 2014, la Grecia è invece passata dal 23%al 120%; eppure, nel 1995 aveva uno dei debiti privati più bassi d'Europa e dei paesi OCSE: udite udite... soltanto il 17%!

Il debito familiare nell'eurozona e nell'"eurotempo" (cioè da quando siamo entrati nella stagione dell'euro) è andato a peggiorare dovunque, sia nei cosiddetti paesi PIIGS (Portogallo, Irlanda, Italia, Grecia e Spagna) sia in Francia e in Finlandia. Dunque peggio per tutti eccetto che per la Germania, che ha tratto un gran beneficio dalla moneta unica, dall'austerità e dalle politiche neoliberiste di Bruxelles, facendo delle altre nazioni le proprie *dependances* abitate da cittadini di serie B sottopagati. E spogliati del lavoro, dei servizi sociali e dei diritti. Dunque inevitabilmente sempre più indebitati.

Alzando il tiro, possiamo trarre le stesse conclusioni se ci spostiamo dal debito meramente familiare all'intero stock del debito privato, e cioè alla somma di tutti i debiti in carico a soggetti privati di varia natura quali imprese, banche, individui eccetera. Ebbene, nell'era dell'euro la Germania ha migliorato la propria posizione debitoria scendendo dal 170% circa al 150% circa a scapito dei soliti PIIGS e della maggior parte dei paesi dell'eurozona. Per esempio, lo stock di debito privato dell'Italia è lievitato da valori intorno al 130% sino alle vicinanze del 180%.

Fa specie come alcune mani invisibili abbiano spinto alla deriva dell'indebitamento cronico quelli che vent'anni fa erano i cittadini più virtuosi, ovvero i greci e gli italiani, oggi oggetto di ingiusto biasimo pubblico internazionale. Da parte di chi? Da parte di quegli stessi apparati che hanno creato le condizioni per spingerli nel burrone e che hanno promosso quelle campagne mediatiche *blame the victim*, "incolpare la vittima", più volte descritte dal premio Nobel Joseph Stiglitz nel suo ultimo lavoro sull'euro.

Anche l'informazione ha delle grosse responsabilità: la materia del debito pubblico è stata data in pasto ai cittadini pensando solo agli share di gradimento, con la conseguenza che ormai tutto ciò che è pubblico è infettato (salvo poi alzarsi in piedi quando i vigili del fuoco salvano eroicamente persone intrappolate sotto le macerie o le forze dell'ordine compiono blitz di grande pericolosità), mentre ciò che accade sotto l'ombrello del privato o del mercato ha una virtuosità *in re ipsa*: cosa che dimostreremo non essere vera. Da anni analisti e commentatori (molti dei quali digiuni di glossario economico) ripetono a pappagallo ciò che nei salotti elitari (Dio quanto godono i giornalisti nel far parte di certi salotti!) era oggetto di discussione.

L'Europa era di per sé il Bene, il Sogno, la Terra promessa cui far approdare quest'Italietta corrotta e mafiosa. Nessuno si prendeva la briga di mettere in discussione il profilo e la corruzione dei nuovi padri eurocostituenti, i loro giganteschi conflitti d'interesse, il loro viavai tra ruolo pubblico e incarichi privati al soldo delle merchant bank. Per anni ci siamo sentiti raccontare la tragedia dell'«abbiamo vissuto ben oltre le nostre possibilità, quindi ora dobbiamo tirare la cinghia per salvare le nuove generazioni». I risultati ci stanno dicendo che le prossime generazioni saranno senza più speranze proprio per colpa di queste salvifiche ricette neoliberiste. Abbiamo distrutto un diritto del lavoro che era tra i migliori possibili, e adesso ci ritroviamo con un mercato del lavoro dopato di voucher e accordi ingannevoli. Così, mentre l'economia reale va a rotoli, l'economia di carta si gonfia, tronfia. Troviamo scritto sui giornali: «Profitti record per J.P.Morgan Chase. In tutto il 2016 gli utili toccano il livello di 24,73 miliardi di dollari»; «BlackRock ha raggiunto il record di raccolta della sua storia con 202,2 miliardi di flussi in entrata netti nel 2016, cifra che ha fatto salire a 5,15 trilioni di dollari (+15%) il totale degli asset gestiti». Ma anche: «Udine, sviene in classe: non mangiava da due giorni. Pensavano che si trattasse di disturbi alimentari, casistica non rara quando ci si imbatte nelle adolescenti. Invece la ragazzina viveva in condizioni di disagio economico e sociale; faceva la doccia con l'acqua fredda. Il dirigente scolastico ammette: "Non è la prima volta che capitano casi simili"». Tutto questo a Udine, nel ricco Nordest, frontiera che forse non è più così ricca...

Negli ultimi anni, molti paesi europei e mediterranei sono stati plasmati su modelli anglosassoni, e cioè sono stati resi schiavi di una cultura non loro: quella del debito privato che da sempre attanaglia, per esempio, gli Stati Uniti, il Regno Unito e anche l'Australia. Guardare per credere: quando nel 1995 le famiglie americane, inglesi e australiane erano già oppresse da montagne di debiti nei pressi della tripla cifra (poco più o poco meno del 100%), i cittadini greci vivevano sereni del loro 17% e si godevano la vita.

L'Italia è stata campione di risparmio privato perché quella mentalità era un pilastro portante di un edificio sociale ed economico. Sul risparmio abbiamo reso forti le famiglie (la casa di proprietà, una macchina, lo studio per i figli...) e le aziende familiari, dando così vita a un modello microaziendale reso possibile da banche gestite con senso di comunità. Da questo contesto è scaturito il miracolo dei distretti industriali. Poi sono arrivati i liberisti con le loro teorie americane del debito, degli investimenti finanziari, delle diversificazioni. «"Piccolo è bello" non reggerà nel mercato globale» dicevano gli yuppies ai cumenda dalle mani callose. Ai quali non sembrava vero di sentirsi dire, dopo una vita passata nei capannoni, che si poteva crescere e arricchirsi senza lavorare, cioè investendo nella finanza. Già, finché è durata era un mondo fantastico. Poi, però, i trucchetti sono venuti al pettine e gli investimenti sbagliati di questi giovani rampanti sono diventati un boomerang a danno delle aziende. Così la finanza si è impadronita delle stesse imprese. Il vecchio mondo solido è franato con velocità e potenza crescente con il progredire della cultura GangBank, cioè l'opposto del modello "risparmio-famiglia-azienda-territorio".

Ma torniamo al punto dolente della vita a rate. Da una parte le continue tentazioni, le continue offerte di prestiti a vario titolo; dall'altra la contrazione dei salari, degli stipendi, se non addirittura il ricorso agli ammortizzatori sociali a fronte della chiusura di molte aziende. Una tenaglia mortale che sta producendo il risultato di precarizzare sempre di più il lavoro senza per questo creare ribellioni di piazza. Ci avete pensato? Perché la crisi non ha trovato sbocco in contestazioni di massa? Io penso questo: senza lavoro o con buste paga leggere, qualsiasi lavoro e qualsiasi stipendio diventano essenziali per fare fronte ai debiti contratti. La questione salariale segna il passo a favore dell'esposizione debitoria. Non sono più il salario o le condizioni di lavoro a essere centrali, ma i debiti che ci strangolano. Il senso del collettivo crolla, il senso della sopravvivenza individuale emerge. Eccolo qui uno dei veleni mortali della vita a rate: la produzione di un ceto sociale impaurito e dunque senza voce. Anche su questo torneremo.

«Non te lo ordina il medico di indebitarti.» Quante volte avete sentito questa frase? Io tante. Non solo, mi ricorda anche l'altra: «Nessuno gli aveva detto di drogarsi. Adesso cosa vuole?». Già, l'indebitamento privato è come una droga a portata di mano. Come abbiamo visto all'inizio del capitolo, la comunicazione e la pubblicità spingono per promuovere il debito, ma sono soprattutto i consulenti con i loro dizionari sempre più tecnici e anglofoni a indirizzare verso la cultura dell'indebitamento: più loro ne creano e più ci guadagnano. Lo shopping diventa facile perché c'è sempre una finanziaria pronta a darti una mano. E quando non è il turboconsumismo con le parole dolci del marketing, ecco pronto un altro maglio d'attacco: i consigli di investimenti sui dorsi economici dei giornali. Dopo la salute, assistiamo al boom di sezioni dedicate agli investimenti finanziari. Il meccanismo rischia di essere lo stesso: «Ho capito tutto, faccio tutto da me». Poi la malattia si aggrava e si rischia di morire. Certo, la gente si espone al rischio, ma è proprio la tecnica persuasiva della comunicazione a rendere la tentazione un dato di fatto.

Walt Disney, Nike e McDonald's: baby azioni per cominciare. Era il titolo di un prestigioso giornale milanese a tiratura nazionale, un invito all'"educazione finanziaria" dove però l'abc rischia di essere composto da azioni e derivati. Sicuri che sia la strada giusta per fermare quella poco virtuosa vita a rate di cui parliamo? Sicuri che la tutela del risparmio garantita dalla Costituzione interessi ancora i Palazzi? Oppure quelle banche che di fatto hanno in mano l'anima dell'editoria italiana spingono per restare sulla stessa strada a senso unico, cioè scucire soldi agli italiani imbottendoli di prodotti finanziari a pagamento, talvolta persino rischiosi?

Fateci caso. Sta diventando sempre più consistente la campagna contro la moneta, contro i contanti. Come se i grandi percorsi elusivi non appartenessero al sistema bancario, assicurativo, finanziario e non venissero realizzati sulle linee invisibili della moneta virtuale! La scusa è quella di rendere tutto tracciato e tracciabile, così da bloccare l'evasione fiscale; infatti con questa illusione della lotta all'evasione e al riciclaggio si inventano limiti e tetti: chi li sfora deve dare spiegazioni, cioè deve provare di non essere un evasore o, peggio, un colluso con la criminalità. Assistiamo a un altro esempio di inversione dell'onere della prova.

Ma torniamo alla battaglia sull'abolizione del contante a vantaggio delle carte di credito. Intanto va detto che il contante è un qualcosa che vedi, tocchi e in un certo senso pesi: il fatto di averne una certa disponibilità ti può dissuadere dall'effettuare acquisti incauti, spericolati o a debito. L'opposto dell'illusione che crea la carta, la quale è chiamata di credito sebbene di fatto sia sempre una carta di debito. Ma veniamo al punto: a chi conviene? Un dato di inizio dicembre scorso conferma che il canone medio è in costante aumento e il prelievo per anticipo contante costa moltissimo, per non parlare della commissione benzina: la mette uno su quattro. Stando a uno studio dell'Università Bocconi, se è vero che l'uso del contante sta diminuendo, è altrettanto vero che l'uso più frequente della carta è per ottenere *cash*, cioè denaro in anticipo; con la contraddizione che questa operazione è tra le più costose per l'utente perché ha un costo medio assai elevato (a questo punto meglio il vecchio bancomat...). Va inoltre aggiunto che chi paga con la carte di credito – specie nel settore del commercio online – spesso si ritrova dei sovrapprezzi (il più delle volte nascosti, quindi illegali), malgrado le costanti sanzioni comminate dall'antitrust. Per non dire poi del costo delle commissioni che si devono sobbarcare i commercianti...

L'analisi dell'Università Bocconi per il «CorrierEconomia» è esemplificativa di questo sistema spesso poco conveniente per il consumatore e, di contro, redditizio con poca fatica per chi gestisce il servizio. Le carte di credito, al contrario di quello che si può pensare, sono infatti un servizio non più proprio solo delle banche ma anche di finanziarie e persino di ipermercati (Carrefour, Esselunga). Bene, dati ufficiali al 14 novembre 2016, il canone medio annuo è salito del 9%, da 32 a 35 euro, in soli cinque mesi, da luglio a novembre 2016. La carta delle Poste ti accalappia con un canone di 23,24 euro per il primo anno, ma poi schizza a 37 dal secondo anno. La più cara è American Express; subito dopo viene quella di Intesa Sanpaolo. Ognuno, in questa ricerca, spiega i perché, i percome e le convenienze legate a un uso più frequente; però io resto ai fatti della Bocconi.

Le carte, dicevamo. Non sono tutte "a taglia unica"; ce ne sono di diverse tipologie. Una delle più pericolose resta la carta *revolving*, tornata a crescere dopo alcuni anni di ridimensionamento dovuto anche a servizi televisivi in cui si denunciavano vere e proprie truffe. I tassi di interesse sono elevatissimi e costituiscono una "droga" – in senso assolutamente metaforico, sia chiaro: uso questa immagine perché il suo punto più debole sta nel difficile controllo dei costi – pericolosa per il consumatore, in quanto consente di spendere al di là di ciò che si ha nella disponibilità del conto corrente (non a caso è utilizzata per lo shopping sia reale sia virtuale), salvo poi saldare secondo le modalità concordate. Insomma, è un prestito di denaro ricaricabile: l'ideale in questa età di turboconsumismo a rate!

Aggiungendo infine che i casi di truffe legate alle clonazioni delle carte sono in costante aumento, ribadisco: davvero volete togliervi la libertà del contante a esclusivo vantaggio delle carte di credito? Io ci penserei.

Sulla spinta della liquidità a tasso zero della BCE, l'Italia pullula di società specializzate, di banche e di eccetera eccetera che si fanno una grande concorrenza proponendo «le più svariate offerte di prestiti personali», da restituirsi con rate gonfie di interessi. Società che vogliono accaparrarsi il mercato del terzo millennio: vogliono te!

Ti accalappiano in maniera tanto rassicurante che non si può non cascarci: «Realizziamo i tuoi sogni» recitano gli slogan pubblicitari che campeggiano su sfondi sereni di famiglie felici. La mamma e il papà sorridono su immagini patinate insieme ai loro due figlioli angelici, immancabilmente un bimbo e una bimba. L'idea che si possa tutto diventa un dato di fatto. Fino al *patatrac*! Se con il tuo stipendio o con la tua pensione vivi sul limite della precarietà, nel momento in cui ti metti nelle mani di un creditore diventi il suo schiavo. Perché persino la Costituzione, il ventre dei diritti e dei doveri, l'utero materno che sanciva i diritti fondamentali (dal lavoro allo studio, dalla salute al risparmio, dalla proprietà privata alla libertà di espressione) diventa ostaggio del sistema GangBank. Per il quale le Costituzioni non vanno semplicemente riformate: vanno liquefatte, vanno rese impalpabili. Lo Stato sociale (con la scusa di voler archiviare le ideologie del Novecento, il secolo breve) va disintegrato e umiliato, e così pure il capitalismo temperato dei sistemi liberali moderati e bilanciati.

L'unica ideologia ammessa è quella del neoliberismo, del turboconsumismo, del mercato oltre tutti i diritti. Questa è la Costituzione *de facto* della globalizzazione. Altrimenti non si spiegherebbe l'assurda sperequazione che Oxfam rileva nel mondo e anche in Italia. I primi sette miliardari italiani possiedono quanto il 30% dei più poveri. In Italia il 20% più ricco ha in tasca il 69,05% della ricchezza, un altro 20% ne controlla il 17,6%, lasciando al 60% più povero il 13,3%. O, più semplicemente, la ricchezza dell'1% più ricco è settanta volte la ricchezza del 30% più povero.

A contribuire al trend mondiale è stata l'elusione fiscale. In particolare quella delle multinazionali: «L'elusione fiscale delle multinazionali» ha dichiarato Roberto Barbieri, il direttore generale di Oxfam Italia, «ha un costo per i paesi in via di sviluppo stimato in 100 miliardi di dollari all'anno, ma ha un impatto importante anche nei paesi OCSE come l'Italia». A conferma di ciò, la cronaca racconta (vedremo meglio nelle pagine a seguire) degli accordi con il fisco italiano di Apple e di Google dopo importanti contestazioni fiscali.

È sempre più chiaro il passaggio dal senso della comunità, della Costituzione, dello Stato, alla violenza della legge del più potente, delle élite, dell'establishment. Mi rifaccio ancora al premio Nobel per l'Economia Joseph Stiglitz in *La globalizzazione che funziona*: «Le grandi imprese hanno capito di poter influire di più sui trattati internazionali che non sulle "politiche nazionali". La segretezza con cui vengono condotte le trattative commerciali facilita le imprese che vogliono eludere i processi democratici per piegare leggi e regolamenti al loro volere». Stiglitz sa benissimo che questo non accade più nella sola America, ma è il cavallo di Troia con cui, in nome dei trattati internazionali, si riformulano le Costituzioni (le famose riforme all'insegna della modernità).

Pertanto, quando arriva l'intoppo che non avevi previsto, ecco che quell'intoppo va rimosso. Per mano di altri. Dei buoni. Con il politicamente corretto. Donald Trump è l'incidente di percorso, è colui che strappa i trattati internazionali, che parla e minaccia dazi per evitare che la delocalizzazione bruci posti di lavoro e buste paga. Trump diventa il bersaglio non solo per via del protezionismo contro la globalizzazione, ma perché è rozzo, incolto, ignorante, grezzo. Razzista. Finanche fascista e nazista (l'inflazione delle parole prima o poi renderà leggero pure il dramma – quello sì, autentico e barbaro – del nazismo hitleriano. Non si può fare meno onore alla memoria che abusando di parole realmente terribili).

Secoli di pensiero politico ed economico sono stati bruciati dall'ignoranza e dalle menzogne. Il grimaldello del debito è stato il bazooka con cui hanno sfondato le democrazie. Le stregonerie lessicali (parole incomprensibili usate ad arte per farti sentire ignorante, fuori dal tempo) sono il nuovo glossario diramato dai fabbricanti della crisi. Nel saggio *Scommettere sulle parole. Il cedimento del linguaggio nell'epoca della finanza derivata*, l'antropologo Arjun Appadurai ci invita proprio a soffermarci sull'inganno delle parole: «Con questo non intendo certo negare che l'avidità, la mancanza del rigore normativo e un trattamento irresponsabile del rischio siano stati fattori decisivi. Eppure la condizione di possibilità di tutti quei vizi strutturali, più agevoli da identificare, va ricercata nel ruolo nuovo che il linguaggio ha assunto nei mercati. [...] I prodotti derivati, che sono la principale tra le innovazioni tecniche di cui vive la finanza contemporanea, sono una catena di promesse riferite a un tempo incerto: inquadrare i derivati da questo punto di vista consente di far emergere l'importanza del linguaggio e del concetto di rischio negli attuali mercati finanziari».

I derivati e tutti i prodotti affini come stregonerie del GangBank: stregonerie che a breve incontreremo nel nostro racconto. Un tempo, al centro dell'economia c'erano i beni, i prodotti; oggi il prodotto diventa un "debito" fatto valere come "credito". Lo dico sempre agli artigiani che incontro: pensate alla vostra giornata lavorativa, alla fisicità di ogni aspetto del vostro lavoro (dagli arnesi del mestiere alla materia con cui avete a che fare), pensate al sudore, alla fatica, al sacrificio; e poi pensate alla evanescenza con cui questo frutto del vostro lavoro viene "lavorato" dai broker, dai trader, dai vari interlocutori che operano per conto delle banche. Da una parte il lavoro reale, materiale, fisico; dall'altra il lavoro virtuale, immateriale, liquido. Ecco, è l'esatta trasposizione del nuovo paradigma economico, detto *debt economy* o finanziarizzazione dei mercati. Il baco economico-sociale che stiamo vivendo sta nel passaggio da uno schema di tipo "finanza-prodotto-finanza" (chi ha un capitale lo investe in attività produttiva producendo merci e occupazione e alla fine ottiene un profitto) a uno schema "finanza-finanza", nel senso che il bene non c'è più e il prodotto diventa appunto la finanza stessa, il suo stesso giro del fumo, visto che è di questo che stiamo questionando, come dimostrano i salvataggi delle banche con soldi pubblici. La finanziarizzazione dell'economia è dunque un incubatore dove il debito genera altro debito.

Ripeto: sarebbero bastate le Costituzioni democratiche per respingere l'assalto se non fosse che Costituzione, Stato-nazione e diritti sono diventati vecchi arnesi da sacrificare sull'altare della modernità e della velocità delle decisioni da prendere. Fateci caso: quante volte avete sentito dire che le istituzioni hanno un passo lento rispetto alla velocità dei mercati e della finanza? Che scemenza colossale! Le istituzioni non devono essere né lente né veloci: devono essere efficaci nel dare le risposte ai temi che si pongono. Invece abbiamo inseguito il feticcio della velocità e i problemi si sono ingigantiti, dal lavoro alla ripresa che non c'è, dall'immigrazione (tema non privo di legami con la questione dei lavoratori schiavizzati) all'evasione fiscale delle multinazionali.

Abbiamo assistito passivamente alle bugiarde strategie globali del debito, abbiamo lasciato che si impiantassero nei nostri sistemi sociali ed economici. Scrive bene il compianto e prezioso Luciano Gallino in *Il denaro, il debito e la doppia crisi spiegati ai nostri nipoti*: «Fare in modo con metodi appropriati che il maggior numero di soggetti economici, privati e pubblici, sia indebitato al limite delle sue possibilità e oltre fa parte della strategia globale del sistema finanziario: una strategia volta a estrarre da essi un flusso continuativo di denaro generato da altro denaro, in gran parte fittizio perché creato *ex nihilo*. Il tutto, si noti, senza produrre nulla di utile per l'economia reale o la società in generale. Al tempo stesso siamo dinanzi a un progetto politico: ottenere che il maggior numero possibile di persone ed enti privati e pubblici sia fortemente indebitato è il miglior modo per far sì che essi obbediscano alla cosiddetta disciplina dei mercati – strumento principe del dominio dell'oligarchia finanziaria al potere, nel nostro paese come in tutta la UE». Parole che pesano come macigni sulle democrazie, sulle Costituzioni. Così continua il professore torinese: «Per ottenere i suddetti scopi è necessario per il creditore che i debiti aperti nei suoi confronti non vengano mai saldati. Questa situazione si realizza precipuamente quando il debitore, che può essere tanto un privato quanto uno Stato, deve pagare sul debito preesistente degli interessi così elevati da essere costretto a fare altri debiti per pagare gli interessi sugli interessi, senza mai riuscire a restituire quote rilevanti di capitale».

La tesi di Gallino non ha bisogno di test in laboratorio per trovare conferma: sono i risultati, i dati, i numeri delle ricette neoliberiste a provarlo.

«L'imputato è assolto perché il fatto non costituisce reato.» Lui, l'imputato, può finalmente sorridere. E tornare a respirare. L'aula fa partire un applauso corale. Perché stavolta la giustizia coincide con il senso del giusto. L'imputato si chiama Diego Lorenzon ed è un imprenditore; era sotto processo a Pordenone con l'accusa di omesso versamento di ritenute certificate nell'Irpef 2012. Insomma, un evasore. Quel giorno non era previsto che si arrivasse a sentenza, si parlava di un possibile rinvio affinché il giudice potesse leggersi meglio le nuove carte. Tutto sembrava andare in quella direzione. Ma lui, il Lorenzon, già vicepresidente degli industriali di Venezia, chiede di rilasciare dichiarazioni spontanee. È malato. Di una malattia che è una spada di Damocle. Perciò teme di non poterci essere all'udienza successiva. Chiede di prendere la parola.

«La mia azienda ha una storia di quattrocento anni» comincia, riannodando fili passati e presenti, tradizioni artigiane di piccoli fabbri e ora di imprenditori nel settore metalmeccanico. L'azienda ha importanti commesse per la pubblica amministrazione. «In una situazione di crisi senza precedenti anche noi, piccola azienda metalmeccanica, ci siamo ritrovati in questa centrifuga.» Più il racconto di Diego Lorenzon prende corpo, più appare chiaro che il clima in aula sta cambiando. Il suo racconto è quasi un testamento morale.

Non è solo una linea di difesa processuale: è la bussola per districarsi nella crisi e nei suoi paradossi.

«Nel 2008, sette banche su otto ci hanno abbandonati dalla sera al mattino. Tranne la Banca di Credito Cooperativo di Fossalta. Le banche ci hanno chiesto di rientrare, ci siamo ritrovati con i fidi azzerati e a pagare la materia prima in contanti.» Lorenzon prosegue dritto, asciutto. È la cronologia di una storia come tante se ne sentono nei distretti produttivi. Le banche non solo chiudono i rubinetti, ma vogliono indietro i soldi perché anche loro sono in crisi. Le banche perdono i contatti con il territorio, non ci sono più biglietti da visita da conservare, nemmeno quello dell'ex vicepresidente degli industriali. È una giungla. È il *mors tua, vita mea*. Arrivano i primi decreti ingiuntivi; saltano le prime commesse. Neppure lo Stato paga i lavori appaltati. Già, perché Lorenzon ha 400.000 euro da incassare dalla pubblica amministrazione. Lo Stato non paga, ma chiede le tasse. «Che cosa dovevamo fare in queste condizioni? Ho sempre pagato tutto, ma a quel punto ho chiesto allo Stato di rateizzare perché dovevo pagare gli operai.»

Il giudice ascolta. Il racconto di quel signore è come un impianto di luci al neon che si accendono in progressione. «Siamo tre fratelli: non abbiamo né panfili né case a Cortina. Tutto viene reinvestito in azienda. Abbiamo venduto piccole collezioni storiche, chiesto aiuto ad amici e parenti, incassato le polizze vita e pensionistiche per mettere tutto in azienda. [...] Più di qualcuno mi disse di portare i libri in tribunale, ma io invece ho pensato di tener duro. Sono prevalsi concetti di etica e di morale che per una famiglia e un'azienda sono fondamentali.» L'azienda. I lavoratori. Persone delle quali si conoscono i dettagli delle vite quotidiane. Lorenzon avrebbe potuto delocalizzare, andarsene via da San Michele al Tagliamento, tradire quel nucleo di gente, se non fosse che la faccia in un paese è tutto. Eppure c'era chi glielo diceva: «Vattene, non darla vinta a uno Stato che ti mette i bastoni tra le ruote». Quel giorno, però, in quell'aula di tribunale, lo Stato lo sta ascoltando, sospeso tra un rinvio a prossima udienza e... «Dal 2009 al 2012 non ho mai dormito una notte intera per la pressione e la frustrazione. Mi chiedevo se andavo nella direzione giusta: adesso le banche stanno chiudendo, noi no.» Lui no: per la Poolmeccanica il lavoro ricominciava. Con il cuore in gola, il respiro trattenuto: pagare i fornitori era sempre un esercizio di grandi compromessi, di piani di rientro. Ma era come ripartire tutte le volte dalla casella del via, perché l'indomani arrivavano altri decreti ingiuntivi. E poi le visite della Guardia di Finanza, che restava in azienda per controllare ogni libro, ogni pagina, senza mai trovare nulla di anomalo.

«Ho pagato in dieci anni 6,8 milioni di tasse e il 30% di sanzioni per i ritardi; penso di essere stato sufficientemente punito per questa mia strategia.» L'aula del tribunale ascolta in religioso silenzio. «Mi chiedo ancora se ho veramente fatto tutto quello che dovevo, come un padre di famiglia. Chiedo solo un po' di pace e di serenità per concentrarmi nella mia azienda e vi ringrazio dei minuti che mi avete regalato.» Lorenzon finisce qui, si è tolto un peso. Il peso e il timore di non poter raccontare per tempo il suo viaggio nella crisi. Gli occhi ora sono sul giudice: a quando aggiornerà l'agenda processuale? A quale data riaggiornerà la causa? Ma Rodolfo Piccin non rinvia. Chiama il cancelliere e fa verbalizzare la sua intenzione di chiudere il processo. Tre minuti al pm e sei all'avvocato per le conclusioni. «Cosa si può chiedere di più a questa persona?» taglia corto il viceprocuratore. «Chiedo l'assoluzione perché il fatto non sussiste.» Anche per il giudice non c'è dolo in quel mancato versamento dell'Irpef. Il fatto non costituisce reato. Lorenzon è assolto. Con l'aula che applaude.

Quando ho letto questa storia mi sono ricordato delle tante analoghe raccontate in questi anni. Pubblica amministrazione o clienti privati che non pagano («Fammi causa, tanto coi tempi della giustizia che abbiamo...»); banche che ordinano di rientrare dai debiti concessi perché hanno le regole di Basilea da onorare; le tasse da pagare e i fornitori da saldare altrimenti il lavoro che hai non lo puoi assolvere: la crisi ha fatto saltare tutti i meccanismi virtuosi che hanno permesso alle piccole e medie imprese di diventare un modello nel mondo. È la giungla. La giungla del debito che diventa un cappio stretto attorno al collo e non più – come invece accadeva nei decenni della crescita – la benzina per crescere. La giungla dell'economia di carta. La banca può fare la voce grossa perché i capannoni possono saltare ma loro no. Le storie di questi mesi lo dimostrano una volta di più. Lorenzon ha dovuto perdere la salute per salvare la propria azienda, il proprio onore e i posti di lavoro dei dipendenti. Ma ci sono Lorenzon che non ce l'hanno fatta, che hanno mollato. Abbandonati dallo Stato, dalla politica e dalla classe dirigente che ha fatto la sua scelta: stare con il sistema GangBank. E lo stesso vale per il sistema massmediatico che trova terreno fertile nel racconto facile della spesa pubblica, degli sprechi e della casta. Certo, gli sprechi ci sono – e chi li nega? –, ma perché sull'inganno finanziario in corso tutti tacciono? Forse perché il vero potere, quello che tiene tutti sotto schiaffo, è lì? Forse perché è quello il potere intoccabile? E chi li tocca viene deriso come complottista o populista?

È vero, ci sono tanti sprechi che danno fastidio. E nessuno contesta che tra i politici ci siano persone perbene e furbetti o addirittura delinquenti. Ma basta con questa litania del debito pubblico frutto di politiche dissennate e assistenzialiste. Perché la verità o la si dice tutta oppure diventa un'operazione eterodiretta. È ora di pretendere chiarezza sui contratti derivati di Stato. Perché queste verità hanno la stessa segretezza di tante drammatiche vicende che hanno segnato l'Italia? Perché i Mario Draghi, i Visco, i Padoan, i Mario Monti e compagnia cantante non svelano i contratti segreti tra lo Stato e le banche che hanno generato il buco nei conti pubblici di cui nessuno parla? Sotto i nostri occhi abbiamo visto consumarsi la crisi dell'economia reale, abbiamo visto giovani sbattere contro il muro di gomma del «le faremo sapere», i contratti di lavoro sono diventati una lotteria. La crisi ha maciullato aziende e pezzi di economia. Ma non ha piegato minimamente il sistema GangBank.

«Il 22 dicembre 2011 Morgan Stanley aveva dato esecuzione ad alcune modifiche relative alla ristrutturazione di contratti derivati.» Così, nel libro *La voragine*, Luca Piana comincia il lungo racconto dei contratti derivati nei conti pubblici italiani. Fin dalle prime pagine, Luca Piana riporta elementi che sembrano comporre la trama di un giallo. Un giallo finanziario a tutti gli effetti. Morgan Stanley è una merchant bank americana tra le più attive; e lo è anche in Italia. Ma qui aveva un problema: al 31 dicembre 2011 la sua esposizione negli affari condotti nel nostro paese era pari a 4,9 miliardi di dollari. Tre giorni dopo, per miracolo, questa esposizione precipitava a un solo miliardo e mezzo.

Cos'è accaduto nel frattempo? Semplice, non meglio identificati (come si legge nella nota alla tabella n. 14 del bilancio del 2011, perché certe cose è sempre meglio scriverle in piccolo, imboscarle...) clienti italiani avevano provveduto a un bonifico di circa 3,4 miliardi di dollari. Il nome doveva rimanere riservato, ma toccherà a un giornalista inglese svelare quel che in Italia non aveva scosso nessuno: quel cliente era il Tesoro della Repubblica italiana. Il governo Monti, in poche parole, aveva pagato Morgan Stanley. E lo aveva fatto a un mese e mezzo dal suo insediamento! Pensate al travaglio dei Lorenzon d'Italia saltati perché qualcuno non pagava e lo Stato o le banche pretendevano un qualcosa. Ecco, i soldi per pagare altrettanto alla svelta i debiti della pubblica amministrazione non li ha mai trovati, il professore. Né quelli per praticare politiche espansive. Non c'erano mai soldi. C'era invece il pareggio di bilancio da rispettare. C'era la famosa lettera della BCE e di Bankitalia da onorare. E c'era la riforma del lavoro e delle pensioni da approvare alla svelta. Quanto ci sarebbe stato da attivare per risollevare il paese, ma noi... be', noi avevamo i compiti a casa da fare. Però 3,4 miliardi sono stati pagati alla svelta. E perché? Semplice: c'è una giostra che non si deve fermare. E soprattutto c'è un segreto di cui non si deve parlare: la montagna di derivati che noi più di chiunque altro abbiamo sottoscritto. Del resto, cosa vuoi dire, cosa vuoi spiegare? Che con un paese allo stremo nel 2016 siamo stati costretti a pagare 5,5 miliardi di euro al sistema GangBank (qualcosa come 100 euro per ogni contribuente italiano), e tanti altri ne dovremo pagare nei prossimi due anni? Nuove perdite miliardarie sono previste per il 2017 e il 2018 con un rischio superiore al 98%. Soltanto nel quinquennio dal 2011 al 2015, stando agli ultimi dati noti (di cui parla sempre Luca Piana), i derivati hanno avuto un impatto negativo sui conti pubblici di 23,5 miliardi di euro fra interessi netti pagati alle banche e altri oneri connessi. Gli ultimi conteggi disponibili dicono che gli strumenti tuttora in essere nel portafoglio del Tesoro presentano perdite potenziali per ulteriori 36 miliardi di euro.

Dove sono gli ultrà del libero mercato? Dove sono i Chicago Boys alle vongole che straparlano di Stato ladro? Qui non c'è una finanza padrona e ladrona? E perché per così tanto tempo sono stati in silenzio? Qui siamo oltre lo Stato ladro, qui c'è un sistema lobbistico che in assoluta e arrogante segretezza sta affossando l'Italia e gli italiani. Gli stessi soggetti che dispensano prediche morali si rifiutano da anni di pretendere la verità sui contratti derivati presenti nei bilanci dello Stato.

«L'Espresso», sempre con Luca Piana, ha potuto consultare i documenti e ha visto come in realtà i contratti derivati chiusi con Morgan Stanley sono stati ridiscussi a più riprese, sono stati ristrutturati – cioè ritoccati – tanto che sarebbe corretto parlare di quattro famiglie di derivati legati l'uno con l'altro. In questa operazione non è azzardato sostenere che tra il Tesoro (cioè noi) e la banca, l'affare lo abbia realizzato la banca. E che questo affare sia maturato a seguito di passaggi e di una clausola (troppo tecnica e lunga per spiegarla qui, ma è negli atti di una inchiesta giudiziaria) ignorata dai dirigenti del Tesoro, a causa della quale abbiamo dovuto sborsare 3 miliardi a Morgan Stanley. Così...

Cosa sia il derivato ormai è noto: è una scommessa (un contratto aleatorio) che, a determinate scadenze, fa guadagnare o perdere soldi a seconda che si realizzi una certa condizione di mercato. Se trovate questa definizione ancora troppo tecnica, allora fidatevi del giudizio di Warren Buffett, l'oracolo, la leggenda, uno che di speculazioni finanziarie se ne intende eccome: «Il genio dei derivati è ormai fuori dalla lampada e questi strumenti moltiplicheranno certamente il loro numero e la loro varietà fino a quando non accadrà qualcosa che renderà chiara a tutti la loro tossicità. Le banche centrali e i governi finora non hanno trovato un modo efficace di controllare e nemmeno di monitorare i rischi determinati da questi contratti. Dal mio punto di vista, i derivati sono armi finanziarie di distruzione di massa, portatori di pericoli che, per ora latenti, sono potenzialmente letali».

Bene, e l'Italia cos'ha fatto? Ne ha stipulati più di qualsiasi altro paese! Colpa dei politici? Ma per piacere... Guardate i curricula dei nostri governanti e ditemi se questa gente può capire qualcosa delle bombe finanziarie che abbiamo sotto le nostre terga! È chiaro che il campo delle finanze pubbliche è stato minato da persone dentro il sistema speculativo. La prima mossa, nel lontano 1981, fu quella di separare la Banca d'Italia dal Tesoro, con la conseguenza di dover vendere i titoli di Stato sui mercati esteri. Quel passaggio fu il peccato originale di una discesa agli inferi sempre più grave e profonda. Avevano un mandato preciso. Vi invito a guardare i curricula dei titolari degli ultimi ministri economici, le loro relazioni professionali e le loro *sliding doors* dentro e fuori dai *player* finanziari, per farvi un'idea del disegno in atto. I contratti derivati sono stati usati dallo Stato – governo ed enti locali – per abbellire i bilanci, per fare un maquillage contabile attraverso strumenti finanziari leciti. Ma la legalità di certi strumenti può non coincidere con i reali bisogni di una comunità di cittadini. La finanza, invece, viene anteposta alla collettività. Ma questo non è sancito dalla Costituzione. Ecco perché queste bande d'affari vogliono cambiare le Costituzioni. Ecco perché le agenzie di rating possono far ballare i governi con valutazioni che non sempre sono trasparenti.

A Trani, un pubblico ministero sta mettendo in discussione queste "pagelle". Nel 2011 l'Italia «stava messa meglio di tutti gli altri Stati europei», ma da parte di Standard & Poor's c'è stata «la menzogna, la falsificazione dell'informazione fornita ai risparmiatori», che ha messo così «in discussione il prestigio, la capacità creditizia di uno Stato sovrano come l'Italia». In poche parole, il downgrading del nostro paese tra il maggio 2011 e il gennaio 2012 mancava di giustificazioni macroeconomiche ed era motivato da ragioni speculative e forse anche politiche. Per questo motivo, il 20 gennaio 2017 il pubblico ministero Michele Ruggiero alla fine della requisitoria ha chiesto la condanna a due anni di reclusione e 300.000 euro di multa per Deven Sharma, all'epoca presidente mondiale di S&P, e a tre anni di reclusione ciascuno e 500.000 euro di multa per Yann Le Pallec, responsabile per l'Europa, e per gli analisti del debito sovrano Eileen Zhang, Franklin Crawford Gill e Moritz Kraemer. Per la società di valutazione è stata chiesta la condanna alla sanzione pecuniaria di 4,647 miliardi di euro. Vedremo come andrà a finire. Vedremo se questa coraggiosa azione giudiziaria sarà una spallata al sistema GangBank. Vedremo se lo Stato userà i suoi legittimi poteri e le sue funzioni per tutelare i cittadini contro le prestidigitazioni della finanza. Perché la finanza si sta velocemente creando un contropotere vero e proprio capace di tenere sotto schiaffo cittadini e governi. Un contropotere che la classe politica non è in grado di fermare perché ha perso il senso dello Stato, perché non ha capito il senso della sua missione. E anche ha ormai autorizzato senza imbarazzi quel sistema di *sliding doors* che per esempio vede l'ex ministro Siniscalco passare dalla direzione generale del Tesoro al ministero dell'Economia e poi vicepresidente per l'Europa proprio di Morgan Stanley, cioè quella stessa banca interessata al contratto derivato. Oppure potremmo dire che solo quest'anno dopo tredici anni il figlio di Mario Draghi, Giacomo, ha lasciato Morgan Stanley (dove si era occupato di strumenti derivati denominati in euro e in franchi svizzeri) per passare a LMR, un fondo *hedge* fondato da due ex di UBS, con base a Londra e Hong Kong, che gestisce 2,5 miliardi di dollari.

Banche d'affari, grandi società assicurative e agenzie di rating muovono i fili delle economie nazionali; giocano la partita a un livello superiore e sono talmente potenti che giocano con mazzi di carte truccate.

Ecco, di scommessa in scommessa stiamo buttando alle ortiche una valanga di soldi, perché qualsiasi giocatore d'azzardo sa che non ci si guadagna mai; si può vincere qualche giro, ma è regola altrettanto certa che puoi perdere nel giro successivo.

Abbiamo processato la classe politica con l'accusa di aver ingigantito con il suo assistenzialismo la voragine del debito pubblico, ma nessun ciglio è stato battuto allorquando il debito pubblico è divenuto un pozzo senza fondo a causa di poker finanziari. Allora, accuse per accuse, "meglio" il clientelismo e l'assistenzialismo, che almeno mettevano in tasca ai cittadini degli stipendi che alimentavano i consumi. (Mi permetto di condividere un concetto che il giudice Luciano Barra Caracciolo ha espresso nel suo libro *La Costituzione nella palude*: «Lo "spreco" della spesa pubblica è un concetto relativo: in assoluto anche la più distorta e scandalosa spesa pubblica si traduce in arricchimento del reddito privato. Se dunque lo Stato non è una famiglia e lo spreco è un concetto "relativo" di distorsione della spesa pubblica, limitare il bilancio dello Stato rimane uno strumento servente alla moneta unica». Ha ragione.)

Quanto è accaduto negli ultimi anni con il progressivo indebitamento pubblico tramite tecniche finanziarie ha solo prodotto una girandola a vuoto, che non genera alcun minimo arricchimento privato, se non quello delle élite schierate nelle varie Davos. I mercati girano sul perno delle scommesse, ma i governi e gli Stati (anche nelle loro articolazioni periferiche; e non si capisce davvero il motivo per cui i piccolissimi comuni debbano stare sotto lo schiaffo di consulenti finanziari) non lo dovrebbero fare. Perché viene loro concesso? Perché il neoliberismo li ha intrappolati in questa rete. E lo ha fatto con personale addestrato ad arte. I derivati sono uno dei giochi di questo casinò globale. Tant'è che, mentre negli stessi anni in cui Warren Buffett sollecitava attenzione e prudenza, il governo italiano sottoscriveva contratti derivati. E lo faceva per… coprirsi le spalle dall'aumento dei tassi, essendo il debito pubblico formato in larghissima parte da titoli di Stato da piazzare.

Ora, ancora una volta c'è da domandarsi: perché un'operazione "a difesa" di un'azione che dovrebbe fare l'interesse dello Stato viene secretata? Be', la prima risposta ci viene proprio dal derivato chiuso con Morgan Stanley (aperto col governo di Lamberto Dini, già altissimo dirigente di Bankitalia dopo una gran carriera al Fondo Monetario Internazionale): una clausola di quel contratto – ricostruito nel già citato *La voragine* di Luca Piana – diceva che «se le condizioni di mercato sono favorevoli all'istituto, che in termini di flussi d'interessi ci sta guadagnando più di una certa cifra, Morgan Stanley può esigere la chiusura di tutti i derivati che ricadono sotto l'accordo, esigendo il pagamento immediato dei profitti. Ma questa clausola vale solo per la banca. Se fosse il Tesoro a guadagnarci non potrebbe chiedere la monetizzazione dei profitti e l'estinzione dei contratti».

Capito? Questo schema – iniquo, ingiusto, immorale, ma legale – per cui lo Stato ci deve sempre perdere a vantaggio del sistema GangBank sarà una costante. Loro tengono il coltello dalla parte del manico: il sistema sa che il debitore è come un tossico che ha bisogno o di altra droga o di "coperture". Perché il contesto della globalizzazione neoliberista glielo consente. E il silenzio al limite dell'omertoso pure: i cittadini non devono sapere che paghiamo noi. Al contrario, devono sapere che "viviamo sopra le nostre possibilità", "che bisogna fare sacrifici", che "il welfare non è più sostenibile". Le informazioni si devono gestire segretamente anche a costo di negarle ai parlamentari: perché al Movimento 5 Stelle, che ne faceva regolare richiesta, veniva negata la possibilità di prendere visione dei contratti derivati? Anche di quelli già chiusi?

Tutto si deve muovere in segretezza, una segretezza che sta aiutando la nuova architettura politica del neoliberismo: indebitare per controllare. Tanto nel privato quanto nel pubblico. Indebitati senza possibilità di redenzione, perché debito chiama debito. E di quel debito non si butta via nulla, un po' come con il maiale...

Di questi tempi, una nuova specie di avvoltoio sta conquistando le cronache: i *vulture funds*, fondi che comprano a prezzi bassissimi il debito in default e poi giocano al gatto con il topo, nel senso che prendono gli indebitati debitori in difficoltà anche nella ristrutturazione del debito e chiedono loro il pagamento totale senza dilazioni o sconti. Vale con i privati e vale anche con gli Stati.

La società che sta attuando il metodo GangBank è una società dove la democrazia è solo apparente. Tutto il resto ha il sapore acre di una dittatura. Alla procura di Trani (quando un reato è commesso all'estero, è competente la prima procura che apre il fascicolo – e con questa precisazione si mettono a tacere le voci sul "protagonismo delle toghe"...) ci sono i presupposti per capire cos'è accaduto nei conti pubblici italiani in questi decenni di finanziarizzazione, portare alla luce l'intreccio tra apparati dello Stato e banche e misurare il potere di contrattazione che esse hanno accumulato in nome di spericolate manovre finanziarie. Nelle carte di Trani ci sono le prove delle porte girevoli tra ruoli pubblici e incarichi privati.

La crisi che stiamo vivendo non è una crisi economica, ma una crisi di debito finanziario. Il dito dell'ubriaco indica il lampione scambiandolo per la luna. Il dito di chi è sobrio indica la luna. Ora sta a noi indicare il lampione o la luna. La casta politica (piena di difetti) o il GangBank finanziario. Non cerchiamo santi. Cerchiamo di capire. Basterebbe questo per non farci fregare.

2
Come i golpisti del GangBank ci hanno rubato la sovranità

«I centomila giovani italiani all'estero? Alcuni è meglio non averli tra i piedi.»

Così parlò il ministro del Lavoro Giuliano Poletti, forse scocciato per la verità sullo stato occupazionale italiano al netto della propaganda politica sul Jobs Act. Dopo la vittoria del NO al referendum costituzionale e le conseguenti dimissioni di Renzi da premier, il governo successivo ha confermato l'ex capo della LegaCoop al Lavoro, evidentemente senza considerare che a gonfiare il fronte del NO alle urne erano stati proprio i disoccupati e gli occupati senza garanzie né eque retribuzioni. Non contento della conferma miracolosa, Poletti si è lanciato in questa intemerata senza senso contro i giovani all'estero, questione a cui persino il capo dello Stato aveva dedicato una riflessione nel discorso di fine anno, ponendo a se stesso e al paese l'interrogativo sulle cause di questo esodo. Ci si aspettava un passo indietro da parte del corpulento ministro. Invece niente: un breve comunicato stampa di scuse, una breve relazione in parlamento e tanti saluti. Anzi, per premiarlo, Gentiloni gli ha pure affidato la delega sui giovani. Giuro, non è uno scherzo.

Ma sì, chi se ne importa di questi giovani e di questi lavoratori... Bastano le scuse, no? Le scuse per quella frase. Le scuse per i voucher che intanto scoppiano tra le mani del legislatore. Ciò che doveva essere il rimedio al lavoro in nero è diventato lo strumento per coprirsi le spalle dai controlli ispettivi. Così, ogni volta che qualcuno fa il tagliando alla questione lavoro, ciò che balza all'occhio sono i voucher, l'alta disoccupazione giovanile e la considerazione generale per cui, finiti gli incentivi fiscali, il Jobs Act è mera omeopatia.

Al 14 febbraio 2017 (dati del ministero del Lavoro) abbiamo oltre 143.000 contratti a stage; nel giugno del 2015 erano 114.000, mentre nel 2012 i tirocini si fermavano a 63.000. Ecco un altro risultato della riformite italiana (su spinta neoliberista del sistema GangBank) che avrebbe dovuto aumentare i posti di lavoro: certo, anche un contratto di stage in più "smuove la classifica" ma non si può certo dire che quel contratto faccia bene ai cittadini italiani o sia rispettoso dello spirito costituzionale. È mai possibile che in questa platea sempre crescente di stagisti il 15% sia composto da uomini e donne di oltre quarantacinque anni d'età?

La disoccupazione resta il classico elefante nella stanza: non vederlo è da ipocriti. I dati spalmati nel tempo e al riparo dai dibattiti usa e getta inchiodano la politica alle sue stesse responsabilità. Il lavoro è stato umiliato, svuotato di quel ruolo centrale che, in un'altra epoca storica, i costituenti gli avevano attribuito. Il lavoro è diventato merce di scambio da barattare con i grandi *player* del sistema GangBank e con i piccoli attori della scena italiana.

Il lavoratore diventa un impiccio, una seccatura. Di cosa pensi l'attuale ministro abbiamo già detto.

Un'altra frase shock la pronunciò Elsa Fornero, ministro tecnico del tecnico governo Monti. «Non bisogna essere troppo *choosy*, bisogna prendere la prima offerta e poi vedere da dentro e non aspettare il posto ideale.» Oddio, la ministra della riforma del lavoro, la ministra del taglio delle pensioni, la ministra accusata di aver messo in atto ciò che il neoliberismo predica sul lavoro, si permette pure di offendere i giovani lavoratori. Non fu l'unica, a essere sinceri: anni prima il ministro dell'Economia Tommaso Padoa Schioppa se la prese con i "bamboccioni" che se ne stanno ancora a casa, Renato Brunetta rispose a una contestazione di precari con l'espressione: «Siete l'Italia peggiore» e il sottosegretario della Fornero Michel Martone si preoccupò di dire «ai nostri giovani» che «se non sei ancora laureato a ventotto anni, sei uno sfigato». Insomma, un bel campionario di sentenze.

Siccome questo è un paese di grandi chiacchieroni, accadde che quel *choosy* (tradotto significa più o meno "schizzinosi"), quel "bamboccioni" e quello "sfigati" produssero il solito dibattito sull'aria fritta: da una parte chi gettava la croce ai giovani, dall'altra chi li assolveva. Un fior di dibattito che solo chi balla ancora sul Titanic al suono dell'orchestra può permettersi. I giovani non sono né *choosy* né eroi, alcuni saranno pure lavativi (esattamente come alcuni adulti), altri sono realisti e prendono davvero ciò che il mercato offre loro (esattamente come gli adulti). Il problema è proprio il mercato del lavoro. È proprio la catena studio o formazione/lavoro.

«Ho trentadue anni, due lauree (una in Lettere, l'altra in Scienze politiche) e tre master. Il tutto guarnito da qualche altro corso e svariati tirocini, rigorosamente non pagati, s'intende. Manca naturalmente l'ultimo tassello, il lavoro. Di quello neanche l'ombra. Tutto ciò, si dirà, è lo specchio di una condizione diffusa, a tal punto da sfiorare la "normalità". A ogni modo, se è vero, e lo è, che la mia condizione è il marchio di fabbrica di un'intera generazione, è altrettanto vero che questo non può divenire un alibi per accettare l'inaccettabile spacciandolo per qualcosa di ineluttabile.» Così scriveva alla rubrica delle lettere sul «Corriere della Sera» un ragazzo. Una lettera come tante, da cui emergono diverse tristi ma innegabili questioni. Analizziamole.

Innanzitutto l'università. Non è più un luogo di formazione specifica, ma una tappa quasi obbligata per riempire il curriculum. Purtroppo, l'idea (già di Einaudi) di superare il valore del titolo di studio è sempre andata a infrangersi sullo scoglio retorico del "bella idea ma...". Fatte le debite eccezioni, penso che l'università serva più ai professori che agli iscritti: la proliferazione di atenei, accademie, corsi di laurea e master sta soltanto complicando l'inserimento dei giovani nel mondo del lavoro. Se ciò non fosse vero, avremmo già abolito il valore legale del titolo di studio.

C'è poi un altro dato che quella lettera rivelava: la rassegnata accettazione di una situazione drammatica. «Del lavoro neanche l'ombra.» Le nuove generazioni sono state educate all'idea della flessibilità e dell'atipicità contrattuale, al ricatto del "se vuoi, le nostre condizioni sono queste, altrimenti arrangiati". Il ricatto dello stare a casa combinato con il bisogno di ottenere una retribuzione con cui pagare i propri debiti è la costante di una giovane generazione con il telefonino in tasca e la carta di credito nel portafoglio. Ecco perché la propensione è quella di accettare senza obiettare.

Quegli adulti che processano i giovani in quanto lavativi, svogliati e irresponsabili (rigorosamente i figli degli altri, perché i propri sono sempre i più bravi. A cominciare proprio dai signori ministri di cui sopra: il figlio di Giuliano Poletti, Manuel, è direttore di un giornale che prende i contributi pubblici; la figlia della Fornero, Silvia, insegnava e forse insegna tuttora nello stesso ateneo dove sono docenti sia la madre Elsa sia il padre Mario Deaglio; Michel Martone è figlio di Antonio Martone, ex presidente dell'Associazione nazionale magistrati nonché avvocato generale in Cassazione. Insomma, certe volte sarebbe preferibile usare prudenza) fanno parte della generazione che ha distrutto la formazione professionale e che ha scommesso troppo generosamente su un sistema universitario sempre più sconnesso dal mondo del lavoro.

Le scuole professionali sarebbero un autentico luogo di formazione se non fossero diventate una specie di "Cayenna", snobbata dalla politica tanto quanto dai genitori a favore di licei privati dove le promozioni si ottengono senza eccessiva fatica. Gli istituti professionali sarebbero da potenziare: il lento declino dei mestieri a favore delle professioni è un errore che sta alla base di tanti equivoci. Ci volevano le trasmissioni televisive dedicate agli chef per fare tornare in auge la scuola alberghiera; il guaio è che adesso tutti vogliono fare gli chef (dire "cuoco" è da sfigati?) e pochi i maître di sala o i camerieri. Ci vuole una trasmissione per nobilitare anche il personale di sala? Lo stesso ragionamento lo dovremmo fare per quelle arti e per quei mestieri che appartengono alla nostra tradizione della bottega e che sono alla radice del made in Italy.

A Palermo in settanta per un posto da lustrascarpe. Il più giovane ha appena ventun anni, il più grande sessantuno; tra loro ci sono undici donne.

Quando ho incrociato questa notizia sui giornali, mi sono aperto in un sorriso: ci sono storie nel nostro paese che smentiscono categoricamente l'idea che certi snob hanno dei giovani e dei lavoratori. Chi è *choosy*? Chi è bamboccione, sfigato, lavativo? «Quasi tutti diplomati, molti a un passo dall'agognata laurea, pochissimi con la sola licenza media e persino tre dottori: in Scienze politiche, in Pittura e in Economia e finanza», questo l'identikit degli aspiranti sciuscià tracciato dal giornalista di «La Stampa». Che così proseguiva: «Ad accomunarli è la speranza di superare il concorso per la selezione di quindici lustrascarpe che Confartigianato Palermo cerca, per riportare in auge l'antico mestiere nella città e offrire una possibilità di lavoro in una realtà che economicamente resta asfittica. Sono iniziati ieri pomeriggio i colloqui nella sede palermitana dell'associazione di categoria: nei locali in via Laurana si sono presentati settantacinque aspiranti. Con un'età media di circa quarant'anni anni – il più giovane ha appena ventun anni, il più grande sessantuno – tra loro ci sono undici donne, e provengono da tutte le province della Sicilia, ognuno di loro con una storia e un percorso di vita differente, ma tutti uniti dal desiderio di trovare un lavoro in una regione dove le occasioni, non solo a causa della crisi, sono assai scarse».

Tutti in fila per un posto di lavoro che ha radici antiche e che sicuramente non ha minore dignità dell'operatore di call center: lo dico perché se un laureato fa l'operatore in un call center non si stupisce nessuno, mentre se fa il lustrascarpe si apre subito la discussione se sia giusto o no. Si tratta di dibattiti inutili, figli di quella cultura che ha stravolto le scuole professionali, i mestieri, e ha esaltato la laurea come se fosse un titolo nobiliare. La "dottorite" – lo ripeto – è innanzitutto una sopravvalutazione che nasce dalle famiglie, e contestualmente è l'inganno con cui si ritarda l'inserimento dei giovani nel mondo del lavoro. Non è questo sistema universitario a formare i professionisti; non è il moltiplicarsi di atenei e dei corsi di laurea a far gemmare posti di lavoro. Quando mi capita di parlare con i giovani, dico loro di non farsi ingannare dalle tentazioni dei parolai: il grosso di questo mondo vive per far sopravvivere se stesso, non per scommettere su di loro! Anzi, i baroni hanno paura dei giovani, temono la loro fame, per questo nelle università si premiano le relazioni e si diffida di chi pensa con la propria testa e rompe le regole. Studiare è importante per se stessi, non per un pezzo di carta che, preso in ritardo, fa solo perdere tempo.

«Cercasi lavoratore con esperienza che abbia voglia di imparare.» Annunci così sui vari giornali trovalavoro sono una cartina di tornasole utile per decifrare la fase che stiamo vivendo: li vogliono con esperienza ma con voglia di imparare, che è un modo per dire che più di un contratto di formazione non troveranno. Per fortuna, il riscatto degli anni universitari ai fini previdenziali restituisce un po' di quel tempo sprecato.

La storia dei lustrascarpe di Palermo si affianca alle storie di quei giovani che hanno avuto il coraggio di puntare sui mestieri anziché sulle professioni. Non voglio fare il solito discorso sugli operai specializzati che mancano, sulle macellerie che chiudono perché non c'è ricambio giovanile, sulla mancanza di tecnici specializzati nel settore audiometrico o in altri settori di servizi agli anziani, sulle falegnamerie costrette a tenere i clienti fuori dalla porta perché mancano gli operai, sull'agricoltura che necessita di contributi pubblici per evitare la fuga dalle stalle e dalle fattorie eccetera eccetera. Però lo scenario è questo.

Richard Sennett, professore alla London School of Economics e alla New York University, tempo fa scrisse un libro che, nonostante gli anni, trovo ancora di grande fascino e attualità: *L'uomo artigiano*. Oggetto delle riflessioni di Sennett è l'«intimo nesso tra la mano e la testa», il «dialogo tra le pratiche concrete e il pensiero» che è tipico di ogni bravo artigiano. È l'esaltazione non solo romantica ma anche attuale di una dimensione che proprio in Italia, dove l'artigianato esprime eccellenze straordinarie, stiamo perdendo. Scrive Sennett: «Che cosa ci rivela su noi stessi il processo di produrre cose materiali? Per imparare delle cose occorre prestare attenzione alla qualità di una stoffa o al modo giusto di cucinare un pesce; una stoffa tessuta bene e un pesce ben cucinato ci mettono in grado di immaginare categorie di "bontà" più ampie». E ancora: «Il termine "maestria", con il suo rimando ai maestri artigiani, evocherà forse un modo di vivere tramontato con l'avvento della società industriale, ma questo è fuorviante. La maestria [termine da noi abusato e svuotato del suo significato più proprio. Chiamiamo tutti "maestri" quasi a sfottere perché il maestro lo abbiamo messo ai margini preferendogli il "professore", N.d.A.] designa un impulso umano fondamentale sempre vivo, il desiderio di svolgere un lavoro per se stesso. E copre una fascia ben più ampia di quella del lavoro manuale specializzato; giova al programmatore informatico, al medico e all'artista. [...] Spesso le condizioni sociali ed economiche ostacolano la disciplina e l'impegno del bravo artigiano; la scuola a volte non riesce a fornire gli strumenti necessari e i luoghi di lavoro non valorizzano come dovrebbero l'aspirazione alla qualità».

Parole di grande saggezza, quella saggezza che abbiamo perso a favore di una evanescenza divenuta centrale nei processi lavorativi, professionali e umani. Le scuole professionali sono state depotenziate dalla classe politica, dalle famiglie e da una cultura mainstream che ha reso fuori moda proprio ciò che *in nuce* è il made in Italy.

L'appeal di questi mestieri a vocazione artigianale forse non c'è, ma ci sono posti di lavoro disponibili – più che nella comunicazione e più che nell'attività forense, per esempio –, se soltanto lo Stato non fosse troppo attento a quelle dinamiche finanziarie che stanno portando il lavoro fuori dalla dimensione sociale.

Il modello GangBank non vuole i lavoratori, o meglio li vorrebbe standardizzati, silenti e a disposizione; insomma, vorrebbe degli automi. Per questo spinge verso la robotizzazione del mondo e l'intelligenza artificiale. Nello stesso tempo, vuole che essi consumino a prescindere dallo stipendio che percepiscono – ammesso che lo percepiscano – e dalle condizioni a cui lo percepiscono. Lo schema è il seguente: se ti servono soldi, te li presta il sistema. Debito chiama debito. Finché il sistema in qualche modo regge. Quando non reggerà più, pagherà lo Stato. A loro che importa? È la globalizzazione, bellezza. Lo scardinamento dei diritti del lavoratore, il suo indebitamento indotto, la concorrenza sleale verso il basso («Non vuoi lavorare a queste condizioni? Tanto fuori c'è una fila di gente che accetta al tuo posto») sono passaggi di un processo che senza resistenze sta diventando il nuovo modello.

Parlando con alcuni ragazzi mi sono trovato scoraggiato di fronte all'inerme accettazione di condizioni ingiuste. Ho avuto modo di discutere con alcuni di loro nei grandi centri commerciali dove la rotazione del personale è routine: «Siamo senza tutele, ma non possiamo permetterci di alzare la testa» ti raccontano. Non c'è rabbia. E quando c'è, la incanalano in una dimensione social. Non più socialista, ma social.

Le nuove generazioni non si pongono la questione di quali diritti e quali lotte, perché non ne hanno né la conoscenza né la percezione. È passato il concetto per cui il dissenso coincide con la violenza; non c'è commentatore (magari con trascorsi in militanze politiche extraparlamentari...) che non sottolinei «la delicatezza dei tempi» e non avverta che «dobbiamo stare attenti a come si parla ai disagiati». L'uniformità di pensiero con cui essi affrontano le misure adottate dall'establishment e dalle élite annulla tanto i diritti quanto i doveri, nel senso che quando i contratti diventano contratti a punti, quasi come le tessere fedeltà o un biglietto della lotteria, ecco che i doveri si lasciano allo spirito cameratesco del più anziano. Mi spiego meglio: i contratti light previsti dalle nuove regole del lavoro non sanciscono tutti quei doveri che invece nella pratica si richiedono al lavoratore, li si delega all'ambiente di lavoro, a un largo caporalato. È il caporale a fornire le "istruzioni per l'uso", è l'anziano a ordinare al lavoratore cosa deve fare, «altrimenti c'è fuori la fila di quelli pronti a sostituirti».

L'altro caso ugualmente frequente è quello per cui il lavoratore diventa "imprenditore di se stesso" pur essendo perfettamente dentro l'ingranaggio aziendale. Il fenomeno delle partite IVA non è finito, anzi è in progressiva mutazione. Tutto il mondo dell'economia 2.0 fa leva sull'inganno del *protagonismo* del lavoratore. Nelle strade delle nostre città stiamo assistendo sempre di più al proliferare di moderni pony express che consegnano cibo, pacchi e ogni genere di bene, o che trasportano persone. Essi sono per l'appunto gli "imprenditori di se stessi": le consegne o i trasferimenti avvengono con mezzi loro (bici, scooter, auto), con un'assicurazione propria, con i costi del telefonino a proprio carico (il telefonino sempre connesso è la condizione essenziale del lavoro) e con un'alta dose di rischio che vanifica la remunerazione del lavoro svolto. Perciò mi domando: la modernità del nuovo mondo è questa? E chi la decide: manager con guadagni stratosferici, magari tassati all'estero? Politici che passano da un incarico a un altro ma sempre con stipendi alti? Sindacalisti e rappresentanti degli imprenditori che passano dalle associazioni di categorie ai partiti? Non è buffo che per costoro il lavoro sia contrattualizzato alla vecchia maniera, con diritti intoccabili, mentre l'esercito di disoccupati è contrattualizzato con l'inchiostro simpatico?

Dal pacchetto Treu al Jobs Act, il lavoro è stato "riformato" (espressione talmente logora e abusata che ormai ogni intervento normativo viene spacciato per riforma) parecchie volte e sempre verso quella flessibilità che prevedibilmente è diventata precarietà. Questo perché lo chiedeva qualcuno: ora il mercato, ora l'Europa, ora le politiche di crescita. Alla prova dei fatti, l'aver allentato i bulloni dell'impianto giuslavorista non ha prodotto – al contrario di quel che sostenevano in tanti – né posti di lavoro in più né un beneficio per i consumi o più in generale per l'economia. Abbiamo soltanto assistito a una *débâcle* sotto ogni punto di vista. Specie negli ultimi vent'anni, da quando l'equazione "più sacrifici = soluzione dei problemi" è diventata il programma politico comune e bipartisan. Il vero risultato è stato aver alleggerito i diritti acquisiti dei lavoratori over 35, aver messo alla porta gli over 55 (eccetto in questi ultimi mesi di Jobs Act, perché assumere un lavoratore con esperienza al costo di un giovane da formare è un'occasione da afferrare al volo) e aver illuso la ormai famosa "generazione Erasmus", ingannata dalla favoletta dell'Europa senza confini e senza dogane. Ma anche senza lavoro, a meno che non lo accetti alle condizioni light delle nuove normative.

La generazione Erasmus è cresciuta vedendo gli adulti galleggiare nel mare dell'emergenzialità (non possiamo più vivere al di sopra delle nostre possibilità, non possiamo più avere un lavoro che duri tutta la vita, non possiamo stare chiusi nei nostri confini quando il mondo è globale...) e sta pagando il conto. In questo scenario di nuove regole, la generazione Erasmus, entrando nel mondo del lavoro, ha cambiato fisionomia ed è diventata la "generazione Foodora", dal nome della società tedesca che consegna a domicilio cibi e pasti cucinati dai ristoranti. Foodora è una app, una realtà dell'economia 2.0, un'azienda che usa la leva del collaboratore "imprenditore di se stesso".

I lavoratori di Foodora sono quei ragazzi che sfrecciano per le nostre città in sella a biciclette con box e borsoni in cui tengono i pasti da consegnare. Sul finire dello scorso anno hanno incrociato le braccia portando allo scoperto condizioni di lavoro alquanto discutibili. «L'aspetto più grave da affrontare è quello del cottimo» raccontava uno dei rider, Daniele, trentaseienne di Torino laureato in Storia che con Foodora collabora da un anno. «Quando ho cominciato, l'azienda era appena sbarcata in Italia. Io avevo già lavorato con la bici come postino, e dunque mi sono convinto che quella delle consegne di cibo a domicilio potesse essere una buona soluzione, in attesa di qualcosa di meglio.» Daniele aveva firmato un contratto di collaborazione che prevedeva una paga oraria: 5,70 euro lordi ogni sessanta minuti. «Non molto, lo so» ammetteva Daniele «ma comunque meglio di niente. E poi all'epoca si trattava di una start up: ero fiducioso che le condizioni sarebbero migliorate.» E invece? «E invece è accaduto il contrario. A novembre scadranno gli ultimi contratti con paga oraria, e i dirigenti di Foodora ci hanno fatto capire che i nuovi accordi di collaborazione prevederanno una paga per singola chiamata: 2,70 euro per ogni consegna effettuata. Un contratto del genere spinge tutti a correre di più, a commettere magari qualche infrazione stradale e a prendere dei rischi in mezzo al traffico. Senza contare che poi spesso, andando a rotta di collo, si rischia anche di ridurre in poltiglia le pietanze che trasportiamo.»

«È un'opportunità per la nostra flotta» hanno risposto dall'altra parte. «Perché possono guadagnare di più facendo più consegne all'ora. Come fatto notare dagli stessi rider con cui abbiamo parlato, che ci dicevano di fare anche tre consegne nello stesso tempo. Il tempo medio di un servizio a Torino è ventinove minuti. [...] L'occupazione per Foodora deve essere considerata un secondo-terzo lavoro. Non un primo. Per chi vuole guadagnare un piccolo stipendio e ha la passione per andare in bicicletta. Non un lavoro per sbarcare il lunario.»

Peccato che, in un mondo dove il lavoro è una incertezza, anche questo tipo di collaborazione diventi quel "qualcosa meglio di niente".

Ho citato Foodora non perché sia un *unicum*, ma perché la protesta dei rider era diventata un caso anche per la politica. «Sono in corso verifiche degli ispettori del lavoro alla Foodora» riportavano i giornali. «Lo ha confermato ieri la ministra per i Rapporti con il parlamento Maria Elena Boschi che, a nome del ministro del Lavoro Giuliano Poletti, ha risposto a un'interrogazione di Giorgio Airaudo (Sinistra italiana). Boschi ha segnalato un'altra iniziativa del governo, provocata dalla protesta dei biker torinesi e milanesi contro le condizioni di lavoro imposte dalla multinazionale tedesca di take away su piattaforma digitale. Poletti avrebbe chiesto ai ministri del Lavoro europei di aprire "un tavolo per individuare soluzioni condivise a livello europeo per tutelare il lavoro nella *new economy*".» Verifiche, tavoli... ecco la prontezza della politica.

«È il mercato, bellezza» sento commentare da più parti. «Piuttosto che non avere una retribuzione, questo è un modo per portare a casa dei soldi.» Siamo arrivati al punto: un lavoro purché sia, un guadagno purché sia. Vi ricordate il "pochi, maledetti e subito"? Ecco, siamo lì.

Si chiama *gig economy*, cioè l'economia che "gira" sui

lavoretti intercettati sul mercato delle app. Vale per Foodora come per Uber o Deliveroo, tanto per citare i casi più noti. È il mercato? Be', quando i liberisti erano strutturati in un pensiero, il mercato era una entità seria. Questa, invece, la definirei "giungla", dove il più forte fa quello che vuole. Una specie di bullismo, mi si passi il termine. Che incontra il consenso di chi, per esempio, vede i tassisti come una lobby che ostacola il mercato, come una corporazione che difetta di educazione e di pulizia. È vero, alcuni tassisti farebbero bene a rivedersi alcune regole di buone maniere; questo però non dà il diritto a Uber e alle sue sorelle di presentarsi al cliente per poi aggirare le regole legate al trasporto dei passeggeri e quelle legate al lavoro. In Italia, infatti, una sentenza ha bloccato UberPop considerandola illegale. In America, a San Francisco, sia Uber sia Lyft non hanno convinto i giudici circa il fatto che i loro autisti fossero "contrattisti indipendenti", cioè freelance ingaggiati a richiesta o su commissione per guidare i loro taxi. Per i giudici federali del distretto di San Francisco, questi autisti erano dipendenti mascherati.

Insomma, il magnifico mondo delle app non gode di una extraterritorialità legale solo perché vive nel web: il lavoro si paga. E lo si deve inquadrare contrattualmente. Abbiamo già visto che, dagli autisti di Uber ai ciclisti di Foodora, ci sono costi che gravano sulle spalle di questi lavoratori figli di nessuno, "imprenditori di se stessi": le spese per la macchina, l'assicurazione, le bici, le spese dello smartphone con cui stare in contatto con il committente. Se non lavorano, non hanno un sussidio di disoccupazione. Se cadono, fanno un incidente o si ammalano, non sono coperti. Se non rispondono a una chiamata, il cliente li può punire con una valutazione negativa. Può darsi che io sia eccessivamente critico o pessimista, ma mi sembra che questa modernità rimandi a usi e prassi che anni di battaglie civili avevano cancellato.

Ma si sa, oggi le battaglie civili riguardano diritti *politically correct*, diritti di modernità, di civiltà, riguardano le nuove frontiere. Finalmente le coppie gay possono avere il loro figlio, e pazienza se poco alla volta il lavoro è diventato un dettaglio da sacrificare sempre in nome della stessa modernità. Come a dire, parafrasando Adriano Celentano, che il lavoro è lento e la procreazione assistita è rock. Magari tra qualche anno, quando vedremo un italiano farsi saltare in aria non al grido di *Allah Akbar*, ma perché è senza lavoro, o perché si sente un fallito, o ha un mutuo da rispettare e magari pure una sentenza di divorzio con cui regolarsi, forse capiremo che questa modernità era una colossale fregatura. Ora che i suicidi nei capannoni non fanno più notizia, pensate davvero che non ne avvengano più? Per favore... È che non se ne deve più parlare. *Quieta non movere*, dicevano i latini.

La *gig economy*, o economia dei lavoretti, non si allontana dalle prestazioni a cottimo: non si paga il tempo dedicato al lavoro (anche qui, poi, è tutto da vedere, visto che nemmeno gli straordinari vengono retribuiti: bene che ti vada si forfettizza) ma il lavoro compiuto, al netto di quelle spese a carico di cui si diceva. Non è la stessa logica del voucher? Ci rendiamo conto che abbiamo smontato i diritti del lavoratore per standardizzare verso il basso? È la logica dei voucher (dei quali parleremo a breve), anzi è addirittura un passo indietro, perché il voucher somma la controprestazione e il dovuto all'INPS; i rider di Foodora hanno bloccato le bici per protestare contro i 2,50 euro a consegna. A Londra, Deliveroo pagava 7 sterline all'ora più una alla consegna. La protesta a Londra è scattata quando l'azienda ha deciso di tagliare il compenso orario, andando contro il salario minimo orario, standard che ha consentito di parametrare il minimo contrattuale.

Vi sembra normale che ci sia uno squilibrio così accentuato tra l'ultimo collaboratore di queste app e le cifre che assegnano ai dirigenti? Uber ha guadagnato più di 4 miliardi di dollari da società di capitali di rischio, come Benchmark o Google Ventures, portando il valore dell'azienda a 41 miliardi di dollari. È la start up più apprezzata negli Stati Uniti. Lyft ha guadagnato "solo" 331 milioni di dollari da Andreessen Horowitz, Founders Fund e altri investitori. La sproporzione tra i redditi dei lavoratori e quelli dei manager, come tra il valore del lavoro e quello delle start up, è tra le cause di ribellione che hanno spinto migliaia di lavoratori della *middle class* a bocciare Obama e Hillary Clinton a favore di Donald Trump.

Uno stipendio e un lavoro purché sia. Un lavoro è meglio che restare a casa. Ecco il corto circuito della modernità creato dal neoliberismo. Stiamo assistendo, in concomitanza con la crisi economica, a una manipolazione della società, a una riscrittura dei suoi diritti; è quello che i mercati chiedono. Ma i mercati, perlomeno se ancora fa fede la Costituzione, non detengono la sovranità; eppure comandano loro. Danno loro le carte, anzi detengono loro *la* Carta. La trasformano. Dopo meno di due mesi dalla sonora sberla degli italiani sulla riforma costituzionale, l'agenzia di rating Fitch (che nelle settimane precedenti a quel voto dichiarò di essere a favore della riforma di Renzi) è tornata a predicare il suo verbo: «Il PIL dell'Italia smette di crescere, se in Europa esplode il populismo». Fitch ipotizza uno shock, esteso tra inizio 2017 e fine 2018, di trecento punti base per i tassi sul credito bancario a imprese e famiglie, di duecento punti base per quel che riguarda il mercato dei titoli di Stato e di un –30% per la Borsa. Con queste premesse, le previsioni di crescita sull'economia italiana si azzerano per il 2017, rispetto al +0,9% stimato in novembre dall'agenzia nel suo Global Economic Outlook; per il 2018 la stima risulterebbe ridotta a +0,5% da +1,0%. La crescita del sostegno ai partiti politici populisti ed euroscettici nel continente potrebbero riaccendere alcune delle preoccupazioni circa la frammentazione della zona euro che furono evidenti nel 2012.

Quindi che fare, secondo loro? Riformare. Fare i compiti come ci hanno detto in altre occasioni. Ma questa riformite acuta dove deve arrivare? Ignazio Visco, in una relazione pronunciata in occasione delle Giornate del lavoro della CGIL, non ha avuto remore nel dire che anche quando «i primi segnali di ripresa saranno consolidati, non dovremo leggere questo rimbalzo ciclico come l'indicazione che sono state risolte le difficoltà di crescita dell'economia italiana. Le tendenze che ho delineato impongono una lunga transizione verso una nuova organizzazione dell'economia e della società».

Ora, che una nuova società possa trovare un nuovo equilibrio è assolutamente nella natura delle cose. La questione di fondo è: chi promuove questa nuova organizzazione, chi ne accelera il compimento? E con quali obiettivi? La società così com'è modellata sulla base dei principi costituzionali difende tutti, ripara tutti sotto un cielo di diritti inviolabili a seconda dei diversi interessi: il lavoratore, l'imprenditore, le famiglie ecc. La marea di trattati che il diritto internazionale e il diritto europeo stanno sfornando ha lo stesso spirito della Costituzione? Gli esempi e i racconti che ho riportato nelle pagine precedenti rivelano che questi nuovi portatori di interessi non hanno a cuore l'interesse collettivo, ma l'interesse di una parte. Una parte che oggi chiamiamo establishment, lobby, élite.

Si può dunque dire che la riscrittura del nuovo modello produce un benessere diffuso? Be', da quando abbiamo orientato la bussola verso il rigore finanziario, verso le politiche di austerità, le performance sono state tutt'altro che brillanti. Per gli imprenditori. Per i lavoratori, Per le famiglie. Ogni tanto, per fortuna, ci pensa la Corte costituzionale (penso ai pronunciamenti sulla legge Fornero, per esempio) a riaffermare quei diritti e a riorientare la bussola sui punti cardinali di una *societas* fatta di cittadini e non di mercati finanziari.

Dal trattato di Maastricht in avanti si è assistito a un progressivo e asfissiante pressing contro i diritti dei lavoratori, ed è stata la sinistra di ispirazione blairiana, *democrat*, ulivista, ad acconsentire al suo incardinamento nella normativa italiana. Il rigurgito americano che ha portato alla vittoria di Donald Trump (tra l'altro con parole d'ordine che apparterrebbero più alla narrazione socialista) e la decisione dei britannici di uscire dall'Unione Europea sono le spie di un quadro che sfugge agli eurocostruttori prima ancora che ai piloti. Anche quelli automatici. (Era stato Mario Draghi a sostenere che le riforme verso una nuova società andranno avanti «con il pilota automatico».)

È dal cilindro di questa Europa neoliberista che sono usciti sempre più contratti atipici, accolti dagli applausi di industriali miopi, i quali forse soltanto adesso stanno realizzando che tale egoismo ha aiutato solo l'economia di carta e non l'economia reale. Il mercato senza se e senza ma, la deregulation spinta, la finanziarizzazione dell'economia stanno impoverendo i cittadini, hanno drenato quella classe media che costituiva l'ossatura delle nostre società. Ecco perché vale la pena domandarsi se il gioco valesse la candela. La "piena occupazione" non sarà mai un obiettivo del neoliberismo in salsa europea, perché il neoliberismo fa leva sull'indebitamento e sulla destrutturazione dei diritti individuali.

La "piena occupazione" è un obiettivo della nostra Costituzione, quella Costituzione che GangBank vuole superare in nome delle riforme «da fare per tornare a crescere». E non è vero che la prima parte è salva solo perché non si tocca: la prima parte è salva solo se le istituzioni e i poteri (sempre ben bilanciati) restano funzionali al raggiungimento di quegli enunciati. Modificare la Costituzione in nome della modernità e della velocità è una corbelleria senza pari: sarà mica moderno un paese che ha privato i giovani del diritto ad avere un lavoro! Sarà mica moderno un paese dove vince il più forte! Sarà mica moderno un paese dove il potere d'acquisto lentamente scende! Sarà mica moderno un paese dove il welfare passa dalle precarie mani pubbliche a famelici cartelli finanziari! Sarà mica moderno un paese dove le riforme del lavoro fanno notizia per i voucher!

Dal 2014 a oggi è stata una esplosione di voucher. Tanto da diventare una questione politica. Sessantanove milioni venduti nel 2014. Centoquindici milioni nel 2015. Nel solo primo semestre del 2016 siamo a settanta milioni, al 30 settembre sono centonove milioni, che proiettati sull'anno intero sono stimabili in oltre centoquaranta milioni. Prima della crisi sistemica del 2008 (mondiale) e quella deliberatamente provocata dai cartelli finanziari nel 2011 (PIIGS) erano solo poco più di cinquecentomila all'anno. «I voucher hanno il merito di portare allo scoperto rapporti di lavoro che prima si svolgevano in nero» si difendono nel Palazzo, prima di cambiare idea per paura di perdere il referendum promosso dalla CGIL. Ma le storie reali dimostrano che così non è. Il nero viaggia ancora di pari passo. E di sfruttamento per caporalato si muore ancora.

La distribuzione della tipologia di lavoro associato ai voucher va dal commercio (16,8%) al turismo (13,9%), dai lavori domestici ai servizi all'agricoltura ecc. Ma la voce più corposa, udite udite, è "altre attività" con il 36,7%! Questo dato così generico è «il riflesso della storia del lavoro accessorio, all'origine destinato ad ambiti circoscritti», ma negli anni progressivamente ampliati, fino alla «legge n. 92 del 2012 che permette di fatto l'utilizzo di lavoro accessorio per qualsiasi tipologia di attività». Lo spiega l'INPS nel suo rapporto sul lavoro accessorio aggiornato all'ottobre 2016.

Insomma: il voucher era un strumento per casi specifici e molto limitati, ma il governo Monti prima e quello Renzi poi l'hanno trasformato in un'arma impropria nelle mani di datori senza ritegno, così da generare il combinato nero/voucher. Quindi, anche a voler attribuire tutte le buone intenzioni al legislatore, il risultato è stato decisamente fallimentare. Eppure, il governo non ha fatto alcuna autocritica, se non per paura. Ci hanno pensato i cittadini, difendendo la Costituzione, a bocciare senza appello le nuove politiche. Eppure, nonostante un referendum alle porte, i politici della maggioranza commentano ancora: «Il Jobs Act funziona». Funziona fintanto che, nelle statistiche ufficiali sulla disoccupazione, basta ricevere un voucher alla settimana per essere considerato un occupato permanente. Una vera e propria manipolazione dei dati sulla (dis)occupazione che sfiora, politicamente, il falso in atti pubblici.

«La progressiva estensione degli ambiti [...] di utilizzo del lavoro accessorio» continua l'INPS «è andata di pari passo con l'aumento della vendita dei voucher. [...] Dalla sperimentazione per le vendemmie del 2008, il sistema dei buoni lavoro è andato progressivamente ampliandosi.» Anche la modalità di distribuzione dei voucher si è ampliata: inizialmente acquistabili tramite l'ente previdenziale, poi presso i tabaccai e infine attraverso le Banche Popolari e gli uffici postali.

Il fenomeno coinvolge, nel 2015, quasi un milione e quattrocentomila lavoratrici e lavoratori. Il sestuplo del 2011. Lavoretti per le vacanze degli universitari e dei ragazzini? Macché! Gente matura di età media tra i trentaquattro e trentasette anni che non può costruirsi una vita. Che non può mantenere i propri figli o che rinuncia ad averne. Italiani, nel 92% dei casi, di fatto schiavizzati e costretti ad accettare qualunque cosa in un mercato contratto e al ribasso, ove i flussi di stranieri vecchi e nuovi inaspriscono la competizione tra poveri sia sul lavoro sia nell'accesso a quel che rimane dei servizi al cittadino.

Conosciamo tutti l'articolo 1 della Costituzione, che sancisce il legame tra la Repubblica democratica e il lavoro. Ma spesso questo articolo lo pensiamo isolato. Invece insiste su un'idea di società che guarda al benessere dei cittadini, che offre a tutti la possibilità di essere cittadini degni. L'articolo 1 apre e chiude il cerchio dei princìpi legati al lavoro, un cerchio che ricomprende l'articolo 4 («La Repubblica riconosce a tutti i cittadini il diritto al lavoro e promuove le condizioni che rendano effettivo questo diritto»), l'articolo 35 («La Repubblica tutela il lavoro in tutte le sue forme e applicazioni. Cura la formazione e l'elevazione professionale dei lavoratori. Promuove e favorisce gli accordi e le organizzazioni internazionali intesi ad affermare e regolare i diritti del lavoro»), l'articolo 36 («Il lavoratore ha diritto a una retribuzione proporzionata alla quantità e qualità del suo lavoro e in ogni caso sufficiente ad assicurare a sé e alla famiglia un'esistenza libera e dignitosa. La durata massima della giornata lavorativa è stabilita dalla legge. Il lavoratore ha diritto al riposo settimanale e a ferie annuali retribuite, e non può rinunziarvi»), l'articolo 37 («La donna lavoratrice ha gli stessi diritti e, a parità di lavoro, le stesse retribuzioni che spettano al lavoratore. Le condizioni di lavoro devono consentire l'adempimento della sua essenziale funzione familiare e assicurare alla madre e al bambino una speciale adeguata protezione. La legge stabilisce il limite minimo di età per il lavoro salariato»), l'articolo 38 («Ogni cittadino inabile al lavoro e sprovvisto di mezzi necessari per vivere ha diritto al mantenimento e all'assistenza sociale. I lavoratori hanno diritto che siano preveduti e assicurati mezzi adeguati alle loro esigenze di vita in caso di infortunio, malattia, invalidità e vecchiaia, disoccupazione involontaria. Gli inabili e i minorati hanno diritto all'educazione e all'avviamento professionale. Ai compiti previsti in questo articolo provvedano organi e istituti predisposti o integrati dallo Stato. L'assistenza privata è libera»).

Riconoscere il diritto al lavoro è un impegno politico che mette lo Stato e le sue classi dirigenti nella posizione di impegnarsi per proteggere il lavoro, non per farlo diventare una questione sociale con cui fare i conti. I dati sulla disoccupazione giovanile sono l'antitesi rispetto alla tesi costituzionale.

L'impegno non è assicurare a tutti un posto di lavoro, ma promuovere le condizioni per rendere effettivo codesto diritto. Del resto, senza una politica sul lavoro seria si svuota la società. E si riempie l'altra società, quella cara al GangBank: quella dove, se non hai un salario, ti offrono soldi a debito. Così cade tutto. I primi a capire la pericolosità dell'inversione di paradigma dovrebbero essere gli imprenditori: la crisi del lavoro colpisce innanzitutto loro. L'economia di carta non ha niente a che vedere con i diritti alla libertà di impresa che incardinano l'economia reale.

L'attualità della Costituzione economica è lontana anni luce da ciò che invece sono i trattati europei, dove la stella polare è la finanza. Mai un padre costituente avrebbe ridicolizzato i lavoratori (giovani e non) con epiteti sprezzanti come *choosy*, fannulloni, sfigati, bamboccioni o altro ancora. Lo sforzo del costituente costringeva la classe politica e dirigente del paese a considerare centrale il lavoro. *Il* lavoro, non *un* lavoro, come dagli anni Novanta a oggi stanno facendo, per omaggiare il dio neoliberista. E lo dico anche a critica delle tesi di chi (in buona fede, visti i tempi di crisi), onde controbilanciare la precarietà sociale, lancia l'idea del reddito di cittadinanza. L'idea in sé ha la sua ragion d'essere, nel senso che resta il rimedio migliore rispetto a uno scenario disperato. Sarebbe tuttavia quasi un risarcimento per il mancato impegno ad ambire verso la piena occupazione. Il reddito di cittadinanza è la miglior difesa contro gli attacchi neoliberisti, ma non è questo l'obiettivo cui la Costituzione chiama la classe dirigente.

GangBank ha trascinato l'Europa nella spirale di una retorica che rimanda ai quattro capponi di Renzo di manzoniana memoria, così mentre noi ci becchiamo a vicenda su chi è più fannullone, chi più furbetto, chi più imbroglione, chi più sfaticato, chi più... più, quelli ci hanno cambiato le condizioni di vita. Senza un lavoro che non sia instabile, senza una retribuzione equa, senza il giusto bilanciamento dei diritti e dei doveri, senza garanzie. Ma con tanti debiti. Perché non importa che tu non abbia soldi tuoi: te li presta il sistema. A debito. O con umilianti bonus. Ma il governo non deve promuovere i bonus, deve promuovere il lavoro. Questo è scritto nella Costituzione. E, poiché non sono in grado di onorarla (per quanto i ministri giurino su di essa!), allora la cambiano. La Costituzione è troppo più grande di loro. Per questo dobbiamo ripartire da lì!

Nelle pagine precedenti abbiamo visto come i trattati internazionali siano di per sé un detonatore dei diritti del lavoratore, di come minino il lavoro stesso legandolo al mercato, alla sua liberalizzazione. Abbiamo visto come le grandi banche d'affari ricattino i governi legando gli investimenti (anche) alle condizioni del lavoro e a riforme che del riformismo non hanno più alcuna traccia, a meno che non si consideri una riforma il ritorno allo schiavismo. Con Giuseppe Guarino ribadiamo che «rinunciando ai poteri di determinare autoritariamente e autonomamente la quantità di moneta da immettere in circolazione, di fissare il cambio, di fissare il tasso di sconto, di elevare autoritariamente la imposizione tenendo conto solo dei fattori interni, e accettando che la sua struttura produttiva si conformi sulla sola base delle leggi di un mercato aperto, lo Stato si priva di attributi essenziali della sovranità, alcuni dei quali considerati a tal punto intrinseci della sovranità, da rendere persino superflua la loro esplicitazione: in altre parole, proprio con riguardo ai poteri di più diretto intervento nella economia, lo Stato diviene non-Stato». Perciò tanti saluti alla piena occupazione, tanti saluti alla libertà di impresa, tanti saluti all'economia reale. Per questo non cresciamo e produciamo disoccupazione e indebitamento. La bussola non è più quella della Costituzione, ma quella del neoliberismo.

Così capita che durante la presentazione del piano nazionale Industria 4.0, presente il premier Matteo Renzi, venga distribuita una brochure *Invest in Italy* con il logo del ministero dello Sviluppo economico il cui appeal è «Venite in Italia, i nostri ingegneri sono bravissimi e costano molto meno che altrove». Per la precisione, nella brochure si legge che «un ingegnere in Italia guadagna mediamente in un anno 38.500 euro, mentre in altri paesi lo stesso profilo ha una retribuzione media di 48.500 euro l'anno». Più in generale, precisa il ministero, «i costi del lavoro in Italia sono ben al di sotto dei competitor come Francia e Germania. Inoltre, la crescita del costo del lavoro nell'ultimo triennio (2012-2014) è la più bassa rispetto a quelle registrate nell'eurozona (+1,2% contro +1,7)».

Eccola ben rappresentata, la logica del neoliberismo, la logica per cui il Jobs Act è una riforma del lavoro che piace alle agenzie di rating, alle merchant bank, agli investitori, ai Marchionne, ai Davide Serra e a tanti altri: il lavoro è una variabile del mercato. Finché si gioca nel perimetro della deregulation non ci sarà mai una politica rispettosa del dettato costituzionale e diventa motivo di attrazione la propaganda di una retribuzione che attiene alla logica del mercato del pesce. Una logica al ribasso. Poi si interrogano sul perché la gente dice no e la *middle class* abbraccia soluzioni che magari non avrebbe voluto ma che diventano l'unica possibilità di sopravvivenza al netto delle appartenenze. Vendere i bassi salari come fattore competitivo dell'Italia equivale a entrare in campo con la formazione peggiore. Con le riserve.

Il motivo per cui siamo arrivati a cristallizzare questo processo di destrutturazione del lavoro è facile da comprendere. In nome della riorganizzazione globale del processo produttivo, le multinazionali hanno raggiunto lo scopo di ottenere dalle istituzioni sempre più flessibilità. I governi (più di tutti quelli che convenzionalmente denominiamo "di centrosinistra") hanno contrabbandato l'illusoria equazione (liberista) "più flessibilità = più posti di lavoro" condendola con un conteggio ipocrita per cui i dati occupazionali salivano a prescindere dalla qualità del contratto di lavoro. Prima che la disoccupazione scoppiasse nelle loro mani, accadeva che, con la complicità degli amici gazzettieri, i progressisti si crogiolassero in questo pseudomiracolo di finta occupazione: accadeva in Italia, nella Gran Bretagna di Tony Blair, nella Francia di Hollande, nella Spagna di Zapatero, nell'America di Clinton prima e di Obama poi. Persino nella Germania della socialdemocrazia e della Grande coalizione, che oggi sbandiera risultati ottenuti perché qualcun altro ha pagato l'intero prezzo del biglietto.

Questa convergenza politica ha favorito poi un altro aspetto legato alla disgregazione del lavoro: non contenti di aver rotto l'equilibrio dei diritti e dei doveri, hanno creato le condizioni per una concorrenza sleale tra disperati. Poiché le normative in tema di lavoro costituivano un ostacolo al disegno neoliberista di abbattere il costo del lavoro e contestualmente approfittare della massima platea possibile di lavoratori a disposizione, ecco che si sono appoggiati alla liquidità della globalizzazione chiudendo gli occhi di fronte alla delocalizzazione delle aziende, cioè all'unica secessione che si è concretizzata (con numeri importantissimi), e di fronte alle conseguenze generate dall'arrivo di immigrati, molti dei quali senza permessi. La saldatura tra logica neoliberista e ipocrisia politica della sinistra di governo ha così creato i presupposti per comprimere progressivamente e costantemente diritti e salari. Un miliardo e mezzo di lavoratori globali sono stati posti in concorrenza tra di loro in una gara al ribasso. Sono due decenni che si assiste a un riformismo fasullo teso sempre e soltanto all'aumento della flessibilità del lavoro; lavoro che è diventato esso stesso merce. Merce disponibile. Non più un diritto. E chi ha pagato di più questa mercificazione del lavoro? I giovani e le donne. «Modena, assunta e licenziata 44 volte: il giudice la mette in regola» o «Non può andare in bagno, così l'operaio si urina addosso» sono fatti che non indignano più. Per indignarsi – e ci mancherebbe –

bisogna sbattere contro questa notizia: «In fabbrica dopo il trapianto, viene licenziato in tronco». Capite la disumanità?

Le recenti politiche del lavoro combinate con quelle previdenziali e l'assoluto abbandono di politiche sociali serie stanno modellando una nuova Italia che gli istituti di statistica fotografano con drammatica tristezza. Il rapporto 2017 di Eurispes mette in fila numeri e scenari che rappresentano il fallimento delle logiche contabili barattate per politica. «Affitto e mutui: più di un italiano su dieci torna a casa dai genitori» vi si legge. «Molti hanno dovuto mettere in atto strategie anticrisi come tornare a casa dai genitori o in quella dei suoceri. Quasi la metà delle famiglie italiane non riesce a far quadrare i conti e il 48,3% non riesce ad arrivare alla fine del mese, con un incremento di circa un punto percentuale rispetto allo scorso anno, dove si registrava un 47,2%. Il 44,9% è costretto ad attingere dai propri risparmi per completare il mese. Solo in una casa su quattro si è in grado di mettere qualcosa da parte, cioè di risparmiare. Le rate del mutuo per la casa sono un problema nel 28,5% dei casi, mentre per il 42,1% di chi è in affitto lo è pagare il canone. Il 25,6% delle famiglie ha inoltre difficoltà a far fronte alle spese mediche.»

Quello che preoccupa gli italiani è anche la propria percezione di povertà. «Circa una persona su quattro» prosegue il rapporto 2017 di Eurispes «afferma di sentirsi "abbastanza" (21,2%) e "molto" (3%) povero [...], a causa della perdita del lavoro (76,7%), a seguito di una separazione o un divorzio (50,6%), a causa di una malattia propria o di un familiare (39,4%).»

Il lavoro e la retribuzione sono le cause di questa angoscia, che s'accoppia con la presa d'atto di un costo della vita alto e di una tassazione che per il 62,5% resta invariata (altro che «Siamo il governo che ha abbassato le tasse», detto da Renzi come da qualsiasi altro presidente del Consiglio).

I soldi: questo mi sembra il dato che, dall'inizio del nostro lavoro, torna continuamente centrale. Soldi che dovrebbero arrivare dal lavoro e non dal risparmio acquisito precedentemente o, peggio, dal ricorso a prestiti. I motivi per cui si richiede un prestito sono il mutuo per l'acquisto della casa (46,8%), la necessità di pagare debiti accumulati (27,6%), il bisogno di saldare prestiti contratti con altre banche o finanziarie (17,9%), le cure mediche (10,9%).

Va da sé che, a fronte di uno scenario di impoverimento reale e percepito, si tiri la cinghia, si tagli (sempre meno italiani tengono animali in casa. E – mi sia consentito – non è un bel segnale, visto che un animale rappresenta compagnia e conforto, non un vezzo) o si inventino soluzioni di maniera. In tale direzione va inteso il boom della cosiddetta *sharing economy*, cioè l'economia della condivisione. Secondo una ricerca compiuta da Dario Di Vico per il «Corriere della Sera», il ceto medio si sta salvando così.

> Si calcola che il 17% degli italiani usi una piattaforma digitale di condivisione (Airbnb, BlaBlaCar, Gnammo e il car sharing) e il successo è crescente avendo la *sharing economy* saputo coniugare l'elemento razionale (l'utilizzo ottimale delle risorse) con quello valoriale (la gratificazione di concorrere a qualcosa di socialmente utile). E abbia di conseguenza coinvolto oltre al popolo del politicamente corretto anche una frazione crescente del ceto medio non riflessivo. Per di più è riuscita a mettere d'accordo culture politiche assai diverse tra loro, si trovano tifosi della *sharing* tra i liberali ortodossi come tra i sostenitori della teoria dei beni comuni. Spiega però Ivana Pais, sociologa dell'Università Cattolica di Milano: «Attenzione a non fare confusione. Il caso di Foodora non rientra nella *sharing*, è una prestazione a chiamata e quindi più tradizionale. A fare il prezzo non è chi presta il servizio ma l'azienda madre e può accadere che si parta con compensi alti per

i fattorini e prezzi bassi per i clienti e poi una volta conquistato lo spazio di mercato si cambino le regole per aumentare il profitto».

La verità è che la *sharing economy* favorisce il ceto medio che ha bisogno di integrare il proprio reddito e coltivare la possibilità di diventare piccolo imprenditore, quanto al lavoro dipendente invece crea quelli che ci siamo abituati a chiamare lavoretti – negli USA la chiamano *gig economy* – che dovrebbero essere retribuiti con equità e non con meccanismi da economia sommersa.

Per avere un ruolo attivo nell'economia condivisa, si mette a reddito un bene già nelle proprie disponibilità: ciò accade soprattutto per gli immobili (case o garage) o per le vetture private, come nel caso della piattaforma BlaBlaCar. Airbnb è sicuramente la piattaforma più diffusa e nota per chi volesse mettere la propria abitazione (o la seconda casa, specie dopo l'aumento della tassazione) "a disposizione" di turisti, studenti o single alle prese con brevi incarichi professionali. Secondo alcuni dati, si parla di centomila persone "attive", cioè con una casa da mettere a disposizione.

Come nel caso delle proteste legate a Uber (che però ha già trovato un sostituto nella francese Heetch, molto utilizzata dai ragazzi per il trasporto serale), anche Airbnb è nell'occhio del ciclone: il pressing degli albergatori sta costringendo le amministrazioni a dare una disciplina al fenomeno. Una linea guida non c'è, ma è innegabile che le maglie saranno più o meno larghe a seconda della capacità di persuasione e del potere contrattuale che avranno le associazioni di categoria. Di Vico riporta:

> I dati nazionali ci dicono che i centomila *host* di cui abbiamo parlato hanno percepito in media nel 2015 un bonus di 2.300 euro ciascuno. Ancora poco, ma si tratta di una media perché il grosso delle transazioni si ha in quattro città

(Venezia, Firenze, Roma e Milano) che richiamano turisti per l'intero anno e in questi casi l'integrazione di reddito è molto superiore. In riva all'Arno siamo sui 6.300 euro annuali e nella capitale sui 5.500. Si calcola che in media un *host* dia vita a tre annunci di affitto di spazi diversi, di conseguenza è facile che in futuro si crei una polarizzazione: da una parte chi del noleggio-casa ha fatto un'attività costante e chi invece si è fermato all'integrazione saltuaria di reddito. Per ora i dati sulle fasce di ricchezza degli *host* sono equilibrati: il 27% gode già di un reddito annuo superiore ai 33.000 euro ma il 24% ha meno di 13.600 euro. «Il reddito generato grazie alla nostra piattaforma aiuta gli *host* italiani a far quadrare i conti e a rimanere nelle case che amano. Il reddito di molti di loro è inferiore al reddito medio in Italia» dicono ad Airbnb. E il caso più citato è quello di Milano dove c'è la maggiore estensione del numero di *host* e nella settimana del Salone del Mobile risulta si affittino anche case molto lontane dal centro. [...] Teniamo presente che la differenza di guadagno tra affittare l'abitazione a un inquilino fisso come da tradizione e invece puntare sulla rotazione via *sharing* può essere del 100% a favore di quest'ultima anche con un'occupazione dell'appartamento di venti giorni su trenta al mese.

Sempre sul fronte casa, vale la pena di citare anche un altro caso che va per la maggiore: Gnammo. Si tratta di una piattaforma in cui si organizzano cene a casa propria facendo pagare gli ospiti. Notevoli sono state le proteste legate a una ristorazione in nero vera e propria (nonché le discussioni sulla "certificazione" degli alimenti).

Il nero. Bene, è arrivato anche qui il momento di scrivere alcune cose un po' fuori dal coro. Mi prendo il rischio di essere strumentalizzato («Così giustifichi l'evasione fiscale!»), però i fenomeni vanno pesati per quel che sono realmente. In Italia si fa un gran parlare dell'evasione fiscale come piaga e come causa della mancata riduzione delle tasse. Il che è opinabile, intanto perché un nesso eziologico tra lotta all'evasione e riduzione (anche minima) del carico fiscale non c'è. In secondo luogo non ha senso criminalizzare, com'è stato fatto, alcune categorie professionali quando poi lo Stato è il primo che, per motivi di cassa, contratta al ribasso con i grandi evasori la chiusura di contestazioni fiscali di importi notevoli. Abbiamo già visto che la Commissione europea è guidata da un presidente che, quando era alla guida del proprio paese (Juncker in Lussemburgo), ha attirato le multinazionali offrendo loro trattamenti fiscali assai vantaggiosi, a tal punto da creare un *dumping* dannoso per l'erario delle casse dei paesi da cui provenivano le aziende. Così, mentre in Italia si montano dibattiti sulle ore in nero dei professori o si controllano i prelievi di denaro contante per vedere se l'idraulico, l'artigiano, l'imbianchino o l'istruttore di tennis sono pagati senza ricevuta, grandi uffici legali e grandi studi commercialisti inventano scatole cinesi e stratagemmi per permettere alle multinazionali e alla finanza multimiliardaria di eludere il fisco a norma di legge. Tutto questo mentre assistiamo a una contrazione dei salari e a una sofferenza nel commercio. I controlli fuori dagli esercizi commerciali per scontrini non battuti rischiano di far apparire mediatica una lotta all'evasione che, se fosse mirata verso i grandi, darebbe risultati più importanti e soprattutto darebbe quell'esempio che legittimerebbe la giusta severità che predichiamo.

Le ingiustizie legate ai contratti di lavoro, come vedete, generano una molteplicità di questioni irrisolte dalla nostra classe dirigente. Ciò accade perché altri prendono decisioni. Perché altri stanno scrivendo il modello di società ideale, un modello dove non c'è traccia di senso democratico.

La società di GangBank è una società arida, vigliacca, sterile. Una società che tende all'autodistruzione, che considera il lavoro come un prodotto e il lavoratore alla stregua di una seccatura da gestire. E, finché si può, bene: tanto dopo... Tanto dopo arriveranno il web, gli algoritmi e i robot. È un moto accelerato uniforme verso la negazione di tutto ciò che è stato prodotto dal pensiero. Può darsi che siano fandonie (come tanti ritengono), però la cancellazione dei lavoratori in quanti soggetti titolari di diritti e di doveri è un processo che fonde propaganda e lucidità.

La propaganda sui fannulloni: i lavoratori sono sempre fannulloni, sono sempre dei furbi; e per dimostrarlo si esaltano i casi che la cronaca ci offre. Certo che i furbi e i lavativi ci sono, ma pensare – come a un certo punto è stato fatto – che per esempio tutti i lavoratori della FIAT fossero lavativi, parassiti e altro, è stata becera propaganda, utile per dimostrare che Marchionne era un manager capace e dalla schiena dritta, mentre la FIOM (sulle barricate contro le modifiche delle condizioni contrattuali proposte) il solito sindacato retrogrado e ideologico.

I lavoratori, insomma, sono diventati un bersaglio da parte dei manager, degli industriali e anche della stampa. La quale – esattamente come previsto dal politically correct dilagante – ha scaricato i diritti dei lavoratori per abbracciare quelli più moderni dei migranti. Non capendo che l'ingresso incontrollato dei migranti era esattamente funzionale alla sostituzione della massa di lavoratori. Non è stato un caso che a metà degli anni Novanta l'incapacità, da parte della sinistra politica e dei sindacati, di tematizzare le nuove realtà di convivenza tra italiani e stranieri avesse portato gli operai metalmeccanici lombardi e veneti ad avere la tessera della FIOM-CGIL e quella della Lega nello stesso portafoglio. Lo ricordano bene sia Maurizio Zipponi sia Mario Agostinelli, nei racconti di quegli anni. In quelle fabbriche i lavoratori capirono alla svelta che la ribellione, prima diretta contro il padrone per migliorare le proprie condizioni di lavoro, sarebbe stata depotenziata da una lotta per la sopravvivenza finalizzata a non perdere le condizioni acquisite. Capirono subito che la minaccia sarebbe arrivata da quel popolo di disperati (in origine clandestini: poi con il tempo qualcuno si è regolarizzato), bisognoso di lavorare a qualsiasi condizione pur di racimolare uno stipendio. Il gioco del padrone divenne quello di creare uno scontro tutto giocato tra gli ultimi. Ciò che i padroncini non capirono fu che lo stesso meccanismo logico lo stavano mettendo in atto padroni ben più potenti di loro. Dentro uno schema elitario, profumato dalla più bella retorica buonista. Buonista e falsa, perché gli stessi partiti, gli stessi leader che negli ultimi decenni hanno mostrato la faccia generosa sui diritti dei nuovi deboli, sbullonavano l'impianto giuslavoristico. Pezzo per pezzo. Fino a votare l'abolizione dell'articolo 18, cosa che nemmeno a Berlusconi riuscì.

Il lavoratore, nel neoliberismo, non serve. È un di più che tuttavia si accetta nel processo transitorio. Lo abbiamo ripetuto tante volte: merchant bank, agenzie di rating, club elitari alla Davos, alla Aspen, alla Commissione Trilaterale o al Bilderberg non hanno mai nascosto la loro allergia per le Costituzioni nazionali, tanto più quelle con un'impronta socialista. L'impianto costituzionale a difesa del lavoro, come abbiamo visto, è culturalmente troppo lontano dall'agenda di questi nuovi, moderni pensatori. Nei loro *paper* chiedono riforme, riforme e ancora riforme. Pensioni e lavoro sono da smantellare.

I trattati internazionali da loro partoriti offrono gli strumenti per espiantare la piena occupazione, con la pienezza dei diritti: è tutto nero su bianco. Hanno partorito loro i contratti light, le retribuzioni light, il lavoro smart come un passatempo. È figlio della loro cultura il mondo virtuale che essi stessi propinano come unico mondo alle giovani generazioni. Tutto passa dalle app, dalla rete. Ed è un tutto che i cittadini stanno pagando a caro prezzo senza nemmeno accorgersene. Ci stiamo facendo complici di una rivoluzione che subiamo e che capiremo troppo tardi perché abbiamo la testa rivolta verso il basso, perché siamo costantemente connessi a una idea di modernità fasulla.

Il nostro egoismo (che per autoassoluzione chiamiamo "comodità") non si accorge che Amazon, che le casse automatiche nei supermercati, nelle stazioni e negli aeroporti, che le app tipo Uber, Foodora e compagnia cantante, sono una falce mortale per molti posti di lavoro che non torneranno più. Il restare sempre connessi a testa bassa non ci rende più consapevoli della rivoluzione in corso. A noi va bene comprare i biglietti online, farci portare la spesa o la cena da runner sottopagati: a noi va bene perché la velocità delle nostre vite ci assolve. E se non è la velocità, allora è la comodità o il risparmio a guidare le nostre scelte di consumatori 2.0. Ma quando poi quello stesso meccanismo falcerà il nostro posto di lavoro? Già, perché la robotizzazione non guarderà più in faccia nessuno. Se una cassa automatica o una macchinetta di biglietteria self service può provocare il prepensionamento del personale di biglietteria, perché un software non dovrebbe mandare a casa una segretaria o addirittura un avvocato o ancora un bancario e un trader? La logica non è la stessa? Si risparmia, costa meno e produce di più. Che senso ha sbattersi sindacalmente per salvare i posti di lavoro nei call center quando una voce educata e standard ci darà tutte le risposte che vogliamo? Che senso ha portare la macchina dal meccanico quando basta un computer per resettare il guasto e ripararlo in un nanosecondo? Che senso ha dividerci tra taxi o Uber quando il prossimo passo sarà l'auto che si guida da sola? Il trasporto pubblico ha già avviato la robotizzazione: le metropolitane moderne non hanno conducente. Presto sarà così con tutti i treni. E poi con i bus di linea. Finché non avremo i taxi volanti per consentirci di essere sempre più veloci nei nostri spostamenti: «Airbus supera Google e Uber, primi taxi volanti entro il 2017». Il primario che deve riposarsi e su cui grava il rischio dell'errore umano con conseguente pericolo per il paziente sarà sostituito da un robot la cui mano non avrà mai il minimo tentennamento. La pubblicità delle Poste Italiane ce l'ha già presentato, il robot che vuole diventare umano. Per farci stare sereni, una commissione giuridica del parlamento europeo ha approvato una relazione che definisce i robot "persone elettroniche".

Il nostro egoismo ci nasconde la verità drammatica della modernità: fintanto che i licenziamenti riguardano gli altri, c'è sempre una giustificazione. Nella società moderna mica possono esistere il bigliettaio, l'autista, la segretaria, il negoziante di dischi o di libri. Poi, un giorno, arriva il capo della banca e dice che in nome della ristrutturazione aziendale si deve procedere a prepensionamenti: tanto il nuovo modello di banca è l'home banking. Pure nella telefonia i lavoratori sono troppi... E che dire dei giornalisti? Le recensioni ormai le fanno i consumatori e i loro forum influenzano più degli articoli che scriviamo; i blogger sono i nuovi editorialisti e in questo *mare magnum* della rete le notizie si compongono a nostro piacimento. Persino gli operatori finanziari, i broker e i trader – quelli che oggi festeggiano come avvoltoi tutte le volte che riescono a far firmare un contratto a gente comune – saranno fregati da questo processo, perché una app gestirà e promuoverà gli investimenti.

Amazon sembra essere diventata il luogo imprescindibile del nostro shopping. Come negarlo? È perfetto: conveniente, non devi uscire di casa, hai una vasta scelta, se il prodotto non va bene perché il capo è rovinato o non è della taglia giusta, oppure l'apparecchio elettronico è difettoso, te lo cambiano e nessuno batte ciglio. Insomma, una meraviglia. Tanto meraviglioso che tra poco non avrà bisogno di lavoratori, non avrà bisogno delle cooperative che fanno lavorare a condizioni di *dumping* persone che hanno una famiglia da mantenere, un mutuo da pagare e una vita da condurre. Le cooperative in subappalto saranno sostituite da robot che non rompono le scatole con diritti, lamentele e magari scherzetti tipo la malattia per fare un dispetto al capoturno. La logistica è stata la prima frontiera dove Amazon ha cercato la robotizzazione: gira che è un piacere. Non ci metteranno molto a sostituire tutto il personale umano con questi sistemi automatizzati. Poi sarà la volta dell'estrazione del prodotto (che però ha pesi, materiali e ingombri sempre diversi): anche su quello, Amazon è all'avanguardia.

Mister Amazon Jeff Bezos e mister Uber Travis Kalanick hanno tutto chiaro nelle loro teste: non sarà lontano il giorno in cui toglieranno i lavoratori dal processo produttivo. Sarà tutto più redditizio e soprattutto più snello. Lasciate che i robot, i droni, gli algoritmi e i software vadano dai nuovi padroni, e poi lo vedrete il mondo che verrà.

Un'ultima chicca su Amazon. Il suo numero due è un italiano, si chiama Diego Piacentini. Si è messo in aspettativa per collaborare con il governo italiano sull'agenda digitale. Ora, io ai generosi e agli altruisti voglio un gran bene e non penso mai che i loro slanci nascondano qualcosa. Tuttavia, qualcuno che solleva dei dubbi c'è. Il presidente della Commissione Bilancio, Francesco Boccia (stesso partito dell'ex premier Renzi, cioè di colui che ha portato a Palazzo Chigi il Piacentini), si è domandato in un'intervista: «Piacentini è un uomo della Repubblica italiana o un uomo di Amazon?». Poi ha continuato: «Chiarisca, in modo netto, se detiene ancora azioni nel colosso statunitense, perché se così fosse è evidente che si profila un chiaro conflitto d'interessi. [...] Il problema non è il contratto. In alcune di queste grandi aziende, che hanno cambiato il funzionamento del capitalismo, dando vita alla quarta rivoluzione industriale, rendendo il capitalismo ancora più tecnologico, lo stipendio è l'ultimo dei problemi. Noi auspichiamo che Piacentini abbia lasciato definitivamente Amazon [no, perché è in aspettativa, N.d.A.]. Se detiene stock options è evidente che il problema non è il lavoro dipendente, ma se è ancora azionista o meno. Come è noto in Amazon e in molte di queste multinazionali lo stipendio base è relativo e spesso basso, ma poi ci sono compensi dati attraverso milioni di dollari in azioni. Il tema è semplice: è ancora azionista o no? Detiene stock options o no? Basta rispondere sì o no». Ultimo affondo: «Piacentini conoscerà tutti i retroscena della Pa digitale italiana e le scelte del governo in materia. Conoscerà i dettagli del mercato e dei concorrenti nazionali di Amazon in Italia e le stesse strategie fiscali che stiamo concordando in Europa, solo per fare alcuni esempi». L'Italia aveva bisogno dello stretto collaboratore di quel Bezos la cui visione del lavoro è sotto gli occhi di tutti? Non vorrei che, dopo il Jobs Act tanto gradito a Marchionne, ci fossero una digitalizzazione e una fiscalità care a Bezos, Tim Cook e compagnia bella.

Se Amazon fa breccia perché comoda, immediata e sicura, il futuro è pronto a regalarci l'esperienza "zero errori" con le auto senza conducente. La propaganda che sta accompagnando gli esperimenti di Google, Apple e Uber si impernia proprio sull'annullamento del margine d'errore e di rischio. Insomma, zero incidenti. All'inizio dell'anno, il «Financial Times» ha compilato un elenco di mestieri destinato a sparire entro vent'anni al massimo. O forse addirittura entro dieci. Le prime a sparire del tutto saranno le agenzie di viaggio (ormai è cosa fatta), ma anche – e questa è la parte che qui ci riguarda – i produttori di componenti industriali per effetto delle stampanti 3D, le officine auto e i venditori di polizze RC.

All'Università di Oxford hanno analizzato il mercato americano del lavoro suddividendolo in settecentodue categorie: il 47% dei mestieri che avevano preso in esame ricadeva nella categoria di quelli ad alto rischio, che diventano il 57% come media nell'intero Occidente. La previsione è stata convalidata anche dalla Banca mondiale nel rapporto 2016. C'è da preoccuparsi? Direi di sì.

Un *paper* McKensey ha azzardato l'ipotesi che tra il 2020 e il 2037 assisteremo al passaggio uomo/software: cioè ci toglieranno la gioia di tenere un volante in mano. Morgan Stanley anticipa la previsione fissandola al 2022. Stando così le cose, entro il 2040 le auto come le conosciamo oggi saranno completamente estinte. Il gran capo di Uber ci spera e, evidentemente scocciato per le decisioni dei tribunali contro il suo business, ha scommesso quasi tutto su Triton, la sua *self-driving car*, «così il costo del trasporto sarà ancora meno caro per il cliente».

Cancellano i diritti in nome della convenienza del consumatore. Ma fateci caso, questi sono tutti progetti altamente costosi: chi li finanzia? Chi ci mette il grano? Il sistema GangBank.

Dietro la notizia di Google che fa causa a Uber per «averci rubato i progetti dell'auto autonoma: hanno sottratto la nostra tecnologia tramite la startup Otto, fondata da nostri ex dipendenti», c'è non solo una guerra di brevetti ma una guerra di capitali. Dovete sapere che Google fu tra i finanziatori iniziali di Travis Kalanick. Uber infatti partì nel 2009 e raccolse nel giro di pochi anni un primo finanziamento da Benchmark Capital, Menlo Ventures, da Goldman Sachs e dal fondatore di Amazon Jeff Bezos. Nel 2013, Uber ha bisogno di altro ossigeno finanziario: è qui che arrivano 258 milioni di dollari da Google. Cui s'aggiungeranno altri soldi dal fondo di private equity TPG Capital. Non sarà l'ultima iniezione di capitale: dopo costoro arriveranno anche i cinesi di Baidu, il motore rivale di Google (da qui i primi screzi), e soprattutto il fondo sovrano dell'Arabia Saudita (1,2 miliardi di dollari, arrivando così al 5% del capitale). Il «Financial Times» spiega il pesante interessamento a che Uber entri in Arabia Saudita col fatto che «le donne non possono guidare, ma hanno bisogno di spostarsi».

I fondi di investimento e le banche d'affari hanno chiaro il senso di una siffatta rivoluzione. Se il lavoro è un prodotto, i lavoratori o si standardizzano al ribasso oppure si possono (per non dire "si debbono"...) sostituire con i robot. Un robot non ha problemi di salario, ma solo di primo investimento e di manutenzione. Non ha rivendicazioni e non conosce crisi. Non ha un sistema pensionistico da onorare. Non si ammala e quindi non ha quella serie di patologie legate al lavoro. Il robot è l'incastro perfetto nella società neoliberista così come l'abbiamo fin qui inquadrata e come l'abbiamo vista realizzarsi attraverso il mosaico di trattati internazionali.

Se oggi Foodora *et similia* possono ancora muovere un dibattito politico, sindacale e sociale, la sostituzione dei rider coi droni non muoverà alcun dibattito sulle condizioni di lavoro dei droni ma – al limite – sul modello di società cui stiamo andando incontro. Ho scritto "al limite" intendendo "inizialmente": quando anche la consegna per mezzo dei droni sarà un fatto consuetudinario e ben promosso da una brillante campagna mediatica, anche coloro che dibatteranno sul "dove andremo a finire" diventeranno dei dinosauri.

Vi avevo raccontato di una pubblicità in cui mi proponevano l'acquisto (rigorosamente a rate) di un drone. Questo oggetto è diventato negli ultimi due anni assai popolare. Non è letteratura fantascientifica la casistica di consegne a domicilio di prodotti (persino la pizza!) eseguite attraverso i droni. Lo Stato del Nevada si è attrezzato per diventare il più grande distretto industriale di droni: quello che Detroit è per l'auto, Reno lo vuole diventare per i droni di ogni tipo, dalle consegne alle mappature, dalla security al giornalismo di inchiesta, passando per il comparto strettamente militare. Insomma, la robotizzazione è più avanti di quel che pensiamo e il parallelismo che spesso sentiamo fare in casa nostra – «Gli stranieri fanno i lavori che gli italiani non vogliono più fare» – diventerà presto: «I robot fanno i lavori che le persone non vogliono fare».

L'artigianato e l'agricoltura li abbiamo lasciati andare perché per i nostri figli abbiamo sempre sperato un futuro pregiato: perché mio figlio deve fare il carrozziere, l'idraulico, il pizzaiolo o il mungitore? Perché mia figlia deve fare i mestieri domestici, la parrucchiera o l'assistente per anziani, volgarmente detta "badante"? Bene, alla fine scopriremo che, oltre ai lavori pesanti o a quelli che non vogliamo fare, anche i lavori che saremmo disposti a fare saranno presto appannaggio della robotica. Nelle aziende agricole i macchinari provvedono già al grosso delle operazioni, lasciando la mera pulizia delle stanze ai pachistani. Nelle pizzerie, gli egiziani hanno soppiantato gli italiani ma faranno presto i conti con il robot pizzaiolo, quello che già oggi è operativo nella produzione industriale. All'università di Napoli il robot Rodiman è già in fase avanzata e gli stanno "insegnando" pure come maneggiare l'impasto per la pizza.

L'elenco dei mestieri in pericolo è lungo. E comprenderà prestissimo anche i lavori di segreteria: dalle traduzioni all'elaborazione dei dati. Non c'è partita tra l'essere umano e il robot, l'algoritmo, il software. Tranne una: quella dell'autodistruzione, perché il lavoro è centrale nelle vite di ciascuno di noi. Il lavoro è parte della formazione personale, sotto ogni aspetto. Non ultimo quello economico, retributivo.

«Se i robot ci porteranno via il lavoro, con quali soldi ci compreremo da mangiare? Con quali soldi gireranno i consumi?» La risposta è già nelle opzioni oggi in discussione e analizzate in questo libro. GangBank non ha paura di questo aspetto. Perché dovrebbe? Il lavoratore non ha un reddito dal suo lavoro? Ci penserà lo Stato con politiche di sussidio e ci penserà la vita a rate. In America la crisi dei subprime lo ha dimostrato perfettamente: disoccupati, immigrati senza né documenti né redditi e precari avevano finanche due o tre mutui su case. Poi la bolla è scoppiata, lo Stato – cioè il tanto vituperato pubblico – ha pagato il conto e GangBank ha ricominciato esattamente come prima, chiamando i prodotti finanziari con altro nome.

E poi c'è l'altro inganno della *web economy*: la condivisione, lo *sharing* o la gratuità di certi prodotti. Il web è pieno di accessi free. Peccato che, come dicono nella Silicon Valley, quando non c'è un prodotto da vendere, il prodotto è l'utente stesso. Google, Facebook, Instagram e le varie comunità virtuali non hanno prodotti da vendere, non si acquista nulla da loro. Sono servizi gratis. Quasi come fosse uno scambio alla pari. Eppure, per non vendere nulla, valgono una valanga di dollari. I conti in banca di mister Page, mister Bezos, mister Zuckerberg sono da capogiro: non vendono nulla ma sono in cima alla classifica di «Forbes». Strano, no? Per niente, perché hanno una merce che vale oro: i nostri dati sensibili. Che vendono o potrebbero vendere o che si tengono per profilarci.

Sono pronto a scommettere che non passeranno molti mesi prima che Facebook o Google comincino a raccogliere il risparmio degli utenti, una specie di BlackRock. Facebook in piccolo ha già cominciato. *Amico, ti pago via Facebook* era il titolo di un articolo sul «Corriere della Sera» del gennaio 2017. «Arriva anche in Europa l'icona che permette i bonifici sulle chat. Così il social fa concorrenza alle banche.» È lo schema di società già in corso. Perché dunque la robotizzazione dovrebbe preoccuparli? Loro la stanno promuovendo, finanziandola. Domani con gli automi realizzeranno quello che già oggi stanno idealmente sostenendo con l'immigrazione.

L'immigrazione è il frutto avvelenato di un nuovo colonialismo: ieri ne erano responsabili gli Stati, oggi le multinazionali. I primi responsabili sono i fondi, le *big company*. Che poi finanziano campagne all'insegna del politicamente corretto, con le foto dei disperati in primo piano. È vero, c'è anche disperazione nelle fughe dai propri paesi, ma c'è soprattutto la diffusione, grazie ai telefonini e ai tablet, di un'idea di società in cui – superata la terribile e mostruosa traversata sui barconi gestiti da terroristi, criminali e briganti senza scrupoli – c'è posto per tutti. Quando il presidente della Camera dei deputati, Laura Boldrini, afferma che «lo stile dei migranti presto sarà il nostro» (per chi non ci crede c'è un video su YouTube) o quando in Germania la cancelliera Angela Merkel apre le frontiere e accoglie tutti i rifugiati per opporsi al muro di Orbán (una mossa che le è costata parecchio nei sondaggi interni e che ha fatto decollare la Le Pen tedesca, Frauke Petry), quale idea si possono fare i migranti se non quella – errata – di trovare il Bengodi?

Il Viminale ha previsto per il 2017 un numero record di arrivi: 250.000. 70.000 in più dello scorso anno. Come li accoglieremo? Quella schiera di migranti è l'esercito di nuovi lavoratori-schiavi, pronto per il neoliberismo. Un esercito di persone che accetta per mano dei nuovi padroni di sballare il mercato del lavoro: dalle condizioni di lavoro a quelle salariali. Costoro lavorano nella filiera dei lavori in appalto, così che i veri referenti e beneficiari del lavoro nulla sanno, nulla vedono e nulla sentono. I grandi brand hanno sempre le mani pulite, immacolate; è la filiera sottostante che fa il lavoro sporco.

La robotizzazione leverà anche questo imbarazzo. Lavoratori robot e politiche di elusione fiscale: GangBank sarà sempre più forte. Secondo una stima della International Federation of Robotics, solo nel 2014 sono stati venduti duecentoventicinquemila robot industriali: il 27% in più rispetto all'anno precedente. Negli anni successivi c'è stato un ulteriore incremento e i programmi di piena occupazione robotica sono previsioni messe nero su bianco nelle relazioni compilate da quelle congregazioni che si riuniscono in segreto. Perché a Davos il presidente cinese Xi Jinping ha difeso la globalizzazione? Semplice, perché è l'alleato ideale di un sistema corsaro. Anche in Cina gli operai non sono più convenienti come un tempo; i salari sono progressivamente aumentati e anche sul piano dei diritti il governo ha dovuto concedere parecchio. Tanto da cominciare a strutturare dei programmi di robotizzazione sempre più intensi, dal distretto dell'elettronica a quello tessile.

In Giappone la Toshiba ha un prototipo – Aiko Chihira – programmato per l'assistenza agli anziani e ai disabili. È il passo successivo a quello che si sta già compiendo in campo medico-sanitario, dove avanzatissimi computer (il progetto Watson è quello che fece più scalpore) elaborano dati già acquisiti, dati che nessuna mente umana è in grado di ricordare, incrociandoli con le risposte che il paziente dà al momento dell'anamnesi, riuscendo così a fornire un quadro terapeutico preciso.

Guai dunque a pensare che la sostituzione dei lavoratori con i robot sia una cosa da letteratura o da invasati, e – aggiungo – guai a pensare che i telefonini delle nuove generazioni siano entertainment, cioè puro intrattenimento. No, dentro apparecchi sempre più aggiornati e desiderabili (laddove non arrivano le tecniche del supercapitalismo ci pensa l'obsolescenza programmata, cioè la durata di un bene elettronico prestabilita dai costruttori per incentivare l'acquisto del prodotto successivo. Alla faccia delle chiacchiere sulla libertà del consumatore o sui benefici del mercato!) c'è la programmazione della nuova Costituzione. Lo svuotamento dei diritti passa anche dalle rappresentazioni narrate da Google o da Facebook, dalla saldatura con i nuovi poteri 2.0.

La parola "libertà" maneggiata da costoro rischia di invertire il proprio significato. Per questo non credo alle rivoluzioni a colpi di telefonini. Il sistema GangBank, come abbiamo visto, è alleato di questa pseudomodernità. Fate caso alle pubblicità di investimento promosse come fossero dei giochi, fate caso ai *claim*: «Non aveva lavoro, ha fatto i soldi con...» e parte il solito schemino della catena di sant'Antonio. La modernità raccontata ai giovani non può essere la *gig economy*, la partita IVA, il contratto atipico, il voucher, la condivisione, i robot, le app. La Costituzione italiana parla di lavoro come diritto garantito, non come una possibilità della vita.

La lunga stagione delle politiche di austerità e della privazione dei diritti del lavoro ha prodotto solo un impoverimento. Impoverimento per tanti ma non per tutti. Già, perché i privilegiati e gli immuni dalla crisi ci sono eccome. E ci si potrebbe legittimamente porre qualche domanda sul reale merito di queste cifre. In un articolo de «Il Sole 24 Ore», Gianni Dragoni ha preso in esame gli stipendi dei banchieri nel 2015. Quell'inchiesta, secondo me, rende bene l'idea dello squilibrio retributivo in atto:

> Molte banche sono ancora nella bufera, ma gli stipendi dei banchieri italiani sono aumentati nel 2015. L'inchiesta del "Sole 24 Ore" mostra un pressoché generale incremento dei compensi complessivi. A far scattare gli aumenti sono i bonus per i risultati ricevuti da molti manager, la quota di stipendio variabile che si aggiunge al fisso in busta paga, molti hanno potuto aggiungere le azioni gratuite date in premio, in qualche caso le stock option.

Certo, i compensi sono al lordo delle tasse, ma i conti con il fisco li facciamo tutti.

> Poi ci sono le buonuscite. Come quella che ha fatto balzare al primo posto Roberto Nicastro, direttore generale di UniCredit fino al 30 settembre 2015. In totale ha ricevuto 6,964 milioni lordi: circa 1,6 milioni di stipendio, di cui 350.000 di bonus, più 5,39 milioni di buonuscita. Nel 2014 Nicastro aveva guadagnato 1,5 milioni. Adesso percepisce 400.000 euro l'anno come presidente delle *good bank*, le quattro nuove banche create il 22 novembre 2015 nel dissesto di Banca Marche, Popolare Etruria, CariFerrara e CariChieti. Il secondo più pagato è Federico Ghizzoni, che fino al 30 giugno scorso è stato amministratore delegato di UniCredit. Ghizzoni ha percepito complessivamente 4,67

milioni lordi, sommando allo stipendio di 2,883 milioni (di cui 770.000 di bonus) il controvalore delle azioni gratuite ricevute in premio, 284.090 titoli che al momento dell'assegnazione valevano 1,78 milioni. Oggi lo stesso pacchetto vale circa un terzo di quella cifra, 607.000 euro, a causa del forte ribasso delle azioni di UniCredit. Ghizzoni era stato il banchiere più pagato d'Italia nel 2014, con 3,17 milioni, comprese le azioni gratuite. Dunque nel 2015 la sua remunerazione è aumentata del 47%. Terzo Samuele Sorato, l'ex direttore generale e, per tre mesi, anche a.d. della Popolare di Vicenza, una delle banche in dissesto al centro dello scandalo per le azioni "baciate", cioè i finanziamenti dati a clienti indotti a diventare soci o a comprare azioni della Popolare, titoli però non quotati e vendibili solo con il consenso della banca. Con la crisi della banca il valore delle azioni si è azzerato e centoventimila risparmiatori-clienti sono rimasti in trappola. Il dissesto non ha impedito a Sorato di andarsene il 12 maggio 2015 con un accordo su una buonuscita di 4 milioni lordi, di cui metà pagati l'anno scorso, l'altra metà da versare negli anni successivi (la relazione sulla remunerazione della banca non è pienamente trasparente sulle date dei pagamenti). Considerando anche lo stipendio di 600.000 euro, in totale i compensi di competenza di Sorato l'anno scorso hanno totalizzato 4,6 milioni lordi. Quanto a Gianni Zonin, l'ex padre-padrone della Popolare di Vicenza dimessosi il 23 novembre, ha ricevuto 1,012 milioni lordi, è trentesimo tra i banchieri. Il dissesto della banca vicentina ha fatto la fortuna anche dei manager chiamati per il nuovo corso.

È un articolo del settembre 2016 e sicuramente da allora qualcosa sarà cambiato, ma nella sostanza la fotografia resta la stessa. In Italia e nel mondo. Nel 2015 il banchiere più pagato è stato Jamie Dimon di J.P.Morgan Chase con 27 milioni di dollari lordi; Dimon era il banchiere con cui Matteo

Renzi, allora presidente del Consiglio italiano, ha pranzato per una chiacchierata su MPS.

Il già citato Stiglitz fa notare che «un dipendente che lavora a tempo pieno non dovrebbe essere povero. Ma è quel che accade: nel Regno Unito, per esempio, vive in povertà il 31% delle famiglie in cui c'è un adulto che lavora. I top manager delle grandi corporation americane portano a casa circa trecento volte lo stipendio di un dipendente medio. È molto di più che in altri paesi o in qualunque altro periodo della storia, e questa forbice ampissima non può essere spiegata semplicemente con i differenziali di produttività. In molti casi gli a.d. intascano ingenti somme solo perché niente impedisce loro di farlo, anche se questo significa danneggiare gli altri dipendenti e alla lunga compromettere il futuro stesso dell'azienda. Henry Ford aveva capito l'importanza di un buono stipendio, ma i dirigenti di oggi ne hanno perso la cognizione».

E in Italia? La situazione è tutt'altro che positiva. La prima indagine Istat sulla variabilità delle retribuzioni – per quanto fissi il suo campo d'indagine a due anni fa – ha il merito di evidenziare che tra gli stipendi più alti e quelli più "leggeri" il gap è di 12,7 euro l'ora. E la media retributiva dei lavoratori dipendenti è di 14,1 euro all'ora. Ciò che però rende concreto il dislivello retributivo è la qualifica: i dirigenti (poco più del 10% dei dipendenti) hanno una retribuzione oraria 3,4 volte superiore rispetto alla media dei lavoratori e che vale cinque volte quella delle professioni non qualificate, ovvero tre volte e mezza quella degli impiegati d'ufficio; se poi sono maschi, hanno una volta e mezza la paga delle colleghe.

Dove troviamo gli stipendi migliori? Nel campo delle attività finanziarie, manco a dirlo... La retribuzione media (25,4 euro) è più alta dell'80% rispetto alla media di tutte le professioni. Le peggiori retribuzioni, invece, sono in alcuni settori dei servizi. Proseguendo con l'elenco, veniamo a sapere che i contratti a tempo determinato sono pagati in media 11,7 euro l'ora e hanno un differenziale del 21,5% rispetto a quelli a tempo indeterminato (14,9 euro). Eppure la flessibilità dovrebbe portare all'opposto, o almeno così ci era stata venduta: ti pago di più proprio perché l'azienda non ha l'impegno dell'indeterminatezza... Invece accade l'opposto. Va male, come dicevamo, quando l'analisi passa dalle tipologie di contratto al sesso dei lavoratori: le donne sono mediamente meno pagate degli uomini in ogni settore lavorativo.

Se le condizioni di lavoro sono queste e la tendenza è quella che si prospetta con l'arrivo dei robot, è normale che nei confronti della Casta cresca un sentimento di sfiducia se non talvolta di avversione. Ora che ho messo compiutamente a fuoco le ben più gravi malefatte del sistema GangBank, posso anch'io unirmi al coro di chi se la prende con i politici. La loro colpa – come ho scritto più volte – è quella di non aver fatto valere il senso dello Stato, il senso della Costituzione, ma di essersi prestati come palo o prestanome del neoliberismo. Che lo abbiano fatto perché ignoranti o perché parte del sistema poco importa.

Sono i loro "sì" in parlamento che concretizzano i piani lobbistici. Quindi sono loro a doverne rispondere. L'avversione che si registra nel paese è figlia di una consapevolezza binaria "giusto/sbagliato", "leale/corrotto" e via dicendo. La sofferenza che il popolo sta vivendo in questa lunga crisi rimbalza contro l'arroganza di un sistema che tutela se stesso, che si mette in tasca "retribuzioni" immeritate rispetto al suo lavoro e alla sua preparazione. La crisi ha minato i risparmi, i diritti, le energie: solo i politici restano in piedi. Nonostante una evidente inutilità: perché mai, infatti, si deve tenere in piedi un parlamento così numeroso se è ridotto a passacarte di interessi lobbistici? Perché mai vanno pagate persone di profonda ignoranza?

I programmi televisivi si divertono un sacco a interrogare i parlamentari sulle leggi che votano: scena muta di fronte a domande come: «Cos'è il fiscal compact?», «Quanti articoli ha la Costituzione?», «Quali sono le differenze tra FMI e BCE?», «Cos'è il *bail in*?» e via di questo passo. Loro votano ma non sanno. Anzi, se ne fregano proprio. Ma passano all'incasso, cioè sono pagati da quella comunità cui stanno togliendo libertà, diritti e soldi. Fa specie dover commentare la disoccupazione, gli stipendi e i salari bassi, l'emarginazione sociale e la truffa sui risparmi con chi guadagna soldi immeritatamente. E quando viene silurato si ricicla aggiudicandosi qualche poltrona nel sottobosco politico.

Potreste chiedermi: «Allora perché non hai votato SÌ alla riforma costituzionale che modificava il Senato e riduceva i costi della politica?». Per un motivo su tutti: io credo nella politica. Ci credo al punto che ne difendo la professionalità. La politica si può controllare. Sicuramente più del potere GangBank, che è invisibile e trasversale. Controllare la politica significa partecipare e poi giudicare. Attraverso quel voto che non vogliamo ci venga né sottratto né depotenziato.

È giusto che il nostro dito sia puntato come una freccia contro i banchieri che guadagnano redditi o si prendono buonuscite d'oro al netto di una valutazione di merito reale. Così com'è giusto che lo sia contro i sindacalisti (celebre fu la polemica contro l'ex segretario della CISL, Raffaele Bonanni, per il suo guadagno da 336.000 euro l'anno, una cifra persino superiore al tetto per i grandi manager di Stato – 240.000 – e vicina a quelle dei grandi manager contro cui il cislino polemizzava). Quindi è giusto prendersela per il totale che si mettono in tasca i politici. È giusto incazzarsi quando polemizzano per tenersi le loro indennità, i loro privilegi, i loro vitalizi. «Basta con questa antipolitica» dicono. Quando l'antipolitica è tutta loro, visto che ormai si sentono talmente superiori al popolo da non prestargli ascolto e non concedergli attenzione. Si rinchiudono nei loro palazzi, nelle loro fondazioni. Di fronte allo scempio autorizzato da questa classe politica, a sentir loro non dovremmo permetterci di contestare la busta paga che ora andremo a valutare.

Prendiamo la Camera dei deputati. I nostri deputati sono tra i più pagati in Europa, con una spesa media per le casse dello Stato di 19.170 euro al mese che, tra indennità varie e diaria, diventano circa 14.000 euro netti al mese. Si tratta di numeri presi dal progetto di bilancio 2016 della Camera approvato il 3 agosto 2016, dove oltre al mero stipendio ci sono le indennità, le quali pesano sul bilancio per un valore pari a 81,285 milioni di euro divisi tra indennità parlamentari (78,95 milioni), indennità d'ufficio (2,2 milioni) e altre indennità varie (135.000). Poi ci sono i rimborsi delle spese sostenute per l'esercizio del mandato: 63,64 milioni di euro divisi tra la diaria (26,5 milioni), il rimborso spese del mandato (27,9 milioni), il rimborso delle spese di viaggio (8,45 milioni) e il rimborso delle spese telefoniche (790.000).

Andiamo quindi alla busta paga del singolo deputato. L'indennità mensile è di 10.435 euro lordi (5.246,54 netti) su cui l'onorevole pagherà soltanto le addizionali regionali e comunali, così da arrivare mediamente a 5.000 tondi. Tra i 5.000 euro di ritenute, il parlamentare oltre all'Irpef si paga la pensione, l'assegno di fine mandato e l'assistenza sanitaria integrativa. All'indennità si aggiunge la diaria (3.503,11 euro) decurtata di 206,58 euro per ogni assenza nel giorno di votazione, a meno che non partecipi al 30% delle votazioni previste in quella giornata: in tal caso si segna presente. Nella singola busta paga calcoliamo ora il rimborso delle spese per l'esercizio del mandato (3.690 euro), metà dei quali viene dato a forfait e metà con rendicontazione. Capitolo viaggi: non pagano l'autostrada, il treno, l'aereo, la nave. Non solo: se l'onorevole deve raggiungere l'aeroporto, gli viene corrisposto un bonus a seconda della distanza: 3.323,70 al trimestre se il deputato risiede fino a cento chilometri da un aeroporto; 3.995,10 se oltre i cento chilometri. 1.200 sono gli euro di rimborso forfettario delle spese telefoniche; 526,66 per l'assistenza sanitaria integrativa; 784,14 per l'assegno di fine mandato.

Il quadro mi sembra chiaro, voce per voce. La domanda è: dobbiamo pagare tutto questo perché in parlamento vincano gli interessi del neoliberismo? I parlamentari avrebbero una guida di valori nella Costituzione, ma l'hanno tradita per inseguire l'illusione europeista. Se un deputato percepisce in media 19.000 euro lordi, il cittadino deve pretendere di essere preso in considerazione. Il Movimento 5 Stelle conquistò la scena politica ricordando che il parlamentare è un dipendente del cittadino. È vero, il parlamentare non ha vincolo di mandato, ma quel mandato lo esercita nell'interesse dei cittadini come sancito dalla Costituzione. E nella Costituzione non c'è scritto che il lavoro è una botta di fortuna o che il risparmio dipende dalle disponibilità truffaldine degli operatori di borsa. Nella Costituzione non c'è scritto che la sanità, la previdenza e la casa sono un'offerta di banche e assicurazioni.

I cittadini non pagano i politici per essere traditi. Da qui l'avversità dilagante.

3

Chi sono i padroni del mondo?

Complottista. Dietrologo. Populista.

Se attacchi il sistema finanziario ritenendolo responsabile della grande crisi e dell'impoverimento dei cittadini, passi per complottista, che poi è un modo per dire che sei o bugiardo o falso o addirittura complice della classe politica. «Se siamo con le pezze al culo è per colpa dei politici.» Se si entra in un bar e si parla così, è scontato fare il pieno di consenso. Lo abbiamo detto anche nelle pagine precedenti. È facile. La colpa è dei politici che rubano, che si arricchiscono sulla nostra pelle. Che sprecano soldi pubblici. Che con gli appalti ci fanno la cresta. «Altro che dare la colpa all'Europa o alla grande finanza.» È vero, la politica nasconde tentazioni. Ed è altrettanto vero che ci sono politici ladri. Non ci stancheremo mai di affermare che la colpa più grave di cui si stanno macchiando i politici è di prestarsi da palo alle più subdole ruberie del sistema GangBank; stanno assolvendo al compito di servi sciocchi delle élite finanziarie.

Con i loro voti in parlamento onorevoli e senatori stanno stravolgendo di fatto i princìpi della Costituzione, stanno neutralizzando quell'impianto di diritti che i cittadini hanno conquistato con decenni di lotte vere. Si tratta di "sì" intrisi di ignoranza, perché il parlamento è pieno di gente che non sa quello che vota, gente che non legge nemmeno il testo da approvare; questi voti sono il più grande regalo che il parlamento italiano sta facendo al neoliberismo. E al pensiero unico, quello che omologa il grosso dell'informazione e occlude ogni possibilità di dissenso. Il lavoro più facile, a differenza del passato, quando il dissenso doveva essere smontato usando persino la forza pubblica o altro, è stato quello di anestetizzare il pensiero, costruire – attraverso la subcultura social – una specie di monologo dove il bersaglio prescinde dalla riflessione.

Lo ripeto: nel pubblico ci sono davvero spese immorali, spese che scappano colpevolmente di mano. Lo ripeto: nella politica ci sono persone che fuori non sarebbero pagate nemmeno un quinto di quello che percepiscono in parlamento per non fare un tubo! Ma la retorica sul privato virtuoso no, non la accetto: gli inganni che si consumano nel mondo finanziario, lo strozzinaggio e il ricatto che viene messo in pratica, sono peggiori dei mali della Casta. Solo che qualche manina impedisce sempre che il dibattito monti. Quando davvero la diga si sfonda se ne parla un pochino, salvo poi tornare al «politici ladri», «dipendenti pubblici, troppi e fannulloni» eccetera eccetera.

«L'Italia non può abbassare le tasse perché ha un debito pubblico troppo alto» hanno sentenziato quelli del Fondo Monetario Internazionale. Embè? Che vogliono? Ci sarà prima o poi qualcuno che rinfaccerà loro tutte le previsioni sbagliate alla vigilia della crisi? Ci sarà qualcuno che rinfaccerà loro le relazioni con i principali autori della crisi? Ci sarà qualcuno che dirà che ci siamo rotti le scatole di prendere ordini dal potere finanziario privato, che in quanto privato ha interesse a far guadagnare i suoi "azionisti", cioè le banche private? Ci sarà qualcuno che metterà in fila, per bene, tutte le malefatte (per non dire le "porcate") del sistema bancario mondiale?

L'Italia e altri Stati sono tenuti sotto schiaffo dal debito pubblico, la più grande menzogna dei tempi moderni (come spiegheremo). Scrive Serge Latouche in *L'economia è una menzogna*: «Oggi il punto centrale è la lotta titanica tra il potere economico globalizzato dell'oligarchia finanziaria e le popolazioni rappresentate (molto male, bisogna dirlo) dagli Stati-nazione. Tuttavia la sola istituzione capace di salvarci dallo strangolamento da parte dei mercati finanziari rimane il vecchio Stato-nazione». Non è finita, Latouche prosegue così. «Tanto per cominciare dovremmo "riappropriarci della nostra moneta". È chiaro: dobbiamo uscire dall'euro, almeno così come funziona attualmente.» Anche Latouche è un complottista? È un amico di quella banda di ladri, cialtroni e chi più ne ha più ne metta che sono i politici? Lo ripeto: le istituzioni sono mal rappresentate, ma attenzione a non aggrapparsi a una divinità maligna (l'élite finanziaria) come fosse una divinità salvifica, perché tale non è. Se in politica ci sono dei furfanti (e sappiamo benissimo che ce ne sono), nella finanza ci sono dei veri e propri criminali senza scrupoli. Che però noi né vediamo né disprezziamo come invece disprezziamo i politici. I quali, detto per inciso, possiamo controllare e persino mandare a casa: la vittoria del NO al referendum del 4 dicembre è la dimostrazione che il voto conta. Non solo, quel NO può rappresentare il seme di una comunità italiana che riconosce l'attualità della Costituzione. Quella vittoria – come lo è stata la difesa dell'acqua pubblica con i referendum del 2011 – è la vittoria di una comunità che orgogliosamente ha il senso dello Stato. Anzi, è essa stessa Stato. Perché lo Stato democratico, la *res publica*, è l'unico baluardo contro l'aggressione finanziaria che stiamo subendo inermi.

Il sociologo Luciano Gallino (altro pericoloso complottista, demagogo, che purtroppo ci ha lasciati e non può quindi continuare questa battaglia populista contro i Buoni sbarcati dal pianeta Libero Mercato) era talmente invasato da scrivere in un libro titolato *Il colpo di Stato di banche e governi* che il «neoliberismo ha profondamente corrotto la vita sociale, il tessuto delle relazioni tra persone, su cui le società si reggono, con i suoi errori ha condotto l'economia occidentale a una delle peggiori recessioni della storia; ha straordinariamente favorito la crescita delle disuguaglianze di reddito, di ricchezza, di potere. È la più grande forma di pandemia del XXI secolo. È anche un pericolo per la democrazia». La più grande forma di pandemia. Un pericolo per la democrazia. Teniamolo bene a mente, grazie.

Ora, il guaio è che questa dottrina è l'impalcatura (anche) dell'Unione Europea. Che quindi attraverso i suoi trattati diventa la nuova "luce" per salvare gli Stati nazionali, l'acqua che purifica il peccato originale dei politici corrotti colpevoli del gigantesco debito pubblico. Da combattere. I veri padri costituenti di questa Europa sono quelli del GangBank. Paolo Maddalena, ex giudice della Corte dei conti e in seguito della Corte costituzionale, ha scritto un libretto, *Gli inganni della finanza. Come svelarli, come difendersene*, dove chiarisce ulteriormente la filosofia globale che regge l'Unione Europea. «Entra in gioco una nuova razionalità politica e sociale, capace di attribuire allo Stato un ruolo attivo nella costruzione di una società, la cui norma generale è la concorrenza tra gli individui e il modello d'azione di organizzazione, anche per lo Stato, diventa l'impresa.» Maddalena indica il motore che muove la costruzione dell'edificio europeo, il quale fu pensato in origine come soggetto politico a servizio di una comunità e non come soggetto finanziario travestito da istituzione dove i cittadini diventano consumatori o, peggio, prede.

L'Unione Europea, già nella sua definizione, ha perso di vista il concetto di Stati membri, li ha annientati, ammutoliti. E non a caso. Gli Stati, con le loro regole fondamentali per la convivenza nella comunità – cioè le Costituzioni –, sono *de facto* esclusi da quello che un tempo si voleva costruire: gli Stati Uniti d'Europa. Unione Europea è ontologicamente differente da Stati Uniti d'Europa. Nella UE non c'è più lo Stato a riconoscere e a garantire i diritti inviolabili dell'uomo, sia come singolo sia nelle formazioni sociali ove si svolge la sua personalità, come è sancito all'articolo 2 della Costituzione, ma ci sono gli eurotrattati, per cui la libertà del commercio e degli investimenti diventa superiore all'interesse pubblico e generale, alla solidarietà sociale, alla tutela della salute, del paesaggio e via di questo passo. Nella dimensione dei trattati, il diritto pubblico diventa diritto privato.

«La sovranità non appartiene più al popolo ma appartiene agli investitori.» Ormai questo nuovo paradigma non viene nemmeno più nascosto. Il 4 dicembre scorso gli italiani furono chiamati a confermare o respingere la riforma della Costituzione così come votata dal parlamento su iniziativa del governo Renzi, ministro Maria Elena Boschi. Nei mesi precedenti al voto, il mondo finanziario si mosse con una spregiudicatezza e con una sfrontatezza degna di chi si sente "padrone". "Padroni a casa nostra" è una frase che qualche leader politico fa propria nella speranza di acchiappare voti. Lo stesso politico però sa bene che il concetto di "padrone" e di "casa nostra" ormai non ha più senso visto che il concetto di pubblico, di Stato e di comunità è stato disintegrato da destra come da sinistra. La Costituzione è incagliata nei trattati internazionali scritti ad arte dalle lobby finanziarie; qualsiasi tentativo di pensare una qualche politica di investimenti pubblici è bloccato dal pareggio di bilancio; gli asset principali dell'economia sono stati svenduti a imprenditori amici degli amici o a multinazionali estere in nome delle liberalizzazioni e delle privatizzazioni. Insomma, gli italiani sono padroni di un bel niente.

Se Metternich nell'Ottocento a Vienna faceva passare alla storia la definizione di Italia come «espressione geografica», lo stesso accade per bocca di merchant bank o di agenzie di rating o ancora di ambasciatori stranieri. Quello americano a Roma, John Phillips, poco tempo prima del voto referendario sulla Costituzione auspicava la vittoria del SÌ perché il NO avrebbe fatto compiere all'Italia un salto indietro e addio investimenti. Anche l'agenzia di rating Fitch prevedeva uno shock per l'economia italiana in caso di vittoria del NO. Fortemente a favore del SÌ è stato anche Sergio Marchionne, il manager più canadese che italiano con residenza in Svizzera che ha portato la sede legale dell'ex FIAT ora FCA in Olanda e quella fiscale in Gran Bretagna.

Ma il meglio lo hanno dato J.P.Morgan e Moody's. Cominciamo da questi ultimi. In un *paper* datato 18 settembre 2015, la società di rating dichiarava che «il Senato è dannoso per la credibilità delle nostre istituzioni sui mercati finanziari, mentre l'*optimum* sarebbe una sola Camera dove il premio di maggioranza possa assicurare l'efficiente esecuzione delle volontà governative». La democrazia è un impiccio. La politica deve procedere velocemente, spedita. Esattamente come veloce e spedita va la finanza. Le parole sono importanti: snellezza, velocità di decisione, deregulation, privatizzazione, leaderismo, modernità, sono tutti concetti che hanno peggiorato la situazione. Sono parole proprie della finanza, del neoliberismo, del sistema GangBank, cioè di chi non vuole avere impicci nella realizzazione del proprio massimo profitto. Ci stanno riuscendo.

E torniamo così a J.P.Morgan e al suo pensiero. *The Euro area adjustment: about halfway there* è un documento dove si raffigurano le loro Costituzioni ideali. «I sistemi politici della periferia meridionale dell'Europa sono stati instaurati in seguito alla caduta di dittature e sono rimasti segnati da quell'esperienza. Le Costituzioni mostrano una forte influenza delle idee socialiste e in ciò riflettono la grande forza politica raggiunta dai partiti di sinistra dopo la sconfitta del fascismo [a costoro andrebbe detto che le più generose concessioni ai loro *desiderata* sono state effettuate proprio dai centrosinistra mondiali, N.d.A.]. I sistemi politici costituzionali del Sud presentano tipicamente le seguenti caratteristiche: esecutivi deboli nei confronti dei parlamenti; governi centrali deboli nei confronti delle regioni; tutele costituzionali dei diritti dei lavoratori; [...] e la licenza di protestare se vengono proposte sgradite modifiche dello *status quo*.»

Nel *paper* si individua come preoccupante la «crescita dei partiti populisti». È fin troppo chiara la comunanza di intenti tra la riforma Renzi-Boschi e la *vision* di questi operatori finanziari. Ma se tale idea ha un senso nella logica speculativa della finanza, non si capisce perché la politica si stia svendendo a tale ricatto neoliberista. Se non che la politica è ormai nelle mani del grande sistema GangBank: la finanza sta eclissando le Costituzioni democratiche. Qualche volta subisce una battuta d'arresto (come il voto del 4 dicembre), il più delle volte invece va a segno.

E veniamo a un altro esempio di come la sovranità del popolo sia stata cancellata dalle élite. Mi riferisco alla famosa lettera *strictly confidential*, strettamente confidenziale, spedita il 5 agosto 2011 all'allora presidente del Consiglio italiano Silvio Berlusconi a doppia firma Trichet-Draghi, a quei tempi rispettivamente capo della BCE e governatore della Banca d'Italia (nonché successore designato nella stessa BCE in sostituzione dello stesso Trichet, giunto a fine mandato). Vediamo alcuni passaggi di questa lettera che i protagonisti del governo di allora definirono ripetutamente come un «ricatto all'Italia», un ricatto che loro stessi non seppero respingere visto che Berlusconi si dimise senza nemmeno la sfiducia del parlamento (e meno male che Napolitano era il garante della Costituzione; quanto meno avrebbe dovuto chiedere una verifica. Ma tra poco spiegheremo perché non lo fece).

> Nell'attuale congiuntura, riteniamo che siano essenziali le seguenti misure:
> 1. Vediamo la necessità di adottare misure significative per aumentare il potenziale di crescita. [...] Le sfide principali sono l'incremento della concorrenza, in particolare nei servizi, per migliorare la qualità dei servizi pubblici [...]
> a) Si rende necessaria una strategia di riforme comples-

siva, di ampio respiro e credibile, che comprenda la piena liberalizzazione dei servizi pubblici [...].
b) Occorre inoltre riformare ulteriormente il sistema di contrattazione collettiva dei salari, consentendo accordi a livello d'impresa al fine di adeguare i salari e le condizioni contrattuali alle esigenze [...]
c) Dovrebbe essere intrapresa una profonda revisione delle norme che regolano l'assunzione e il licenziamento dei lavoratori, in parallelo a un sistema di assicurazione per la disoccupazione e a una serie di politiche attive per il mercato del lavoro capaci di facilitare la riallocazione delle risorse verso le imprese e i settori più competitivi.
2. Il governo deve adottare misure immediate e decise per la sostenibilità delle finanze pubbliche.
a) Sono necessarie ulteriori misure fiscali correttive [...] Lo scopo dovrebbe essere un deficit migliore [...] e un bilancio in pareggio nel 2013, soprattutto attraverso tagli di spesa. È possibile intervenire ulteriormente sul sistema pensionistico, rendendo più rigorosi i criteri di idoneità per le pensioni di anzianità [...] Il governo dovrebbe considerare inoltre una riduzione significativa dei costi del pubblico impiego [...] e se necessario riducendo i salari. [...]
In considerazione della gravità dell'attuale situazione sui mercati finanziari, riteniamo essenziale che tutte le azioni elencate nei paragrafi 1 e 2 vengano intraprese al più presto per decreto legge, seguito da ratifica parlamentare entro la fine di settembre 2011. Sarebbe inoltre appropriata una riforma costituzionale volta a rendere più rigide le regole di bilancio. [...]

Una lettera tanto spregiudicata da ribaltare l'ordine delle cose, da sovvertire dall'alto ciò che democraticamente aveva un senso almeno fino a quando altre libere elezioni non avessero poi impresso un altro senso politico. Va inoltre aggiunto che non è nella natura giuridica né della BCE né di Bankitalia entrare in dettagli che costituiscono un vero e proprio programma di governo, con la minaccia sottintesa di «non comprare più titoli di Stato se non fate quello che diciamo noi». GangBank ha il coltello dalla parte del manico: i governi indebitati debbono sottostare alle decisioni dei loro "pusher", dei loro creditori che li obbligheranno ad altro debito perché codesto è il gioco all'infinito dell'economia di carta. Dalla troika (Fondo Monetario Internazionale + Banca Centrale Europea + Commissione europea) alle merchant bank, passando per le agenzie di rating e i colossi assicurativi: le élite stanno riscrivendo gli equilibri costituzionali, stanno ribaltando le carte dei diritti. Con la complicità di una classe politica stupida ancor più che corrotta e di una collettività che purtroppo ha solo intuito (ora che sta pagando il prezzo di scelte volutamente sbagliate) il pericolo di questo potere finanziario. Un potere – quello di GangBank – che si autogenera, che si alimenta da sé. Un potere che cambia faccia e abito secondo gli ambienti esterni. Torno alla lettera partorita da BCE e Bankitalia perché quella lettera accelerò l'idea diffusa di mettere i governi non allineati in fuorigioco. Nel 2013 a Cipro il governo, insieme a Unione Europea, Banca Centrale Europea e Fondo Monetario Internazionale – cioè alla troika –, concordò un prelievo del 20% sui depositi bancari di oltre 100.000 euro custoditi nella Banca di Cipro e del 4% su quelli per lo stesso ammontare in altre banche. Furono le prove generali del *bail in*. Nel 2010 in Grecia accadde lo stesso: tutti addossarono le colpe al governo allegro di Atene e nessuno ricordò il ruolo di Goldman Sachs sui conti dello Stato ellenico.

Ma torniamo alla lettera della BCE e della Banca d'Italia. Mai nella storia della Repubblica italiana si era vista una lettera inviata da organismi internazionali, non eletti da nessuno, con un'agenda di priorità politiche tanto precise. Accelerare la piena liberalizzazione dei servizi pubblici essenziali (cioè acqua, energia, rifiuti...), deregolamentare i salari, le assunzioni, i licenziamenti, aprire un varco alle assicurazioni private per i sussidi: perché questi signori non si presentano agli elettori? Perché saprebbero benissimo di non ottenere una maggioranza per governare. E se non si governa per il popolo allora significa che si governa per l'establishment. Si rappresenta sempre un interesse.

Non ci credete? Vi faccio un esempio. Tra i punti della lettera c'era anche la riforma delle pensioni. In quel tempo a capo della Commissione europea c'era il portoghese José Manuel Barroso. Lo scorso anno il signor Barroso, al compimento dei sessant'anni di età, ha chiesto e ottenuto di incassare la rendita anticipata con solo dieci anni di contribuzione tra il 2004 e il 2014, quando riscuoteva uno stipendio da circa 25.000 euro mensili. Un prepensionamento di 7.000 euro al mese. Non male per uno che dava le pagelle ai sistemi pensionistici giudicati troppo... generosi. La verità è che la sostenibilità del sistema pensionistico è solo il pretesto per regalare fette di mercato alle banche d'affari. Infatti dove finisce il pensionato Barroso? A Goldman Sachs, come lobbista e consulente. Quella Goldman Sachs che, appunto, fu una delle banche più implicate nella crisi dei subprime, vera causa della crisi finanziaria del 2007-2008 e della crisi del debito greco. Eccolo il sistema GangBank.

L'ex premier spagnolo José Zapatero in *El dilema: 600 días de vértigo* svela un retroscena che oggi è sulla bocca di tutti ma che allora era una bestemmia solo il pensarlo. Zapatero il 3 novembre 2011 era al vertice di Cannes in quanto primo ministro iberico. «Mi resi subito conto che la strategia che si intendeva mettere in pratica prima del vertice era di sollecitare l'Italia e la Spagna a richiedere congiuntamente una linea di credito del Fondo Monetario Internazionale [...], i responsabili delle istituzioni dell'Unione Europea e degli organismi internazionali presenti a Cannes parlavano con Berlusconi, con Tremonti e coi rispettivi staff. [...] "Conosco modi migliori per suicidarsi" disse Giulio Tremonti, ministro dell'Economia del governo italiano, per tutti quelli che volevano sentirla [...]. Capii perfettamente la resistenza dell'Italia a inserirsi in un programma di aiuti finanziari [...]; le pressioni affinché l'Italia accettasse l'intervento del FMI furono di fatto molto intense. Sarkozy, Merkel, Barroso, Van Rompuy e Obama si spesero molto. [...] Era chiaro che l'Italia non avrebbe ceduto [...]. Il governo italiano uscì però indebolito da quanto avvenne a Cannes. Pochi giorni dopo, il 12 novembre, Berlusconi presentava le proprie dimissioni [...] e Mario Monti, di cui già si parlava nei corridoi, veniva nominato primo ministro italiano.»

«Era già tutto previsto» racconta una voce terza e non certo alleata di Berlusconi. Ogni cosa è al posto giusto: la lettera scritta da due terzi della troika, il G20 di Cannes con Sarkozy e la Merkel che strizzano l'occhio a Barroso e Van Rompuy, un Berlusconi facile facile da dare in pasto agli italiani e Mario Monti, già fresco di nomina a senatore a vita, con l'abito giusto per mettere in pratica le ricette del cannibalismo neoliberista. Monti, il professore. Monti, il rigoroso. Monti, il tecnico. Monti, l'antipolitico. Dopo la stagione dei cucù e del bunga bunga (questo era ciò che restava di una stagione politica denominata "centrodestra"), ci voleva il rigore, la serietà. Ci voleva il governo Monti, sostenuto da una maggioranza che in altre circostanze avremmo detto "bulgara", se non fosse che in quel periodo era vietato mettere in discussione le scelte pensate e attuate dal vero regista italiano (regista per conto terzi?) dell'operazione: Giorgio Napolitano. L'Italia era in crisi, l'Italia era sull'orlo del baratro tra l'Argentina, la Grecia e forse pure l'inferno. Quell'esecutivo in loden, infarcito di bravi professori, tradusse la lettera da potenza in atto. E così vennero la riforma delle pensioni, la riforma del lavoro, il pareggio di bilancio, la ratifica del fiscal compact e tutto quello che serviva per abbonirsi gli eurodei.

L'austerity tedesca come programma di governo dell'Italia. La finanza diventa centrale con l'inganno delle parole: l'efficienza dei mercati contro la corruzione del pubblico, la velocità del privato contro la lentezza del pubblico, la preparazione dei tecnici contro il pressapochismo di governanti e parlamentari, le opportunità della flessibilità contro i privilegi della Casta, vuoi politica vuoi sindacale. Ecco, con questo inganno la finanza ha costruito tesi che alla prova dei fatti si sono dimostrate presagi da cartomanti, da astrologi, da sciamani.

Dove ci hanno portato le euroricette dell'austerità? A cosa è servito il rigorismo costruito sull'asse Berlino-Bruxelles? A fare ricca Berlino, sicuramente: la Germania che impone alla Grecia, all'Italia, alla Spagna di rispettare il divieto degli aiuti di Stato previsto dai trattati è la stessa Germania che aiuta le imprese tedesche tramite una banca a totale capitale pubblico (altri esempi di doppiopesismo o doppiofaccismo riguardano il deficit del 3% o gli aiuti alle banche in crisi...). Ma il danno maggiore, il rigorismo lo ha fatto distruggendo quell'economia reale che ci ha resi unici nel mondo, nonostante la corruzione, la mafia e tutto il peggio che ci sta appiccicato addosso. Già, perché noi nonostante tutto eravamo dei campioni. Campioni mondiali di risparmio privato; campioni di modelli d'impresa (il modello delle piccolissime, delle piccole e delle medie imprese, dei distretti e dell'artigianato è studiato nelle università estere); campioni persino di un modello di Stato sociale che qualcuno definiva "mediterraneo" per metterlo in relazione con quello scandinavo. Ora? Ora ci hanno obbligati a vivere in un mondo che non è nostro, un mondo fintamente moderno dove l'economia gira sul debito, sulla carta e sull'inganno di meccanismi finanziari.

Il dramma è che questo sistema è entrato nelle viscere dello Stato, è entrato come un virus nella Costituzione pure laddove lo Stato dovrebbe avere il primato assoluto. Questo virus neoliberista è entrato nello Stato sociale, proiettando così l'antico welfare state in un nuovo e pericoloso modello di welfare, il welfare bank. Scrive bene ancora l'ex giudice Paolo Maddalena sempre in *Gli inganni della finanza*: «Altra ingannevole menzogna è quella di far ritenere che il nostro debito pubblico sia dovuto a un eccesso di spesa per lo Stato sociale (sanità, istruzione, ricerca ecc.). Dati alla mano si può affermare che in Europa l'Italia ha sempre speso, e spende, per lo Stato sociale sempre meno degli altri paesi europei. Tale spesa è sempre rimasta al di sotto della media UE e dell'eurozona. [...] In sostanza tutto il debito è da attribuire ai tassi di interesse che ci ha imposto il mercato e non alle spese per il nostro welfare. [...] Peraltro il livello dei tassi di interesse sul debito pubblico dipende unicamente dalle decisioni del mercato (e degli speculatori finanziari)».

Stiamo morendo di interessi. Vi è chiaro? Ve lo ripeto ancora con la chiarezza di Luciano Gallino: «La grande maggioranza della moneta che utilizziamo viene creata *ex nihilo* dalle banche private sotto forma di prestiti, cioè di moneta debito. Questa è la vera causa dell'esplosione globale dei debiti privati e pubblici che soffocano l'economia. La moneta bancaria aumenta i debiti e sottrae ricchezza all'economia reale. La moneta dovrebbe invece diventare un bene pubblico, una risorsa messa a disposizione dallo Stato per produrre ricchezza e benessere grazie alla piena occupazione e alla svolta ecologica dell'economia. È l'unica via d'uscita dalla crisi».

Invece accade l'esatto opposto.

Purtroppo questo passaggio progressivo e costante dal pubblico al privato è stato accompagnato da martellanti campagne – alcune in buona fede, altre meno – finalizzate a "bruciare" il consenso attorno al pubblico che non funziona senza mai guardare al privato che ruba con maggiore ingordigia e al buio. Insomma, è stato costruito il mito del privato senza che ne esista un fondamento reale. Con l'ordine neoliberista di privatizzare gli asset strategici per lo Stato (dall'energia alle telecomunicazioni passando per l'industria pesante) ci siamo impoveriti a vantaggio di altri paesi. Lo vedremo bene nel capitolo sulle privatizzazioni. Con la stessa propaganda de «il privato lo fa meglio» e «il privato spreca di meno perché i soldi sono suoi» abbiamo reso sottile come carta velina i contratti di lavoro, abbiamo regalato alle assicurazioni il cuore del sistema pensionistico per le prossime generazioni e per quelle attuali siamo arrivati addirittura a coniare un termine che dovrebbe apparire simpatico, innocuo, persino accattivante: l'Ape, Anticipo pensionistico, per legare i nostri anziani a banche e assicurazioni. E lo abbiamo fatto anche sulle case con meccanismi finanziari distruttivi. E poi ancora stiamo impoverendo di risorse finanziarie e umane l'istruzione, la sanità, i servizi. Questo perché una pseudoistituzione che macina retorica per riempire i granai della finanza (l'Unione Europea) ha deciso che gli Stati devono essere messi in fuorigioco.

Nel ventunesimo rapporto annuale delle Fondazioni di origine bancaria, a proposito del loro rapporto con la sanità, era scritto: «Si riscontra in generale una prevalente proiezione degli interventi delle fondazioni verso strutture sanitarie appartenenti alla rete del sistema sanitario nazionale. Ai soggetti pubblici va il 68,4% delle somme erogate nel settore, in controtendenza rispetto al dato generale che vede largamente prevalere i soggetti privati con la medesima quota (68,4%). In sostanza i soldi delle fondazioni finiscono prevalentemente nel privato ma nel sottosettore della sanità si ha una inversione di tendenza con la maggior parte degli investimenti destinati al pubblico». Al di là della poca chiarezza espositiva (mi si consenta la battuta: guai, nel mondo finanziario, a parlare chiaro. L'inganno comincia con le parole e i tecnicismi), appare evidente che tra tagli alla sanità pubblica e politiche di convenzionamento pubblico/privato, la finanza diventa fondamentale per mantenere i livelli di welfare. «La maggior parte dei contributi relativi in questo ambito è destinata a ospedali e case di cura generali.» Certo. Ci si può consolare col fatto che le Fondazioni conservano ancora, per la loro natura, un contatto con il territorio, ma è innegabile che toccherebbe al solo pubblico il finanziamento della sanità in tutte le sue articolazioni. Consentire al mondo bancario (e contestualmente a quello assicurativo) di presentarsi come sponda quasi indispensabile ha dei rischi evidenti.

Del resto anche a Bruxelles, attorno ai palazzi che contano, le lobby finanziarie e le lobby di Big Pharma lavorano per scrivere quelle regole che l'Europa adotterà e poi farà ingoiare ai parlamenti nazionali. Come mostra il rapporto redatto nel 2015 dal Corporate Europe Observatory (CEO), un'associazione che svolge il monitoraggio a livello europeo delle lobbies industriali, in collaborazione con Health Action International (HAI), nell'aprile 2015 Big Pharma ha denunciato una spesa per attività di lobbying pari a 40 milioni di euro, quindici volte il livello di spesa delle organizzazioni della società civile che operano per tutelare i sistemi sanitari pubblici e il libero accesso ai farmaci.

La cifra rappresenta un'enormità se rapportata a quanto lo stesso comparto industriale dichiarava di spendere nel 2012, 8,3 milioni di euro. Tre anni più tardi le prime dieci società farmaceutiche dichiaravano di spendere 15 milioni, oltre 6,6 milioni in più. Le stesse società potevano inoltre contare, complessivamente, su quarantanove lobbisti a tempo pieno, trenta dei quali avevano pieno accesso al parlamento europeo. Secondo il rapporto realizzato dal CEO, le prime tre principali industrie farmaceutiche, Bayer AG, GlaxoSmithKline e Novartis International AG, hanno speso nel 2014 per attività lobbistiche rispettivamente 2,5 milioni la Bayer, e 2 milioni ciascuna Glaxo e Novartis. Dal novembre 2014 al marzo 2015 Glaxo ha incontrato ben quindici volte la Direzione generale per l'igiene e la sicurezza degli alimenti e la nutrizione, mentre nello stesso periodo Novartis lo ha incontrato otto volte.

Qualcuno potrebbe obiettare che, dal novembre 2014, la Commissione europea ha preteso l'iscrizione nel Registro per la trasparenza di tutte le lobby che avessero intenzione di incontrare gli organi dell'Unione Europea, a partire dalla stessa Commissione. È vero, ma non si tratta di un obbligo, dunque non è prevista alcuna sanzione nel caso di una sua violazione.

Tanti soldi per tenere rapporti, per fare pubbliche relazioni, per stringere sempre di più i contatti con coloro che scrivono le regole o che prendono le decisioni. Sarebbe molto facile buttare lì una frase del tipo: «Provate a pensare cosa si potrebbe fare con quei soldi investiti in lobbismo al fine di aiutare i malati o potenziare una ricerca sempre in affanno». Certo il privato non è il pubblico, quindi il privato deve perseguire profitto. Però ballano tanti soldi... Possiamo dire che sono soldi sprecati? Certo che lo possiamo dire, perché la tiritera dello spreco è stata proprio il grimaldello usato al fine di denigrare il sistema del welfare pubblico.

«Non ci possiamo più permettere un welfare che copre i cittadini dalla culla alla bara!»: quante volte avete sentito questa frase, non solo stupida ma anche scorretta. È la Costituzione – quella Costituzione che il sistema GangBank vuole smantellare a vantaggio della sua pseudocostituzione neoliberista (ricordatevi sempre i *paper* delle merchant bank e delle agenzie di rating sulle riforme costituzionali!) – è la Costituzione, dicevo, che prevede una copertura dei diritti per tutti i cittadini, dalla nascita alla morte. Modificare la seconda parte della Costituzione forzando il bilanciamento istituzionale implica di per sé una neutralizzazione nei fatti della prima parte, quella cioè sui diritti fondamentali. Lo stiamo vedendo già nelle scelte di questi ultimi decenni: più liberalizzazioni, più mercato, più concorrenza. Tutto sulla pelle dei cittadini!

Il sistema GangBank punta agli individui fin da subito. Li instrada sui binari dell'economia di carta. Quello che negli anni Ottanta era il vecchio libretto postale che nonni e qualche genitore riempivano in luogo della busta regalo, oggi sono i piani d'investimento per gli under 18. Piani di diversa natura, per lo più presentati come l'unica alternativa a una magra pensione o piani per finanziare progetti; piani però non privi di trappole e di rischi.

Il vecchio libretto postale di risparmio o i buoni fruttiferi postali non rendono granché? Allora ecco il carnet di opzioni possibili, dal riscatto della laurea o ai fondi comuni della casa o ancora al fondo pensione («Pensaci prima che sia troppo tardi» è il refrain comune, come a sottintendere che la previdenza pubblica e lo Stato siano sempre il Titanic). La pubblicità o le guide al risparmio sono ricche di consigli pratici, consigli che però soltanto alla fine del gioco sapremo quanto fossero convenienti per il risparmiatore. Per il banco la convenienza c'è sempre. Ci sta, per l'amor del cielo. Quello che non ci sta è ormai lo squilibrio di questa finanziarizzazione della vita.

Vuoi la casa? A pensarci non c'è lo Stato (chi sente più parlare di edilizia popolare o di un imponente piano case? Parliamo di accoglienza poi però le case sono gestite in periferia da racket di malavitosi), c'è la finanza. Vuoi la pensione? L'INPS sta scoppiando, non ci saranno più pensioni per le giovani generazioni, quindi c'è la finanza dei fondi pensione. Non c'è un lavoro, una retribuzione certa e dignitosa? Ci sono i prestiti della finanza. Ecco, questo smantellamento dei diritti non ci sta.

Il welfare bank si sostituisce al welfare state. Ed è in quest'ottica che vanno viste alcune carte pesanti che la finanza sta calando sul tavolo. Promovendole come un qualsiasi prodotto: un jeans, un profumo, un nuovo modello di telefonino o un televisore. Ora, per esempio, è di moda la cessione del quinto.

La cessione del quinto è una forma particolare di prestito personale. La banca o chi per essa incassa le rate del debito tutti i mesi, senza fatica, trattenendole direttamente da stipendi e pensioni. Fino a un quinto del loro importo, ovvero fino al 20%.

Quando te lo propongono sembra quasi che ti facciano un favore: «Guarda che bravi che siamo, tu sei in difficoltà e noi ti diamo qualche soldino. E, pensa un po', tu non ti devi nemmeno preoccupare della scadenza delle rate per la restituzione perché... ehm...». Perché te le pignorano loro direttamente, dal tuo stipendio o dalla tua pensione. Per cinque anni, per dieci... Ovviamente caricandoci fior di interessi anche in un'era di tassi a zero. Nel sistema GangBank, le banche prendono liquidità in prestito dalla BCE a tasso zero, cioè gratis, ma poi – detto in maniera molto volgare – "fanno la cresta" sui loro clienti. È il loro guadagno, il loro profitto. Tutto a norma di legge, ma le norme le scrive il sistema neoliberista. E ciò nonostante, questi banchieri insaziabili si lamentano di non guadagnare abbastanza: piangono miseria per i margini ridotti, addossando la colpa allo stesso tasso zero di cui godono, come se lo trasferissero ai clienti senza metterci alcun ricarico! La verità è che la miseria delle banche, ove c'è, nasce da ben altro: cattiva gestione, speculazione, incompetenza, commistioni politiche, malaffare.

A dirla tutta, la cessione del quinto è uno strano aiuto perché somiglia dannatamente a una sottile forma di ricatto economico-sociale di cui sono vittime gli italiani con scarso potere d'acquisto e di cui le banche sono beneficiarie. Anche questo strumento è figlio di politiche governative filofinanziarie e filobancarie che smontano i servizi pubblici e lo

Stato sociale, sviliscono il potere d'acquisto dei lavoratori e infine forzano i cittadini alla deriva del debito individuale. Arricchendo le banche, le società finanziarie, persino le Poste, inzuppate come sono di finanza, imbottite di fondi d'investimento e di varie forme di assicurazione.

Un giorno in televisione ho sentito un parlamentare sostenere che per la cessione del quinto non servono garanzie, né garanti, né ipoteche. Peccato che non avesse avvertito del lato B di questa nuova moda: la... presa in ostaggio dello stipendio. La vera garanzia resta il TFR. Non è tutto. Per la parte di prestito eccedente il tuo TFR (e cioè la tua ipoteca mascherata) ti dicono che «una polizza assicurativa copre il rischio vita e il rischio impiego», così oltre alle rate della banca devi pagare anche il premio all'assicurazione[1].

Attenzione poi alle clausole, perché ove mai vinceste alla lotteria e voleste estinguere anticipatamente la cessione del quinto, occhio alle penali eventualmente contenute nel contratto, nascoste sotto i nomi più fantasiosi. Se, al contrario, non è la fortuna a baciarti ma lo fosse la sua sorella cattiva e invidiosa (una malattia, la perdita del posto di lavoro ecc.), sono cavoli tuoi: entri nel girone infernale delle persone di cui diffidare. Ci sono fior di elenchi di cattivi pagatori.

La cessione del quinto può essere appannaggio dei neoassunti con contratti a tutele crescenti purché l'importo richiesto non sia elevato e l'azienda sia di dimensioni medio-grandi. Deve essere chiaro che il settore dei prestiti è un mercato, un mercato in crescita come si legge tranquillamente sui siti di finanza specializzata online. E la cessione del quinto è un segmento di mercato appetibile. Un bocconcino delizioso che

1 Per i dipendenti statali l'assicurazione può essere rilasciata sia dall'INPDAP che da compagnia assicurativa privata, mentre per i dipendenti di aziende private solo da una compagnia assicurativa privata.

garantisce rendite mensili fisse agli istituti bancari e ai loro consimili, a spese dei lavoratori e dei pensionati. E se lavori con i voucher, o hai questi contratti flessibili tanto invocati dalle troike, be'...un qualche modo per indebitarti il sistema GangBank lo trova sempre.

A tutto il terzo trimestre 2016, la domanda di prestiti da parte di individui e famiglie è cresciuta di quasi l'8% rispetto al 2015. Questo, nonostante le perplessità di Federconsumatori sui dati di acquisti al consumo, e cioè sulla capacità reale delle famiglie di comprare beni e servizi. Secondo il Barometro CRIF, gruppo specializzato nei sistemi di informazione creditizia alle imprese e alle famiglie, nel mese di agosto 2016 «si è assistito a un incremento delle domande di prestiti pari a circa il 5,9% su base annua». Ma non si è mai sazi, perché a sentire Directafin, leader italiano nella cessione del quinto e dei prestiti online, «prosegue anche nel terzo trimestre del 2016 la crescita dei prestiti in Italia, un andamento se pur confortante ma non ancora rassicurante [*sic*]». «Il dato relativo ai prestiti personali» per Directafin «segna infatti una crescita dei volumi erogati del 14%.»

Se la macchina del welfare state viene fatta inceppare con la scusa che «lo Stato sociale costa troppo e la modernità non si può permettere quel che ci siamo permessi finora», o che «non possiamo essere così egoisti da mettere sulle spalle delle prossime generazioni il fardello dei nostri debiti», o ancora che «non ci sono più soldi per mantenere in equilibrio conti scappati di mano», di contro la giostra del welfare bank gira che è un piacere. Gira allargando la forbice tra ricchi e poveri, gira indebitando la gente a tal punto che la classe media scivola sempre più in basso. Un tempo c'erano gli stipendi perché il lavoro non era aleatorio e poi c'era la pensione. Il resto lo faceva la nostra attitudine al risparmio, che oggi ci rende preda da aggredire. I giovani vedevano la possibilità di un lavoro sicuro, con garanzie (che è diverso da lavoro garantito); le famiglie erano una ricchezza per il paese non solo in quanto società naturale fondata sul matrimonio ma anche come modello d'impresa che ci ha reso competitivi nel mondo; i pensionati godevano della loro meritata pensione dopo una vita di lavoro e sacrifici.

Cos'è cambiato? Perché non riusciamo a disincagliarci dalle secche? La risposta sta nel modello neoliberista che non ha seri avversari culturali e politici. Checché se ne pensi, lo Stato ha perso la sua centralità. Oltre alla crisi del lavoro con la sua molteplicità di contratti (e ormai possiamo affermare che la flessibilità non ha prodotto né lontanamente il risultato di "piena occupazione" né un aumento sensibile dei posti di lavoro), assistiamo all'aggravamento di vecchie questioni. I lavoratori italiani sono sempre più schiacciati. Il costo del lavoro è cronicamente compresso: i salari non crescono, e le tasse si mangiano quel poco che c'è. Il costo del lavoro per addetto è praticamente inchiodato dal 2011. Una compressione lunga oltre cinque anni. L'ultimo sussulto fu nel 2010. E gli spagnoli? Pesci in faccia anche per loro. E invece la Germania festeggia con un +15% nel periodo 2010-2016, aggiornato al mese di novembre. La Francia con un bel +10%.

I lavoratori italiani sono saccheggiati dal fisco e maltrattati dalle nuove politiche sul lavoro: intascano salari netti prossimi alla miseria partendo da un costo del lavoro complessivo, già basso di per sé, ove sono comprese le trattenute e i contributi (sempre che te li versino).

Ma non importa! Quel che conta è la flessibilità! Eh sì, perché il lavoro flessibile, senza tutele e con i costi ridotti all'osso aumenta la produttività. È questo che ci insegnano i soloni della finanza, gli eurotecnocrati, i nostri politici e i media allineati.

E invece guarda un po': la produttività non cresce! E perché, di grazia? Semplice. Lo svilimento del lavoro è demotivante. Oltre che stancante, perché mina le riserve di energie fresche delle persone. Insomma, ti sbatti da mattina a sera, non hai tutele, sai che non avrai la pensione e ti fanno coprire uno, due, tre, quattro incarichi alla volta: cassa, bar, tavoli, cucina, bagni. Tutto insieme. E quello che metti in tasca non ti dà di che vivere.

Devi chiedere i soldi ai nonni, che hanno pensioni da sopravvivenza. Tu ti logori, ti logori, ti logori. E loro ti insultano pure. Ministri, politici, finanzieri, datori di lavoro: «I giovani non hanno voglia di lavorare, di fare sacrifici...». Una frase consolatoria per la generazione dei padri e delle madri con il ditino puntato (sempre sui figli altrui...), un alibi perfetto per esorcizzare le responsabilità culturali di una generazione. Sono stati i giovani a togliere loro diritti e contratti? Sono stati i giovani a non rispettare quel che la Costituzione fissa in tema di lavoro? Sono stati i giovani a creare le condizioni di una concorrenza sleale nel mercato di lavoro, anche con politiche migratorie tanto politically correct quanto devastanti?

Eppure nonostante tutto i numeri ci dicono che prima della crisi e prima dei golpe finanziari, l'Italia dava lezioni di produttività a tutti. Fatto 100 il PIL prodotto per ogni ora lavorata nel 2010, ci accorgiamo che l'Italia dava dieci punti di distacco a Germania e Francia nel 2000, e circa quindici nel 1995! Prima dell'euro mangiavamo in testa a tutti!

Non solo. I maciullati lavoratori italiani si impegnano ancora, e assai. Lo si vede dall'andamento del costo del lavoro per unità prodotta. Gli italiani tanto ingiuriati e sottopagati riescono a colmare parzialmente il gap: sfornano relativamente di più rispetto al costo per addetto in virtù del basso costo per unità di prodotto.

È inutile che ci giriamo attorno: il sistema GangBank vuole che il lavoro sia un prodotto e che i lavoratori siano interscambiabili. La questione salariale – prepotentemente e paradossalmente tornata di moda con l'avanzare di leadership nazionaliste, sovraniste e populiste (nel senso di "interesse del popolo") – non è una sua questione. Il loro costrutto è: «Ti servono i soldi? Te li diamo noi». L'outlet dei prodotti finanziari è aperto h24. Da quando il modello neoliberista ha piano piano preso il sopravvento, sostenuto dalle "riforme" e dalle menzogne del peggior capitalismo, la finanza ha preso il posto dello Stato. Presentando il conto.

Prima abbiamo conosciuto la cessione del quinto dello stipendio, ora parliamo del prestito vitalizio ipotecario. Il prestito vitalizio ipotecario non è un prestito normale. È un prestito particolare. Molto particolare. È diverso dalla cessione del quinto, è assai peggiore. Diremmo odioso. Perché dà l'idea di un'arma puntata contro chi lo chiede o contro chi è costretto a chiederlo. Su cara sollecitazione di chi lo "vende". Il mercato dei nuovi bisognosi è una platea che si allarga. Su tutti, i pensionati che non arrivano alla fine del mese, gli anziani indigenti con pensioni da fame. Il prestito vitalizio ipotecario è riservato ai nostri vecchi (e basta con questa storia che "vecchio" è una brutta parola: dalla letteratura greca e latina fior di autori elogiano la *senectus*, cioè quella vecchiaia pregna di esperienza) che hanno lavorato una vita e che lo Stato non ripaga a sufficienza nonostante i contributi versati. Il mercato del prestito vitalizio ipotecario è per i pensionati le cui entrate sono state fatte a pezzi dall'euro, che ha raddoppiato loro il costo della vita. Per i pensionati che hanno una casa di proprietà, da ipotecare in cambio di briciole di pane che però possono servire ai figli che hanno bisogno, perché hanno perso il lavoro, o hanno le macerie di un divorzio che li mette in croce (sapeste quanti mariti divorziati fanno la fila alle mense della Caritas o centri analoghi dove si ritirano cibi, beni di prima di necessità e vestiti usati. O dove si può dormire in attesa di una sistemazione).

La casa e il lavoro sono le spie rosse sul pannello di controllo delle istituzioni, peccato che siano proprio loro a regalare al sistema GangBank anche la possibilità di fare leva sulle case per mostrare i loro denti aguzzi. Case e capannoni da regalare alle banche in cambio di quella dignità che la Costituzione italiana – la Costituzione è la nostra forza, se solo ne conoscessimo tutte le potenzialità invece di bucarla con riforme e trattati ispirati alla logica del *Dottor Faust* di Marlowe – riconosce, garantisce e tutela. Indebitarsi con clausole dannate per far studiare i figli, per curarsi, per uscire da una crisi che magari lo Stato stesso ha provocato perché è il primo a non onorare i debiti della pubblica amministrazione!

Le dichiarazioni di certi parlamentari hanno fatto il giro d'Italia. Ormai senza ritegno, la finta sinistra degli anni Duemila ha gettato la maschera e vota contro i lavoratori, le rivendicazione dei quali sono state sacrificate sull'altare della troika, del neoliberismo che li ha portati al potere. «Avete una pensione da fame? Ipotecate la casa»: c'è chi in televisione ha detto anche questo. Il video è ancora su YouTube. Il distacco tra politica e realtà è talmente grande che chi siede nei palazzi non si rende conto della gravità di quello che dice. E chi legifera non si rende conto della gravità di quello che fa. La dittatura finanziaria dell'euro, dell'Europa e dei tecnocrati è tanto invadente da decidere l'agenda dei nostri governi, ai quali i parlamentari si piegano disciplinatamente. Ciecamente schierati con il capo partito che li ha nominati.

Il prestito vitalizio ipotecario si mette su questa scia. Tale prestito si è riaffermato con l'entrata in vigore del decreto del ministro dello Sviluppo economico 22 dicembre 2015, n. 226. Come scrisse «Il Sole 24 Ore» il 2 marzo 2016, il decreto mirava a rivitalizzare questa particolare forma di finanziamento dedicata ai soggetti anziani. Perché rivitalizzare? Perché già nel 2005 si era provato a introdurre forme simili di prestito. Ma il provvedimento legislativo si era sostanzialmente afflosciato su se stesso: forse non era ancora ben congegnato nei suoi meccanismi indebitativi o forse non c'era ancora una platea di indigenti e anziani con l'acqua alla gola. Oggi invece, grazie alle attenzioni dei Monti, dei Letta, dei

Renzi e con la supervisione di Napolitano, grazie all'austerità degli eurotecnocrati, grazie alla bolla finanziaria del 2008 e alla crisi del debito sovrano provocata di proposito nel 2011, il "mercato" di chi è schiacciato dalla crisi c'è. Eccome se c'è, basti pensare che uno studio del settore case (Casa.it) fa emergere che il 70% di chi mette in vendita la propria abitazione lo fa per difficoltà economiche, il 22% per fare fronte a esigenze legate all'avanzare dell'età o per sostenere i figli nell'acquisto della casa.

Come funziona il prestito vitalizio ipotecario? Sintetizziamo così. Il prestito vitalizio ipotecario si ispira al mondo anglosassone e si applica ai soggetti over 60 che offrano l'ipoteca del proprio immobile (non gravato da altre ipoteche). Chi ti vende il prestito ti spiega che il «finanziamento è strutturato appositamente per le esigenze della popolazione di età avanzata». All'anziano «viene concesso un finanziamento» a fronte di un'ipoteca sulla casa di proprietà.

Per la banca che fa l'affare «l'anziano non è costretto a vendere, potendo continuare a viverci serenamente». Allora è la "nuda proprietà"? No, è molto di più perché nel sistema GangBank modernità fa spesso rima con "ecco che arrivano i guai". La restituzione del capitale e degli interessi costa! E grava sulle spalle degli anziani e dei loro eredi. Infatti se costoro non possono ripagare il finanziamento o se non riescono a stare dietro agli interessi, «la banca può vendere l'immobile e soddisfarsi con il ricavato, restituendo agli eredi l'eventuale eccedenza». «Dal lato del soggetto finanziato (e dei suoi eredi), la principale ombra è rappresentata dall'esponenziale crescita del debito» proseguiva «Il Sole 24 Ore». Secondo noi, un macigno gravato di interessi «in grado di mangiare in poco tempo l'intero valore dell'immobile».

E se volessi riprenderti la tua casa, affittarla o venderla? Non si può: «La casa oggetto di ipoteca non è vendibile, non è ulteriormente ipotecabile e nemmeno è possibile concederla in locazione a terzi». Pena il pagamento alla banca dell'intero capitale prestato e di tutti gli interessi. Morale: gli anziani indigenti che chiedono un prestito del genere resteranno indigenti e perderanno la casa. La banca fa cassa e ringrazia.

Sulla casa le banche stanno giocando una partita assai attiva. Di fronte a uno Stato da tempo distratto a varare un piano casa come tema strategico di welfare, il sistema bancario si ritrova a dover gestire un patrimonio immobiliare derivante da investimenti o dall'acquisizione di immobili incagliati in fallimenti o sofferenze di varia natura. Non è un caso che le ristrutturazioni degli organici sia passata dalla trasformazione di vecchi contratti bancari in contratti più leggeri, tra i quali quelli – diciamo così – di agenti immobiliari. Le banche si reinventano nel settore *real estate* e anche il personale in esubero (che non sia già stato prepensionato o allontanato altrimenti) è costretto a cambiar pelle se non vuole finire in pellicceria.

Non bastano però le trasformazioni organizzative: se arriva pure la "leggina amica" è meglio. Alcune cosette le abbiamo viste, ne mancherebbe un'altra: il leasing abitativo o immobiliare. In sé sembra una cosa buona perché si tratta di acquistare l'abitazione principale direttamente dall'istituto di credito alla fine di un leasing operativo, che comporta un canone di locazione prestabilito interessi inclusi. A rendere ancora più appetibile il tutto ci sono pure alcuni incentivi fiscali.

Insomma, un bell'affare. No? Non tanto, perché a conti fatti l'affare vero lo mettono a segno ancora una volta le banche. Intanto perché le case in oggetto sono e devono essere solo del catalogo della banca, in poche parole la casa disponibile è tra quelle che la banca ti offre (per liberarsene. Del resto la banca non è, o meglio non dovrebbe essere, un'agenzia immobiliare. Ma ormai abbiamo visto che ognuno vende tutto). Il canone di locazione alla fine diventa un altro modo per sistemare i bilanci degli istituti di credito e trasformare le zucche in carrozza. Infatti cosa accade se non riuscite più a pagare o cambiate idea sulla casa (ipotesi: nasce un figlio e gli spazi non bastano)? Succede che la rata del leasing si rivela assai spesso più cara dell'affitto tradizionale (si tratta di due tipologie di contratto diverse tra loro) e i canoni versati sono come il latte versato: inutile piangerci sopra; ormai sono andati. O giù di lì. Infine il leasing immobiliare a detta di molti agevola anche gli sfratti per morosità con maggiore snellezza. Queste e altre condizioni insomma ci consentono di mettere pure la casa nel welfare bank. Con un "ma" che andiamo a vedere.

Da Milano a Palermo i tribunali stanno mettendo in vendita uno stock di case sempre maggiore, spesso a prezzi più che convenienti. Talvolta potremmo dire a prezzi di saldo. Secondo i dati dell'Osservatorio Immobiliare Digitale, nel 2016 ci sono state in Italia 98.468 aste immobiliari, il 24% in più rispetto all'anno precedente e il doppio rispetto a cinque anni fa. Ovviamente questo trend è destinato anche per l'anno in corso ad aumentare il suo volume con l'effetto quasi certo di un ulteriore ribasso dei prezzi.

Perché accade questo? Perché, quando devi fare i conti con 214 miliardi di sofferenze nelle banche italiane e quasi la metà è garantito da immobili, la risposta viene facile. In cima alle garanzie immobiliari troviamo le residenze, poi i capannoni, i negozi, i terreni. Il sistema bancario sta soffrendo questa situazione e ha una certa fretta di liberarsi di questi immobili che diventano a tutti gli effetti dei *non performing loans*. Anche la vigilanza europea fa pressing sulle banche perché se ne liberino alla svelta. Più c'è fretta e più il mercato abbassa i valori immobiliari. Il solito cane che si morde la coda: il settore sarebbe in ripresa ma l'eccesso di offerta abbassa il valore. Insomma una bomba innescata sotto il mercato immobiliare per colpa della crisi finanziaria.

Ma dove il welfare bank dà il meglio di sé, come in buona parte abbiamo visto nelle pagine precedenti, è sul mondo dei pensionati e sulle pensioni. L'ultima perla è l'Anticipo pensionistico, l'Ape.

Vi ricordate la lettera della BCE e della Banca d'Italia all'allora presidente del Consiglio Berlusconi? Vi ricordate che tra i punti da assolvere vi era anche la riforma delle pensioni? Bene. Ricorderete anche che l'allora ministro tecnico Elsa Fornero mise mano alla pratica con un intervento correttivo sui conti pensionistici, con i voti di centrodestra e centrosinistra allora maggioranza "delle larghe intese". Ebbene, a distanza di pochi anni e con molti pasticci – uno su tutti: gli esodati. E meno male che erano tutti professori… –, oggi la politica fa un mezzo passo indietro: l'età pensionabile s'allunga ma se vuoi andare in pensione prima la banca ti aiuta a pagare gli anni di anticipo. Con un prestito, naturalmente. Roba da non crederci. Però lo hanno fatto.

Le pensioni diventano un lusso, mica il frutto che si coglie dopo aver pagato i contributi. Certo, ci sono le pensioni d'oro e le baby pensioni, ma non è facendo lavorare di più la gente che si mettono in ordine i conti. Le pensioni e le buonuscite del sistema GangBank – dopo ne vedremo alcune – non sono meno scandalose di quelle dei politici. La vicenda dell'ex presidente della Commissione europea José Manuel Barroso ve l'abbiamo raccontata poco fa: dava indicazioni sulla sostenibilità dei sistemi pensionistici e poi ha preteso di andare in pensione con circa 7.000 euro al mese. Il prepensionamento di José Manuel Barroso rilancia le polemiche sui privilegi degli euroburocrati nelle istituzioni comunitarie a carico dei contribuenti europei. Un privilegio che – lo ricordo ancora una volta perché è il meccanismo politico dell'Europa neoliberista – si aggiunge alle porte girevoli con le banche d'affari. Barroso oggi è a libro paga di Goldman Sachs Europe, è un lobbista a tutti gli effetti, con in tasca l'agenda giusta per fare gli affari della potente merchant bank. Un altro della lunga serie.

Per ora rimettiamoci a bordo dell'Ape e all'idea che la sorregge, cioè sempre la stessa: lo Stato non ha i soldi, la spesa pensionistica ci sta ammazzando, o si rivede adesso il sistema previdenziale o i giovani saranno senza assegno previdenziale. Lo dico per inciso: ma questa cantilena che l'austerità di oggi è un passaggio obbligato per non ammazzare i giovani per quanto tempo troverà ancora chi ci crede? Me lo domando tenendo sempre a mente le recenti scelte del popolo in Gran Bretagna, in America e in Italia dove la più forte bocciatura è arrivata dai giovani, i quali sono al centro di un processo di emarginazione sociale. E meno male che lo spot a favore dell'Europa politica vuole essere sempre nel segno della "generazione Erasmus".

I giovani sono stati spogliati del diritto ad avere un contratto di lavoro vero, a tempo indeterminato (ribadiamolo sempre ad alta voce: il contratto a tempo indeterminato non è un biglietto della lotteria che se hai fortuna afferri e incassi. È un diritto e soprattutto è un pistone per l'economia reale di uno Stato. Rinunciare all'indeterminato – e lo dico per esperienza personale – è una libera scelta, non il ricatto sottile della modernità neoliberista). Il tema della disoccupazione e di chi non ha più alcuna speranza di inserimento è *il* tema della politica, che solo una classe dirigente preparata e libera dal virus GangBank può affrontare e risolvere, al netto di quell'altra litania per cui i giovani non vogliono lavorare e fare sacrifici.

Ci sono tantissimi giovani che lavorano in condizioni di sfruttamento, senza contratti, senza straordinari e senza una banca che li ascolti. Ci sono giovani lavativi? Certo, come ci sono viziatissimi imprenditori junior che mandano all'aria le aziende dei genitori. Quindi vediamo di piantarla con questo gioco al massacro e apriamo pure gli occhi quando gli under 30 cercano di emergere ma sono ostacolati nei luoghi di lavoro da chi ha paura della loro fame o quando i loro padri vengono assunti perché alle condizioni attuali conviene pagare un cinquantenne già formato e attualmente disoccupato ma che costa come uno al primo contratto. Ai giovani abbiamo inculcato l'idea che non avranno una pensione e quindi si devono già consegnare al sistema GangBank per ottenere una qualche rendita negli anni della vecchiaia. Ma la pensione è un diritto, non una botta di fortuna.

Tutto questo per concludere che le politiche attuali non solo hanno inaridito e tradito la generazione Erasmus, ma stanno impoverendo anche i loro genitori. L'Anticipo pensionistico rientra in questa visione sbagliata della cosiddetta ripresa. Secondo alcune simulazioni – ve ne sono dei sindacati così come di centri studi animati da docenti non allineati al pensiero neoliberista –, chi decidesse di usufruire dell'Anticipo pensionistico dovrà rinunciare fino al 20% dell'assegno che si è guadagnato, non solo per pagare gli interessi alla banca per il prestito ottenuto, ma anche per finanziare una costosa assicurazione contro il rischio di morire prima di avere ripagato il debito. I lavoratori che hanno perso il posto a pochi anni dalla pensione di vecchiaia e usufruito di tutti gli ammortizzatori sociali potranno invece usare la cosiddetta Ape Social: il lavoratore in questo caso non ci perde niente, perché gli interessi alle banche li paga direttamente lo Stato.

Suvvia, sono sempre queste le soluzioni alla crisi? Oppure – come è la tesi di questo libro – il sistema GangBank scrive le leggi per conto di politici senza preparazione? Ma la vita e la dignità delle persone hanno ancora un senso oppure non più? Da quando siamo entrati nell'euro il potere d'acquisto degli italiani è calato, le retribuzioni sono ferme al palo, l'instabilità sociale è sotto gli occhi di tutti e le tariffe – alla faccia della convenienza delle liberalizzazioni! – aumentano di anno in anno. Mai come negli ultimi anni il portafoglio degli italiani sta subendo un'aggressione così palese e arrogante. Se il principio dev'essere che lo Stato si pone a garanzia del sistema bancario, allora tanto vale scommettere sullo Stato con la libertà di cambiare la classe dirigente qualora si dimostrasse inadeguata. Lo dico anche alla luce dell'entusiasmo con cui anche il presidente dell'INPS ha salutato l'Ape: «Dà una maggiore libertà di scelta alle persone, alle imprese e al tempo stesso, in questo momento, potrebbe dare anche un aiuto all'ingresso nel mercato del lavoro dei giovani».

E ridagli con l'illusione di fare il bene dei giovani...

A conti fatti, da quando l'austerity è diventata la stella polare delle politiche economiche, si fa sempre più densa la quota di famiglie che oltre a sostenere il precariato dei figli e qualche volta dei nipoti si ritrova pure un'altra tranche di debito con le banche. Per ottenere un diritto. È dalla crisi greca, la cui gravità sta nelle ricette di chi ipocritamente si è presentato con il camice bianco del medico curante ma con la mentalità del boia, che lo Stato viene messo sul banco degli imputati tralasciando che la crisi che stiamo vivendo è una crisi del debito, è una crisi finanziaria. «Quanto stiamo vedendo in Grecia è la spirale della morte del welfare state» era scritto sul «Washington Post» nell'estate 2013. «Ogni nazione avanzata, inclusi gli Stati Uniti, deve affrontare la stessa prospettiva [...]. I problemi sorgono da tutte le prestazioni assistenziali (indennità di disoccupazione, assistenza agli anziani, assicurazioni sanitarie) oggi garantite dagli Stati.»

In Italia una tesi del genere ha trovato tanti analisti o bardi. Sempre con lo stesso ritornello: il welfare state del vecchio continente si scopre vecchio come la sua patria; vecchio e insostenibile. Negli anni del montismo (come rimbalzo agli anni del berlusconismo) i tifosi dell'"A morte il vecchio Stato sociale!" si sono scatenati con la scusa dei conti pubblici da rimettere sotto controllo. L'ordine delle èlite finanziarie, dell'establishment, era partito: con i pacchetti anticrisi i governi (splendidi esecutori) demolivano poco alla volta l'anima delle costituzioni degli Stati-nazione per edificare un nuovo edificio. Il mercato prima di tutti e di tutto.

Il progetto è servito: il welfare state non regge, il debito si sposta sulla lotteria del banco GangBank. Poi se salta... ci penseranno gli Stati, com'è accaduto tutte le volte che le banche sistemiche si sono incagliate nei loro debiti. Privatizzazione dei profitti e pubblicizzazione delle perdite: ecco lo schema vincente dell'avidità neoliberista, per la quale lo Stato torna centrale solo per il tornaconto dei suoi profeti.

Il conto finisce sempre sulle solite spalle. Recentemente ho visto ringalluzzito il duo Monti-Fornero: nelle loro comparsate televisive, i due professori non perdono occasione per provare a rifarsi una verginità di fronte al pubblico, dipingendosi come dei Robin Hood che, ai tempi del loro governo, avrebbero messo le tasse sui ricchi come misura di giustizia sociale a beneficio della comunità.

Tasse sui ricchi e sulla ricchezza. Giustizia ed equità a beneficio dei più deboli. Sicuri? Nel famoso decreto "Salva Italia" (che belli questi titoli con cui addolciscono le amarezze...) troviamo il combinato disposto dell'imposta di bollo sugli estratti conto bancari e quella su conti deposito, risparmi, strumenti finanziari per risparmiatori, titoli, conti correnti e quant'altro. Tradotto: è una doppia patrimoniale sui risparmi degli italiani di cui la maggioranza di noi non sa nulla, salvo interrogarsi perché ogni tanto ci tolgono i soldi dal conto. Tradotto meglio: è una vera e propria tagliola che si abbatte sui lavoratori colpendo nel mucchio. Una mannaia da cui si salvano i nullatenenti o quasi (e che vuoi portargli via, agli sfortunati?) e i supermegaultraricchi.

Insomma: la patrimoniale sui nostri soldi è già una realtà, non uno spettro futuribile. Lo spettro sta nel fatto che qualcuno vorrebbe incrementarla (e sarebbe la quarta volta). Il governo si insinua costantemente nei conti degli italiani sottraendo dai loro estratti conto 34,20 euro tutti gli anni. Come se non bastasse, si infila nei depositi, nei libretti, nei piccoli patrimoni investiti e – zitto zitto – si porta via il 2‰ ogni anno. Dico: in dieci anni fa il 2%, su denari che hanno già assolto l'Irpef, le addizionali comunali e regionali eccetera eccetera. Avete dei BTP? Ve li tassano. Avete depositi bancari e postali? Ve li tassano. Vi siete fatti infinocchiare con obbligazioni convertibili e fondi comuni dalle presunte performance mirabolanti? Ve li tassano. Qualunque cosa abbiate in denaro, ve la tassano. Tassati a vita, per sempre, su denari già tassati più volte alla fonte. Vi tassano con un'imposta che è nata come l'1‰ di tutti i vostri averi, è poi aumentata all'1,5, ed è arrivata al 2‰ a partire dal 2014.

Questo 2‰ malandrino erode voracemente i vostri risparmi se questi non sono messi a rendita o se avete una gestione patrimoniale in perdita. Se invece avete una piccola rendita, per esempio il 2% netto, l'imposta del 2‰ ha un effetto leva devastante e si porta via il 10% della vostra rendita (già detratta di un'aliquota del 26%). E si porta via il 20% se la vostra rendita netta è solo dell'1%. Si salvi chi può!

Già... E chi può salvarsi? I soliti ricconi delle società finanziarie. Eh già... Perché, per i capitali al di sopra dei 7 milioni di euro, i soggetti diversi dalle persone fisiche non pagano un tubo. Zero! Nulla! L'imposta massima è fissata per legge a 14.000 euro, mentre per tutto quello che eccede c'è l'esenzione totale. Hai 50.000 euro di risparmi da gestire? Ti cucchi tutta l'imposta al 2‰ e anche i 34 euro e passa sugli estratti conto. Hai un miliardo? Basta conferirlo nella finanziaria di famiglia e la tua imposta media sarà lo 0,001% in virtù del fatto che 993 milioni sono esentasse. Alla faccia della progressività obbligatoria prevista dalla nostra Costituzione.

E chi altro può salvarsi? Guarda un po', le assicurazioni. Chissà perché poi... Sembrerebbe un gran favore a qualcuno, ma non possiamo scriverlo altrimenti ci dicono che siamo complottisti ... Ma, come diceva Andreotti, a pensar male ci s'azzecca. E quindi se volete salvarvi anche voi, sottoscrivete una bella polizza, pregando però Iddio affinché non vi freghino.

Ragazzi, questi mediocri piazzisti che le GangBank usano come frontman puntano le loro fiches sull'estinzione della classe media, depauperandola con ogni mezzo. Noi ci rifiutiamo di credere alle sirene delle tasse sui ricchi perché abbiamo già avuto numerose dimostrazioni che, nei fatti, si tramutano in tasse sui ceti medi e poco abbienti.

La mia opinione è che le cosiddette patrimoniali sui ricchi dei signori Monti e Fornero agevolano le aggregazioni patrimoniali da parte di famiglie molto ricche, facilitano gli individui estremamente abbienti che conferiscano la propria liquidità in società di comodo, favoriscono i grandi soggetti finanziari a scapito del popolo, ed esentano i prodotti assicurativi per spianare il mercato alle società di assicurazione. Se tutto questo non bastasse, a tutela delle GangBank ci sono sempre i paradisi fiscali da cui entrare e uscire a piacimento: in un batter di ciglia si spostano montagne di liquidità in Lussemburgo, in Irlanda o alle Cayman. Le tasse le pagherà sempre e soltanto chi è incagliato in Italia.

Tutto questo accade in un contesto in cui anche la crisi delle banche si riverbera sui costi dei clienti risparmiatori. Poco tempo fa il «Corriere della Sera» ha redatto una ricerca comparativa chiara. Riportiamo quello che risulta. Il costo dei conti correnti per famiglie con operatività media (duecentoventotto operazioni all'anno) è salito infatti del 13% in dodici mesi, contro un'inflazione negativa. L'ISC, Indicatore Sintetico di Costo annuo, è passato in media da 127,50 euro del gennaio 2016 ai 144,70 attuali. La versione online dei conti tradizionali è aumentata ancora di più, da 98,70 a 115,60 euro: +17%.

Dietro l'incremento medio del 13% ci sono due cause: il contributo al salvataggio delle banche in difficoltà e l'aumento di alcune commissioni. Nel primo caso si sono mossi Banco Popolare e UBI, che hanno applicato un costo aggiuntivo ai clienti per rientrare di parte dei soldi spesi per il Fondo interbancario e per il Fondo di risoluzione. Nel secondo spicca l'incremento dei costi di carte di credito e bonifici per cassa (il calcolo, per omogeneità con l'anno scorso, è su sette banche: Intesa, UBI, MPS, ex BPM, Cariparma, BNL, UniCredit).

Il canone delle ormai redditizie carte di credito è salito in media a 33,14 euro (da 29,80). Il costo medio di un bonifico in contanti allo sportello passa a 6,50 euro (da 5,66), così come pagare le utenze allo sportello per cassa costa ora in media 2,41 euro (da 2,28). Il rendimento minimo medio dei conti correnti è sceso allo 0,001% (da 0,004%), mentre quello passivo nominale massimo (il caso dello sconfino in assenza di fido) è salito dal 18,3% al 18,6%, con picchi oltre il 21% in Intesa e MPS (dove però si paga il 18,20% per sconfini fino a 1.500 euro). Va aggiunta al tasso la commissione d'istruttoria veloce: stabile, in media a 36 euro (ma tocca i 60 euro nell'ex BPM).

Per chiudere, vorrei dedicare qualche riga al boom del gioco d'azzardo. Perché ve ne parlo in un libro dedicato alla finanza? Ci arriviamo. Importanti ricerche ci dicono che in Italia un ragazzo su due si è avvicinato alle macchinette dei bar o delle sale lottery nonostante i divieti. Sono oltre un milione e duecentomila, infatti, quelli che hanno tentato la fortuna almeno una volta nel 2016. Il fatto è che questa pessima abitudine giovanile si mette sulla scia comportamentale degli adulti. Non deve infatti apparire contraddittorio il ricorso alla fortuna proprio quando la crisi si fa sentire sui bilanci: più si teme il domani e più ci si aggrappa alle tentazioni.

Nel 2016 il gioco d'azzardo ha visto salire la spesa complessiva del 7% a 96 miliardi di euro. Calcolando che la popolazione nazionale si aggira sui sessanta milioni di persone, inclusi i bambini, scopriamo che nell'anno appena trascorso abbiamo speso la media di 1.500 euro a testa, pressappoco un intero stipendio solamente per scommettere sulla fortuna al gioco. Cifre da capogiro, che diventano ancora più strabilianti, se si considera che nell'arco degli ultimi otto anni, ovvero in piena crisi economica, il business del gioco d'azzardo è raddoppiato dai 47,5 miliardi del 2008.

Tutto questo non arriva per caso: nel 2016 le società del settore hanno investito in pubblicità 71,6 milioni di euro contro i 51,3 milioni dell'anno precedente. Insomma, un bell'incremento del 39,6% rispetto al 2015. A beneficiare di questa notevole spinta di denaro sono state le televisioni (61 milioni di euro), poi internet, i quotidiani, le radio e altri. Anche queste cifre fanno parte della strategia GangBank. Il moltiplicarsi delle agenzie di gioco d'azzardo e la massiccia campagna pubblicitaria (con eccellenti uomini dello sport e dello spettacolo che si prestano come testimonial "accalappiaragazzi") sono funzionali a una "educazione" che vede nei meccanismi della scommessa lo stesso schema della finanza speculativa. In fin dei conti cos'è la finanza moderna se non un casinò allargato? Lo dimostrano i collegamenti societari che spesso legano le agenzie delle scommesse online con le applicazioni di trading online.

In Cina il fenomeno dei ragazzi trader è una delle cause dell'impazzimento finanziario. Il perché nasce dall'investimento universitario che sta a monte: la finanza dipende dagli algoritmi e i ragazzi cinesi fanno la fila nelle università di matematica, perché hanno capito che è un ottimo modo per fare soldi. Ai master di Ingegneria finanziaria delle più prestigiose università americane gli studenti hanno quasi tutti cognomi cinesi. Cinese era uno dei guru di J.P.Morgan e di Barclays: David Li. La sua "funzione di copula gaussiana" divenne il segreto magico per molte agenzie di rating che dovevano valutare il tasso di rischio di mutui assai diversi tra loro. Lui guadagnò una montagna di soldi, le agenzie di rating sbagliarono a fidarsi ciecamente della funzione e come sempre una moltitudine di investitori ci perse i soldi. L'idea di far girare la finanza sulle funzioni matematiche però resta assolutamente valida.

Il boom della finanza ha origine proprio da questa speranza: poter calcolare tutti i rischi connessi agli investimenti tramite formule matematiche e calcoli delle probabilità. Naturalmente questa utopia tecnico-scientifica si è rivelata più volte totalmente falsa. Nonostante ciò, l'uso della matematica nella finanza resta centrale. A fare le fortune di BlackRock, il più grande fondo finanziario del mondo, è stato ad esempio un algoritmo, di nome "Aladdin", che gestisce in automatico investimenti per migliaia di miliardi di dollari.

L'indebitamento americano sta passando anche attraverso dinamiche che assomigliano al gioco. Il film *Money Monster* con George Clooney e Julia Roberts ha il pregio di portare sul grande schermo proprio la facilità con cui la scommessa sui titoli diventa un *game*, salvo poi scatenare perdite devastanti. Esattamente come accade coi debiti («Nessuno gli dice di indebitarsi»), anche per il gioco sbrigativamente diciamo: «Nessuno li obbliga a giocare». Il meccanismo di dipendenza scatta nel momento in cui vi è un bombardamento pubblicitario: se un comparto investe cifre colossali per spingere su un prodotto è perché vuole che quel prodotto sia comprato. Il gioco d'azzardo è un prodotto iperpubblicizzato: è quindi normale che la platea di consumatori si allarghi proprio nel momento di maggiore debolezza. Basterebbe limitare fortemente questo business per risolvere molti problemi. Ma lo Stato ricava molti soldi dal gioco e gli stringenti parametri di bilancio europei rendono impossibile rinunciarvi.

4

L'Europa dei tecnocrati contro l'Europa dei popoli

Il 26 marzo 2015, diciannove economisti di diverse nazioni scrivevano una lettera al «Financial Times». Una lettera per molti versi rivoluzionaria, perché si proponeva un cambio di passo radicale: invece di darli alle banche, i soldi diamoli direttamente ai cittadini.

Sì, il succo della lettera era esattamente questo: i 1.100 miliardi previsti dal programma quantitativo per stimolare l'inflazione nell'eurozona, il *quantitative easing* della Banca Centrale Europea successivamente ampliato a più riprese fino a superare i 2.000 miliardi passando per il valore intermedio di 1.680 (destinati poi nei fatti alle banche e ai mercati finanziari), «dovrebbero essere distribuiti a ogni cittadino europeo per tutta la durata del programma». L' importo del "tot", al momento del calcolo, era di 175 euro al mese a testa per ognuno dei cinquecentosei milioni di europei, a prescindere che fossero cittadini dell'eurozona o meno.

Ovviamente, questo appello è rimasto solo un invito teorico mai preso in considerazione, ma servì (non solo tra gli addetti ai lavori) a riflettere sui veri effetti del denaro creato dal nulla dalla BCE con il dichiarato intento di sollecitare i pistoni dell'economia europea – l'economia reale, intendo – attraverso lo stimolo monetario dell'inflazione.

I primi a non raccogliere lo spunto di quei diciannove economisti sono stati i politici, i quali, non sapendo più come elaborare gli insuccessi di quell'Europa su cui avevano puntato tutte le proprie fiches, hanno ormai delegato ai banchieri centrali il compito di dare un senso della politica. «Meno male che c'è Mario Draghi a salvare l'Europa dai populismi e dai rigurgiti nazionalisti» dicono, con l'affanno di chi si agita in mare aperto e ha l'acqua alla gola.

Meno male che c'è Draghi... Davvero le cose stanno così? E se anche fosse vera questa tesi, non stride forse con le dichiarazioni degli stessi politici quando ripetono – con la cantilena di chi ricicla sempre le stesse lezioncine (talvolta mi sembrano come le hostess e gli steward che prima del decollo ci illustrano le misure di sicurezza in caso di necessità) – che ci vuole più Europa politica e meno Europa della finanza? Allora come si spiega che Mario Draghi, cioè il capo della BCE, sta salvando l'euro e l'Europa, e per questo va ringraziato? Mah. Non capisco... Forse perché non c'è nulla da capire. Delle due l'una: o si sta con il banchiere Draghi o si sta con l'Europa politica. Più passa il tempo e più resto convinto che l'Europa sia come quei lettori dvd venduti nelle aree di servizio dai truffatori: apri la scatola e trovi il mattone.

Se l'intenzione del *quantitative easing* è quella di stimolare l'economia reale, forse sarebbe stato meglio far cadere quei soldi direttamente sul capo della gente in carne e ossa, piuttosto che darli alle banche: ai cittadini, alla famiglie, alle piccolissime imprese, ai lavoratori. Un'idea analoga l'ebbe anche il premio Nobel per l'Economia Milton Friedman, che la condensò in un'immagine provocatoria, affascinante e suggestiva: quella dei "soldi dall'elicottero", *helicopter money*, ovvero banconote gettate dall'alto che i cittadini avrebbero raccolto e speso, alimentando i consumi e dando impulso diretto all'economia. A Friedman tutti replicarono che l'idea poteva funzionare solo in assenza di recessione; in caso contrario, le banconote sarebbero state risucchiate da debiti e pendenze, o eventualmente accantonate a risparmio, anziché spese nel turboconsumo del neoliberismo di cui Friedman era esponente. In Italia, gli 80 euro di Renzi e la politica dei bonus lo dimostrano: stimolo per i consumi? Zero.

Ruotando lo sguardo in un'ottica più keynesiana, invece di girare la liquidità della BCE alle banche con il *quantitative easing*, sarebbe stato più efficace usare il nuovo denaro per finanziare la spesa pubblica costruttiva dei governi europei, riavviare le politiche economiche espansive, riattivare gli investimenti nello sviluppo e rilanciare i progetti per le infrastrutture strategiche. Tutti veri e propri volani per l'economia e per l'indotto. O – a mali estremi, per l'appunto – si sarebbe potuto addirittura accreditare questo denaro sui conti correnti dei cittadini, onde permettere loro di far fronte alle spese correnti senza ricorrere al credito a consumo: non proprio l'effetto pensato dal neoliberista Friedman per dopare l'economia reale, ma almeno un sollievo per il popolo indebitato dei nostri tempi.

Vale sempre la pena ricordare quel che abbiamo detto fin dal principio: il debito privato è in costante aumento, tanto che recenti dati elaborati da Morgan Stanley (e loro se ne intendono...) nei paesi del G10 (paesi anglosassoni in testa) mostrano che il debito privato è spesso un multiplo del debito pubblico.

Se poi guardiamo al debito globale, un report del McKinsey Global Institute dimostra che non solo non è affatto diminuito, dall'inizio della crisi del 2008, ma è aumentato del 40%, passando dai 142 trilioni di dollari del 2007 ai 199 trilioni del 2014 (che è il dato più recente disponibile al momento della stesura di questo testo). C'è stato quindi un aumento di 57 trilioni in sette anni, accompagnato dalla fosca previsione di ulteriori incrementi sui prossimi dati in uscita per il 2015 e il 2016.

Questo debito globale di 199 trilioni è così grande da risultare illeggibile ai più; è tanto immenso da risultare inquantificabile tramite il senso comune. Centonovantanove trilioni di dollari sono centonovantanovemila (199.000) miliardi, o ancora centonovantanove milioni di milioni: un numero di gran lunga superiore al PIL globale, cioè precisamente il 286% del PIL mondiale 2014 (sempre secondo McKinsey). E cioè quasi il triplo della ricchezza mondiale prodotta. Un pozzo nero, insomma, a metà strada tra il reale e il virtuale. Il debito globale, questo mostro illeggibile, è il cumulo dei debiti pubblici e privati nel mondo, ove quelli privati sono la somma dei debiti della finanza, delle imprese e delle famiglie.

In poche parole, stiamo vivendo in un'economia dove debito chiama debito, anzi più ancora: debito moltiplica debito. In questo scenario, la mossa delle banche centrali del mondo (moltissime delle quali private e – a quanto sembra – funzionali a pochi colossi finanziari) è consistita appunto nell'immettere denaro su denaro nei circuiti finanziari inventandolo dal nulla.

Nel momento in cui scrivo queste righe, e cioè dopo quasi due anni di *quantitative easing* da parte di Draghi – presidente della BCE, ex capo di Bankitalia nonché ex prezioso consulente della Goldman Sachs –, pare proprio che l'economia reale non abbia trovato benefici di rilievo: il PIL resta stagnante (l'eurozona ha la crescita più bassa del mondo, con l'Italia ultima fra gli ultimi), la disoccupazione è un problema cronico, le piccole e medie aziende vanno all'aria, mentre le banche... Ecco, le banche si salvano. Già. Quelle banche che sono la causa della crisi ancora in corso si sono ritrovate con l'ennesimo jolly da giocare sul tavolo di quel casinò moderno che chiamiamo ancora, non si sa bene a che titolo, "economia". Il mare di liquidità della BCE è finito agli istituti di credito, ai fondi e agli investitori speculativi per far girare *ad libitum* la pallina monetaria sulla roulette del sistema GangBank.

Dal 2008 i salvataggi delle banche in crisi in Europa sono costati alla collettività 213 miliardi di euro, tra ricapitalizzazioni a fondo perduto, nazionalizzazioni, separazioni degli attivi tra good bank e bad bank da liquidare. Il calcolo lo ha elaborato il centro studi olandese Transnational Institute lo scorso febbraio. In questo disastro si sottolinea il ruolo – ben retribuito – fondamentale svolto dalle società di revisione e di consulenza. Sono le sette società più quotate nel firmamento degli "esperti": Ernst & Young, Deloitte, KMPG, PWC, McKinsey, Bain & Company e Boston Consulting. Molte di queste società hanno operato e certificato anche i disastri delle italiane Banca Marche, Banca Etruria, Carife, Veneto Banca, Banco Popolare di Vicenza.

Quando voglio spiegare al bar perché questa creazione di denaro non poteva risolvere la situazione, uso un'immagine: la crisi economica è come la siccità; l'economia reale è un campo arido, secco; il *quantitative easing* è una pioggia incessante e regolare. Poi domando: secondo voi, questa pioggia, che pure servirebbe ai campi brulli, darà beneficio agli stessi? Certo che no, perché quell'acqua scivolerebbe sulla terra come scivola sul marmo. Il guaio è che, oltre a non creare beneficio, quell'abbondante getto d'acqua (la liquidità immessa) potrebbe creare guai provocando allagamenti e inondazioni (la metafora delle bolle speculative finanziarie, che quando esplodono devastano tutto). Toccherebbe a un contadino saggio "bucare" il campo, creare dei tagli affinché quell'acqua penetri nel terreno e gli restituisca la vita. E chi è il contadino saggio, nella mia similitudine? Dovrebbe essere la politica. Che invece ha paura di sbagliare, o di prendere una decisione, o peggio ancora di ostacolare il disegno di chi potrebbe speculare sugli effetti dell'inondazione o dell'allagamento: nella nostra storia, il sistema neoliberista. Il sistema GangBank.

E infatti i soldi del *quantitative easing* a targa BCE, come ampiamente prevedibile fin dal principio, non sono arrivati né allo sviluppo collettivo, né ai cittadini, né alle imprese. Sono rimasti nel circuito chiuso degli investimenti finanziari, dei mercati obbligazionari e delle borse, degli ETF e degli *hedge fund*, a gonfiare ulteriormente i portafogli traboccanti dei ricconi del pianeta. Fino allo scoppio della prossima bolla.

Se non altro, le analoghe politiche monetarie attuate dalla Federal Reserve americana (la famosa Fed), dopo la crisi del 2008, avevano avuto un successo maggiore, seppur parziale, incompleto, e soprattutto accompagnato dagli stessi effetti collaterali di doping finanziario visti dalle nostre parti. Ma il mandato della Fed è più vasto, rispetto a quello della BCE, e poi la Fed (pur essendo un organismo cosiddetto indipendente, il che vuol dire privato) ha forme di interlocuzione politica importanti con il governo degli Stati Uniti, che è un governo forte. In Europa, invece, abbiamo una politica debole, una Commissione europea priva di visione e autorevolezza che scolla gli Stati anziché aggregarli, e una BCE che in un certo senso è zoppa, perché, come sostiene il Nobel Joseph Stiglitz, è nata in culla senza i poteri necessari allo stimolo della crescita economica e al raggiungimento della piena occupazione e della stabilità finanziaria.

La BCE è stata partorita con il solo mandato sull'inflazione, ossessione storica della Germania. Che ha visto la sua bilancia commerciale godere di performance straordinarie. Perché dopate. Così che Draghi, pur con le armi spuntate di una Banca Centrale nata con le premesse sbagliate, assume apparentemente le vesti del cavaliere bianco, del vero leader politico europeo. Lo fa a causa del nanismo delle istituzioni comunitarie. Prova ne è che il ruolo del capo della BCE sovrappone al peso tecnico il peso politico *de facto*, pur tra le veementi contestazioni dei falchi tedeschi (peraltro, all'elenco delle grosse banche che hanno beneficiato grandemente del *quantitative easing* di Draghi dovremmo aggiungere – checché ne dicano i tedeschi – Deutsche Bank, che tra le altre cose è la banca europea a maggior rischio per il solo fatto di detenere il primato mondiale di derivati).

Le banche inseguono i loro interessi. I risparmiatori sono soggetti tra i tanti, ma il loro risparmio non è da tutelare come valore in sé. Il loro risparmio è fungibile dall'impresa finanziaria.

Luca Ciarrocca, nel suo prezioso libro *Rimetti a noi i nostri debiti* (ma citerei anche *I padroni del mondo*), scrive: «Le trenta grandi banche globali, quelle definite TBTF, cioè *too big to fail* ("troppo grandi per fallire"), controllano il 40% dei prestiti e il 52% degli asset mondiali. Parliamo di rischi sistemici e di concentrazione di potere in poche mani [...]. Questi colossi sono dunque diventati ancor più giganteschi e incontrollabili. Come? Proprio grazie alla politica del denaro a costo zero decisa dalle banche centrali, con Fed e BCE in prima linea e tutti gli altri a seguire: Banca d'Inghilterra, Banca del Giappone e chi più ne ha più ne metta. Nel frattempo la quantità di *cash* nelle casse delle sei banche commerciali leader è praticamente quadruplicata dal 2008 a oggi. Ovvio, con il denaro preso a costo zero, sarebbe da folli non bussare alla porta delle banche centrali, le quali distribuiscono soldi dal loro elicottero. Inoltre, altro dato impressionante, appena dieci banche mammut negli Stati Uniti controllano il 97% di tutti gli asset bancari su cui si può fare trading. Di questi, a J.P.Morgan Chase fa capo il 43,8% mentre a Citigroup va il 24,5%».

Ora comprenderete facilmente perché queste banche d'affari possono mettere il becco – come puntualmente hanno fatto – persino nelle riforme costituzionali dell'Italia. E consentono all'ambasciatore americano Phillips di esporsi a tal punto da sostenere che «la vittoria del NO scoraggerebbe gli investimenti».

Se dunque le cose stanno così, perché la politica non fa prevalere il senso dello Stato sul senso di un mercato ora più che mai nelle mani delle élite? È una domanda che vi porrò dieci, cento, mille volte.

Mentre la pallina gira, l'economia di carta droga le Borse prolungando le scommesse debitorie, così i titolari delle fiches chiedono di detronizzare le Costituzioni impiantando in esse trattati internazionali o globali profumati di belle parole ma letali. La pallina gira e, mentre gira, le scommesse aumentano, invogliate dal metodo dei bari fuori dalle stazioni: tutto sembra facile, tutto sembra scontato.

Come stiamo dimostrando in questo libro, non c'è nessuno che sia immune dal virus dell'indebitamento. Tanto nel pubblico quanto nel privato si parla solo di crescita a debito, di nuovi mutui da contrarre, di indebitamenti proposti con una leggerezza allarmante, con il rischio – nemmeno troppo campato per aria – di dover far fronte a richieste di rientro sempre più alte; e allora comincerà un'improvvisa, veloce e progressiva vendita dei gioielli di famiglia (nel caso di soggetti privati) o di *asset* strategici (nel caso degli Stati). Il tutto per rientrare. O per cercare di farlo.

È qualcosa di molto simile a quello che succede nei casinò: si entra con l'illusione di vincere e si esce con la certezza di aver perso; l'entità di ciò che hai perso dipende dal freno che riesci a darti. Già, perché poi capita di trovare nelle sale chi ti presta nell'ombra dell'altro denaro, e poi dell'altro ancora. Fino a quanto gli serve per averti in pugno. Il meccanismo della finanza non è diverso dal meccanismo del gioco, gli algoritmi sono gli stessi.

A questo punto mi sia consentita una riflessione che all'inizio, forse, vi potrà apparire strana, ma che non lo è: noi scateniamo – nessuno escluso – estenuanti dibattiti, non privi di fondamento e di giusto rancore, sulla scorrettezza di quanti fanno i furbetti sul lavoro, di chi si fa timbrare il cartellino dai colleghi per poi andare a fare un secondo lavoro in nero o (peggio) per non fare un tubo. Il risentimento è sacrosanto, perché in quei casi c'è un danno alla collettività, oltre che un'ingiustizia. Perciò è giusto denunciare e stigmatizzare.

Così come è giusto che il parlamento punisca seriamente queste brutte abitudini. «Rubano lo stipendio» è la frase più comune quando si commentano questi fatti.

La stessa reazione, però, non si ha quando le cronache portano alla luce le truffe compiute da broker, trader e consulenti finanziari che espongono i risparmi dei cittadini alle turbolenze del mercato azionario o fanno altri magheggi. Con un clic. Con il dito indice. In una frazione di secondo. Con un algoritmo matematico che vende sterline in un angolo remoto del pianeta creando panico globale sui mercati delle valute, come è effettivamente successo. Pensateci un attimo: qual è lo sforzo lavorativo di questi furbetti?

Ricorderete forse lo slogan-manifesto degli *indignados* spagnoli (dalla cui costola poi è nato il movimento di Pablo Iglesias) e prima ancora di Occupy Wall Street, che metteva in contrasto le ricchezze dell'1% del mondo contro quelle del restante 99%. Ecco, non era affatto uno slogan per fare presa, non era un'iperbole per mettere a fuoco lo sbilanciamento tra i ricchissimi e tutti gli altri. No, poggiava su numeri veri.

È noto che la metà della popolazione più povera del pianeta, circa tre miliardi e mezzo di persone sugli oltre sette del totale, ha un reddito annuale pari a quello delle ottantacinque persone più ricche del pianeta (i cosiddetti "super ricchi", così come da elenco annuale pubblicato dalla rivista «Forbes»). Sì, esatto: *ottantacinque*. Qualcuno, per scherzare, ma nemmeno poi tanto, ha detto che equivale a due autobus con a bordo i grandi ricchi che arrivano a Davos, in Svizzera, per l'annuale Forum economico.

L'ultimo rapporto di Oxfam, un'autorevole confederazione internazionale molto impegnata nella lotta alle povertà e alle ingiustizie del mondo, ha rivisto le sue stime arrivando a stabilire che, dal 2014 a oggi, il club dei super ricchi si è contratto ancora di più: a detenere la stessa ricchezza di metà della popolazione più povera (3,6 miliardi persone) sono solo otto persone. *Otto*! «Circa la metà della ricchezza mondiale è detenuta dall'1% della popolazione della Terra. Questo reddito facente capo all'1% dei più ricchi del mondo ammonta a 110.000 miliardi di dollari (110 trilioni), sessantacinque volte il totale della ricchezza nelle mani di metà della popolazione più povera del mondo.» E non è tutto.

Nel già citato *Rimetti a noi i nostri debiti*, Luca Ciarrocca lega questo accumulo di ricchezza a una questione di valenza etica: «L'aumento della concentrazione della ricchezza è strettamente legato all'illegalità: "Ovunque nel mondo, gli individui più ricchi e le aziende più grandi nascondono migliaia di miliardi di dollari al fisco in una fitta rete di paradisi fiscali"».

Fior di inchieste giornalistiche e di documenti venuti alla luce per il "pentimento" (prendete questa parola con le molle: è un modo largo per intendere tante cose, dal pentimento sincero a quello per vendetta...) di alcune persone hanno portato alla ribalta nomi e aziende molto potenti e con grandi capacità di lobbying; in altre parole, siamo in presenza di élite che detengono il potere economico e che, proprio per questo, sono in grado di far scrivere le regole, come sta accadendo in Europa e nel mondo globale con i vari trattati internazionali che, in nome del libero scambio, sono tesi ad allargare le maglie normative costruite in passato a difesa dei cittadini occidentali.

Torno allora alla sproporzione che c'è tra la rabbia verso i furbetti del cartellino e la mancanza di indignazione contro i criminali col colletto bianco, che godono di quella strana immunità sociale e politica che li rende impermeabili al diritto e alla pubblica riprovazione. La domanda è secca: perché contro i signori delle truffe finanziarie l'indignazione sociale e la reazione normativa sono così scarse? Tanto per farvi capire, il rapporto annuale del Consiglio Europeo sulle statistiche giudiziarie rivela che nelle carceri italiane solo lo 0,9% è in cella per reati finanziari. Nonostante l'aumento dei disastri e degli imbrogli finanziari, solo 312 condannati con sentenza definitiva! A tal proposito, voglio citare un ampio passaggio del confronto che due ex magistrati del pool di Mani Pulite, Gherardo Colombo e Piercamillo Davigo, hanno messo nero su bianco nel libro *La tua giustizia non è la mia*. Si parla dei crimini commessi dai cosiddetti "colletti bianchi": di crimini finanziari, insomma. Davigo, oggi presidente dell'Associazione Nazionale Magistrati, rispondendo a Colombo (che rimarcava come «i colletti bianchi non vanno mai in prigione»), sviluppa il ragionamento con alcune considerazioni («Il problema è che ci dovrebbero andare, in galera; in realtà sono gli unici che utilizzano tutti gli strumenti studiati a beneficio degli altri, che invece rimangono in carcere») e un racconto. Che vale la pena di riportare. «All'epoca del processo Parmalat per aggiotaggio, mi capitò di parlare con la collega Ponti, che presiedeva quel processo. Venni a sapere che si erano costituite qualcosa come quarantacinquemila parti civili, cioè quarantacinquemila vittime che dovevano essere risarcite. [...] Quanto ci impiega uno scippatore a fare quarantacinquemila vittime? Se fa quattro scippi e mezzo al giorno, cioè nove scippi ogni due giorni, ci vogliono diecimila giorni. Una vita! Secondo punto: quanto può avere nella borsetta una signora che viene scippata? Nella mia esperienza di magistrato, se lo scippatore trova una mensilità di pensione può ritenersi fortunato. Io non ho mai trovato persone che nella loro borsetta tenessero i risparmi di tutta una vita. Situazione nella quale si trovava invece buona parte di coloro che avevano investito soldi nei bond Parmalat. Dunque chi appartiene alle classi dirigenti, quando delinque, non soltanto fa un numero di vittime incomparabilmente maggiore del delinquente da strada, ma a ciascuna di queste vittime causa danni enormemente più gravi.»

Davigo ha ragione da vendere su un punto preciso a cui noi non pensiamo mai: chi commette reati finanziari può fare letteralmente *strike* di birilli umani.

Lascio che sia Davigo a chiudere il cerchio con quest'altra sua considerazione che ci riporta alle responsabilità diffuse della sottovalutazione sociale del crimine finanziario: «Quando l'ex presidente di Parmalat fu arrestato, ai giornali ha dichiarato: "Non me l'aspettavo". Ecco, io uno scippatore che quando viene arrestato ai giornali dice: "Non me l'aspettavo" non l'ho ancora trovato. Invece la classe dirigente si rifiuta di accettare le conseguenze delle sue azioni. [...] La verità è che non sono abituati a essere presi. Perché in Italia si cambiano le leggi, si fa di tutto perché non siano puniti».

Orbene mi domando: perché i politici cavalcatori di sdegno contro gli impiegati scorretti delle basse gerarchie e contro i reati comuni non alzano i toni anche contro i delitti finanziari? Perché si spiana la strada a indebitamenti privati che somigliano allo spaccio di droga? Perché certe pratiche sono incentivate invece di essere stoppate? Perché ai signori di codesto spaccio di indebitamento e alle loro società si presta ascolto come se fossero oracoli? Il discorso si fa aspro quando alla truffa finanziaria si accompagna una violenza psicologica che in alcuni casi estremi porta persino al suicidio. Si arriva all'estremo per cui la finanza può essere perfino violenta. Come certa delinquenza di strada. Abbiamo sentito molte storie di piccoli imprenditori, artigiani e lavoratori vessati dalle banche o marcati a uomo da società di recupero crediti con metodi che definire "discutibili" è spesso un miserabile eufemismo.

Ne ho raccontate tante, nelle mie trasmissioni. E mai nessuna banca, dopo aver minacciato azioni legali, è poi passata alle vie di fatto. Oltre alle storie da me presentate in televisione, ha preso piede anche una narrativa di genere assai interessante. *Io so e ho le prove* di Vincenzo Imperatore è il racconto di un ex dirigente di banca che ha vuotato il sacco, raccontando le tante malefatte del sistema bancario, le firme ai risparmiatori strappate con una insolita tecnica di persuasione e tanto altro ancora. *La rivolta del correntista* di Mario Bortoletto è il racconto di un imprenditore edile che si è ribellato allo strapotere e all'arroganza del sistema bancario e ha vinto quattro cause.

Il refrain è sempre lo stesso: posizioni di prestito aperte, mutui, insomma normali rapporti tra imprenditori e banche (normali fintanto che le banche facevano le banche e c'erano capi filiale in grado di capire che gli istituti di credito sono funzionali alla crescita economica e sociale di un territorio); poi l'ordine improvviso di rientrare. Dalla collaborazione si passa all'indifferenza o peggio all'ostilità. «La banca mi ordina di rientrare perché ha bisogno di liquidità.» E via con le lettere degli uffici legali. Nomi grossi, perché più grande è la banca e più potente è lo studio legale. Qualcuno alza subito la voce, ci prova. Poi, se la faccenda comincia a farsi brutta, nel senso che il cliente è palesemente dalla parte della ragione, ecco il primo abboccamento: «Chiudiamo con una transazione e amici come prima». Il secondo abboccamento è: «Rateizziamo il rientro, rivediamo gli accordi e... amici come prima». Insomma, tra un "amici come prima" e un altro, la banca prima fa di tutto per farti saltare per aria facendoti pagare interessi in odore di usura, poi cerca con metodi da azzeccagarbugli di rigirare la frittata dalla sua parte. In Italia, interi distretti industriali sono stati "bombardati" così dalle banche. Banche che solo le sentenze dei giudici fanno tornare con i piedi per terra.

Tanto per dire come la reazione del patron di Parmalat («Non me l'aspettavo») sia la regola di certi ambienti, traggo da *Contro gli abusi delle banche,* il sequel del libro di Mario Bortoletto, questa storia esemplificativa. La faccio breve: una donna di Genova, titolare di una piccola impresa ereditata dal padre, scopre gli abusi della sua banca: «Gli interessi applicati sono tutti in usura [...], così l'imprenditrice genovese, come stabilito dal giudice, deve avere indietro 798.000 euro, di cui 665.000 frutto di usura». Ma la banca non paga, prende tempo; loro hanno sempre una ragione per non pagare il dovuto e si permettono pure di alzare la voce: «Signora, io non posso darle nulla, le pare che una banca le consegni una tale cifra in mano? Dove li prendo tutti questi soldi, figuriamoci». La donna non demorde e, visto che la banca non rispetta una sentenza, sapete che fa? Torna nella filiale con il proprio legale e con l'ufficiale giudiziario. La scena è stupenda: «Direttore, dobbiamo apporre i sigilli alla cassaforte dell'istituto» dice il funzionario del tribunale. «Ma sta scherzando, chi la autorizza a fare una cosa del genere?» risponde il direttore. «La sentenza del tribunale di Genova. E devo procedere.» Il direttore a quel punto telefona ai mammasantissima (che sapevano tutto e facevano melina) della banca, quelli che pensano che a loro tutto sia sempre possibile. Stavolta la legge li inchioda. La storia finisce con il direttore che, per evitare i sigilli alla cassaforte, firma tre assegni pari alla somma risarcitoria e amen.

Per fortuna, casi del genere cominciano a essere tanti. Ma la questione di base è: perché occorre arrivare in tribunale – spendendo non pochi soldi (e meno male che esistono associazioni a tutela dei consumatori che stanno facendo un grande lavoro, sia a livello pratico sia dal punto di vista del supporto psicologico) – per far valere i propri diritti? Perché si stanno moltiplicando i casi di abusi contro i risparmiatori? Semplice, perché le banche sono un potere, e in quanto potere sanno che possono contare su una rete di amicizie; sanno che possono guidare la mano del legislatore nello scrivere o aggiustare le norme. Quando Belinda Luscombe intervistò per la rivista «Time» il premio Nobel per l'Economia Joseph Stiglitz, alla domanda: «Perché nessun banchiere è stato perseguito penalmente per l'attuale crisi finanziaria?» l'economista americano rispose così: «Negli anni prima della crisi, sono state approvate delle leggi che hanno reso possibile per le persone che agiscono all'interno della legge fare un mucchio di cose cattive. Molte delle pratiche abusive con le carte di credito, prestiti predatori, erano chiaramente immorali. Hanno oltrepassato il punto della decenza ma non sono andati oltre ciò che era legale». E anche in Italia (e in Europa) siamo passati dalle famigerate leggi chiaramente *ad personam* a leggi opache che sono surrettiziamente *ad finanzam*, se mi passate la sgrammaticatura.

Eccolo qui, il trucco di GangBank: creare il chiaroscuro, creare la zona grigia, creare quella giungla dove predare tutti, dai governi ai cittadini. I politici andrebbero presi a pedate (pura immagine metaforica) non per le auto blu su cui salgono o per gli odiosi e ingiusti privilegi di cui pure godono, andrebbero puniti perché si stanno prestando a fare da palo al crimine a norma di legge che prende il nome di neoliberismo. Questo accade ovunque, anche in Italia. Dove il parlamento sforna norme che nemmeno forse capisce perché arrivano già scritte nelle stanze più riservate. Non è nemmeno lobbismo: è malafede. O peggio.

In condizioni normali, questo inganno dovrebbe muovere una ribellione. Invece vediamo soltanto una mesta rassegnazione generale. «Tanto cosa volete che gli facciano?» sento dire. Forse è vero: loro sono troppo forti. O forse, peggio, hanno costruito un sistema di copertura che è di tipo culturale, nel senso che culturalmente hanno costruito una fiction dove il male è incanalato soltanto verso mondi fittizi. Sono state create le condizioni perché l'inganno non sia compreso, ancor prima che scoperto. Si ha paura a penetrare in un mondo dove i termini sono incomprensibili e gli schemi sono dei rompicapi. Una specie di Truman Show dove solo pochi hanno avuto il coraggio di sfidare le tempeste create ad arte perché l'inganno non fosse scoperto.

La crisi finanziaria è la crisi di un modello di società che solo la politica può sovvertire con i mezzi democratici. Basta non farsi fregare dalle "tempeste in un bicchier d'acqua" – tra l'altro sempre le stesse – fatte partire da manine sapienti contro i soliti bersagli e mai contro altri. Purtroppo il giochino riesce perché attaccare più i politici e meno i colletti bianchi produce maggiore ascolto. Il linguaggio semplificato (persino banalizzato) usato dai politici e la loro sovraesposizione sono di maggiore accessibilità rispetto alle questioni attinenti alla finanza o all'economia.

Mi spiego: le notizie fanno presa quando tutti i soggetti della commedia hanno una parte ormai schematizzata, cosicché tutti possano comprendere. Se io parlo di appalti truccati e politici coinvolti, la gente capisce, perché la mia denuncia si ricollega a un'idea già stabilita e diffusa della politica. Se, al contrario, racconto i guai prodotti dai contratti derivati o un crimine finanziario, difficilmente intercetto l'attenzione dei più. Inoltre, se si prova a semplificare i fatti, si rischia di regalare agli uffici legali delle società finanziarie la vittoria in giudizio, con risarcimenti dei danni che ti fanno passare la voglia di fare altre inchieste.

Il crimine finanziario, le truffe pensate e poi messe in pratica, hanno una pericolosità sociale altamente (e in taluni casi colpevolmente) sottovalutata. E questo sistema si manifesta con intensità diverse e protagonismi diversi: dalle piccole società di investimento cui è permesso fare pubblicità con slogan pericolosi («Ti serve denaro? Te lo diamo noi. Subito») alle grandi merchant bank o alle agenzie di rating.

L'inizio di questo secolo ha visto due grandi scandali bancari perpetrati da colletti bianchi che non hanno fatto breccia nelle prime pagine dei giornali o nei talk show.

I due scandali riguardavano la manipolazione dei tassi Libor ed Euribor. Questi ultimi sono tassi interbancari che misurano il costo del denaro; cioè, ti dicono con quali interessi le banche si prestano reciprocamente i soldi. Questi stessi tassi sono usati anche come parametri di riferimento nel mercato dei prestiti a tasso variabile tra soggetti di diversa natura, inclusi cittadini e banche al momento della sottoscrizione di mutui indicizzati. La faccio facile, o almeno ci provo: manipolare questi tassi significa truccare uno dei motori più strategici della macchina finanziaria; significa, nella vita quotidiana di tutti noi, che le banche fanno una cresta occulta ai loro clienti su qualsiasi prestito bancario legato al Libor o all'Euribor (conto corrente, mutuo, leasing, derivato); significa che chi concede i prestiti richiede e riscuote interessi superiori a quelli realmente dovuti.

«Ogni mattina, dal lunedì al venerdì per quasi vent'anni, sedici tra le più grandi banche del mondo hanno compiuto sistematicamente un reato» ricorda Luca Ciarrocca in *I padroni del mondo*. «Banche truffatrici. E impunite fino al maggio del 2012, quando è scoppiato lo scandalo. Banche che hanno truccato i numeri presentando una griglia dei tassi di interesse "taroccata" a loro vantaggio attraverso un accordo interbancario.» In poche parole, è come se avessero truccato il termometro per vendere più medicine contro la febbre. Per farvi un'idea dell'entità dell'imbroglio messo in atto dal sistema GangBank, sappiate che le banche colpevoli di aver manipolato il Libor (oltre che il mercato dei cambi) hanno dovuto patteggiare di fronte ai giudici dopo aver ammesso la propria colpevolezza. E hanno pagato multe salatissime. Le banche in questione rispondono ai nomi di UBS, Barclays, Royal Bank of Scotland, Deutsche Bank, J.P.Morgan e Citigroup.

E, come in un copia-incolla, Barclays, Deutsche Bank, Royal Bank of Scotland e Société Générale sono state multate per manipolazione del tasso Euribor. Condannate per aver stretto accordi di cartello illegali, tesi a gonfiare gli interessi a carico dei loro clienti, i cittadini europei. Punite con una multa complessiva da 1,7 miliardi di euro comminata dalla Commissione antitrust dell'Unione Europea. Quest'ultima, invero, è stata a sua volta contestata dalle associazioni dei consumatori per aver pubblicato la sentenza con grave (e colpevole?) ritardo, nonché per averla depurata di diverse informazioni «relative a eventuali segreti industriali». Oltretutto, come potete vedere, tre delle banche condannate sono pure recidive: hanno taroccato sia il Libor che l'Euribor.

Limitatamente all'Italia, la manipolazione del tasso Euribor ha danneggiato due milioni e mezzo di famiglie che hanno sottoscritto prestiti in varie forme (prevalentemente mutui) presso vari istituti bancari, non necessariamente presso le quattro banche condannate, in quanto il tasso – una volta stabilito – è di uso comune in tutto il mondo bancario.

Federconsumatori e ADUSBEF hanno stimato un danno complessivo per i sottoscrittori italiani di oltre 3 miliardi di euro in interessi non dovuti. Circa 1.200 euro a famiglia. Le vittime dell'illecito possono mettere in mora le banche con cui hanno contratto i mutui a tasso taroccato, ma poiché il recupero delle proprie somme si prescriverebbe in dieci anni dall'illecito, il tempo a disposizione per chi è stato truffato sarebbe molto compresso o addirittura nullo, visto che il periodo di riferimento va dal 2005 al 2008. In un comunicato congiunto del 22 novembre 2016, le due associazioni dei consumatori hanno denunciato: «La sanzione [...] al cartello bancario [...] ha un effetto diretto nei confronti delle banche multate, ma indiretto sulla legittimità del tasso Euribor che risulta indelebilmente marchiato». Del tutto inattendibile e illecito. I contratti sono «invalidi, dalla palese nullità».

E poi c'è un difetto all'origine: nel contratto tra un cittadino e una banca si introduce una variabile che, a prescindere dalla manipolazione, è comunque decisa dalla stessa banca ovvero dal pool di banche di cui quella banca fa parte. Quindi, la variabile che dovrebbe essere indipendente è *de facto* di parte, in quanto strettamente legata alla banca che te la propone. Infatti, come viene calcolato il tasso Euribor? Si tratta di un sondaggio giornaliero attraverso cui «l'agenzia Thomson Reuters interpella quarantaquattro grandi banche europee per sapere a quali tassi si siano prestate reciprocamente il denaro. [...] Per l'Italia partecipano le maggiori quattro: Intesa, UniCredit, MPS, UBI».

ADUSBEF e Federconsumatori hanno infine affermato che i diritti dei consumatori sono stati «calpestati e frodati da un cartello bancario protetto da contigui e pasciuti vigilanti». E noi qui vi specifichiamo che codesti vigilanti hanno i nomi e i cognomi di chi governa le banche centrali, che non controllano come dovrebbero. Come la Banca d'Italia, la BCE, la Banca d'Inghilterra, la Bundesbank e la Banca Centrale francese. I vigilanti non vigilano. I controllori non controllano.

A questo proposito, in Italia le tutele dei cittadini sembrerebbero del tutto compromesse, visto che la nostra banca centrale è privata, cioè è in mano a quelle stesse banche che dovrebbero essere sottoposte a vigilanza, in uno schema assurdo in cui i giocatori (ossia le banche) sono anche gli arbitri della partita. Dopo la privatizzazione delle banche pubbliche e delle banche di interesse nazionale, un tempo dell'IRI, il capitale sociale di Bankitalia è per il 94,33% nelle mani di banche private, mentre solo il 5% è di proprietà di enti pubblici come INPS e INAIL. Va ricordato che sulla ricapitalizzazione delle quote di Bankitalia ci fu, a inizio legislatura e sotto il governo Monti, una gran polemica che solo il Movimento 5 Stelle (basta riguardare le cronache di quelle settimane) seppe comprendere compiutamente. Quella manovra, infatti, consentì alle banche di ottenere ossigeno in un momento di grande difficoltà. Ossigeno che però servì a poco.

Se aggiungiamo che la maggior parte dei nostri istituti è scalabile o già parzialmente in mani straniere, potremmo finire – per quanto sembri assurdo – con l'avere una banca centrale controllata da banche private straniere, o peggio ancora da Stati stranieri i cui interessi quasi sicuramente non coincideranno con quelli della collettività italiana o magari di una azienda italiana per di più strategica. La stessa Société Générale è stata data più volte in pole position come possibile azionista di riferimento di UniCredit. Che peraltro, al 4 gennaio 2017, era già imbottita dei seguenti azionisti stranieri: il fondo sovrano Aabar al 6,5%, riconducibile al governo di Abu Dhabi tramite la controllante International Petroleum Investment

Company; Capital Research con il 6,7%; il gigantesco fondo di fondi BlackRock; Dodge & Cox; Franklin; Vanguard; e anche Norges Bank, che è posseduta dallo Stato norvegese. I fondi del Qatar e grosse schiere di investitori istituzionali internazionali aspettano il momento migliore per appropriarsi di questo e di quello. Sempre dopo opportuna cura ricostituente a spese dello Stato. Cioè a spese nostre, ovviamente. Perché gli stessi soloni che pontificano sul debito pubblico poi muoiono, se non ricorrono alla mammella statale. Con l'assurdo che l'Italia (sempre più depredata dalle politiche di privatizzazione tanto care a Prodi, Ciampi, Draghi, Amato, Monti, Renzi, Padoan...) cadrà sempre più nelle mani non solo di privati stranieri, ma pure degli Stati stranieri. L'immigrazione dal basso e la "conquista finanziaria" dall'alto: altro che la sovranità...

Faccio un esempio di cui si parla sempre poco ma che è sintomatico della nostra schizofrenia politica. Un gioiello storico dell'industria privata italiana come la Pirelli, quinto produttore mondiale di pneumatici con esperienza e know-how ultrasecolare, non trovando sbocchi di ulteriore sviluppo in Italia è finito in mano allo Stato cinese attraverso la società pubblica ChemChina. Ma come, svendiamo i nostri gioielli di Stato denigrando la mano pubblica, e poi si scopre che ci siamo dati in pasto non solo ai privati, ma persino a un conglomerato di Stati esteri che ci stanno colonizzando? Privatizziamo tutto seguendo il dogma neoliberista per cui «lo Stato è il male», e poi lo Stato cinese ci porta via la Pirelli? Ma allora che senso ha fare politica all'insegna del «padroni a casa nostra»? Padroni? A casa nostra? In quelle quattro parole si nasconde una colossale presa per i fondelli. Nel migliore dei casi siamo in mano a gente miope; ma nei casi peggiori siamo guidati da sciocchi, da servi e da malfattori.

La privatizzazione della Banca d'Italia è un lungo processo che parte da lontano, dall'adesione dell'Italia allo SME nel 1979, sfocia nella decisiva, rapida e risolutiva legge Carli-Amato, la n. 35 del 29 gennaio 1992, e culmina nell'approvazione del Testo Unico Bancario (TUB) del 1993 promosso dall'allora governatore Ciampi.

A quei tempi e fino all'altroieri esisteva il più stretto mistero e riserbo istituzionale sui nomi dei reali proprietari, smascherati grazie alla pressione civile innescata nel 2004 da un articolo di «Famiglia Cristiana». Già, fu il settimanale cattolico a tracciare la griglia segreta di nomi, percentuale per percentuale. I maggiori soci, oggi, sono Intesa, UniCredit, Assicurazioni Generali e quasi tutte le altre banche italiane, incluse quelle che hanno fatto *crac* lasciando in mutande centinaia di migliaia di risparmiatori. Per intenderci: Banca Popolare di Vicenza, Veneto Banca, Monte dei Paschi di Siena, (Nuova) Banca delle Marche, (Nuova) Carife e compagnia.

Oltre al fatto in sé di essere un ente privato, è l'uso privatistico e non pubblico della propria funzione a distorcere gli equilibri con lo Stato e quindi con i cittadini. Secondo il suo statuto, la Banca d'Italia è un «ente di diritto pubblico» che opera in «piena autonomia e indipendenza».

Il gioco è sempre nelle parole: la banca centrale "autonoma e indipendente" suona bene, vero? Nei fatti, significa che non deve rendere conto a nessuno, tantomeno allo Stato, al governo e ai cittadini. Questo grazie alle decisioni di Carlo Azeglio Ciampi e Beniamino Andreatta, che decretarono la separazione di Bankitalia dal ministero del Tesoro (1981) e che, con i già citati blitz del 1992-1993, resero lo Stato dipendente dalla Banca d'Italia, contro ogni logica che dovrebbe volere l'opposto, cioè la banca centrale al servizio dello Stato (l'unico diritto del governo italiano riguarda infatti la nomina del governatore). Ovviamente, tutti a benedire e incensare la separazione. I nostri guai cominciarono lì.

Oggi come oggi, sotto la BCE (la cui composizione è "ibrida" ma le cui politiche sono sicuramente più funzionali alla finanza privata che al bene della collettività), Bankitalia ha un ruolo depotenziato: non stampa moneta e non fa politica monetaria (la fa la Banca Centrale Europea), non controlla l'inflazione (lo fa, peraltro male, sempre la BCE), non supporta politiche economiche né favorisce la piena occupazione (questo però in Europa non lo fa nessuno, tanto meno la BCE).

E allora cosa fa Bankitalia? Opera per conto della Banca Centrale Europea. È un organo meramente esecutore. Per esempio acquista titoli di Stato italiani su "ordine del capo", oggi Mario Draghi. Vigila, o per meglio dire dovrebbe vigilare sull'operato delle banche, con il paradosso che il controllore (Bankitalia) e le banche (proprietarie di Bankitalia) sono la stessa cosa. Poi custodisce le nostre duemilatrecento tonnellate d'oro (a proposito: saranno ancora davvero nostre?); eroga dividendi ai propri soci (le banche stesse, per l'appunto); sforna statistiche ridondanti, talvolta doppioni di dati e informazioni reperibili attraverso altri canali; dirige, sotto l'ala della BCE, la "macchina" bancaria italiana coordinandone il funzionamento.

Fin dai tempi di Carli, Amato, Ciampi e Andreatta, la finanza ci ha sfilato lentamente Bankitalia. Poi, nel 2014, il governo Letta – con il ricatto dell'IMU – ne ha rivalutato per decreto le quote (ormai già) private: con il famigerato decreto IMU-Bankitalia, il capitale sociale è stato aumentato da 156.000 euro a oltre 7 miliardi. Con un colpo di penna. Come dire: se e quando lo Stato volesse riappropriarsi delle quote, dovrà pagare fior di indennizzi. Ammesso e non concesso che la rinazionalizzazione della nostra Banca Centrale sia mai possibile: ve lo immaginate uno scontro tra gli attuali governi nani della Repubblica Italiana e il gotha finanziario nazionale e internazionale, di cui la composizione dell'azionariato UniCredit è un piccolo saggio?

La vicenda dei cartelli bancari dimostra come il libero mercato sia ormai la foglia di fico che copre non solo l'avidità del sistema finanziario, ma direi soprattutto le sue debolezze di fondo. E dimostra anche come la dimensione politica sia stata addomesticata dalle forze della globalizzazione. In un periodo di crisi, ogni mezzo è buono per truccare la partita e far cadere il conto sulla platea dei risparmiatori, nella certezza che alla fine il gioco vale la candela.

Un film dal cast stellare che bene ha raccontato queste ombre è stato *La grande scommessa*, pellicola basata sulla storia vera di quattro investitori che capiscono prima degli altri il grande bluff dei mutui subprime che poi ha provocato lo scoppio della bolla immobiliare.

In questo film, tra le altre cose, si mette in luce la scorrettezza di certe agenzie di rating e del loro *modus operandi* con i grandi gruppi finanziari. Chi lo vedesse (e ve lo consiglio) capirebbe come quella crisi fosse chiaramente prevedibile, perché le menzogne erano reiterate e palesi. Si trattava di un meccanismo di ingegneria finanziaria e criminale non meno evidente del re nudo, solo che in quel caso nessuno voleva denunciarlo apertamente. Finché, invece di fare come il bambino che candidamente apre bocca e svela la verità sotto gli occhi di tutti, questi quattro broker scommettono sull'imbroglio. E fanno bingo, sulle macerie americane e non solo.

Questo sistema di moltiplicazione del debito privato è la ragione sociale del sistema GangBank, un sistema che sta entrando nella pelle dell'Europa, accompagnato dal flauto ingannatore dello slogan retorico: «Ce lo chiede l'Europa». Non è così. Ce lo sta chiedendo il neoliberismo, i cui tentacoli sono riusciti a impossessarsi delle chiavi d'accesso per ricattare – sì, ricattare – gli Stati, intesi non solo come istituzioni ma anche come comunità, proprio passando per la porta della tecnocrazia europea. Ed è proprio per questo che premier e governi insistono con quello slogan bugiardo.

La stessa Europa si sta ritrovando con le spalle al muro per i risarcimenti che questa finanza allegra dovrebbe pagare ma non vuole sborsare, se non con compromessi al ribasso. In un articolo pubblicato da «Il Sole 24 Ore», il vicedirettore Alessandro Plateroti ha dato atto alla vigilanza europea di aver voluto affrontare il problema degli abusi in banca ed «eliminare il sistema di incentivi con cui le banche premiano dipendenti, consulenti e promotori per il numero di contratti che fanno firmare ai clienti retail senza alcuna verifica oggettiva del loro profilo di rischio. Anche se l'Italia è finita sul banco degli accusati per essere il mercato in cui le famiglie e i piccoli risparmiatori hanno la quota più alta d'Europa di bond bancari in portafoglio [e chi glieli ha fatti mettere secondo voi questi bond in portafoglio, eh? Le vicende giudiziarie di questi ultimi mesi hanno messo a nudo l'ennesimo bubbone, N.d.A.], gli abusi della vendita spregiudicata ai clienti retail di titoli e prodotti finanziari rappresenta la peggior passività del sistema bancario europeo e mondiale».

Il nuovo regime non è ancora entrato in vigore e siamo solo all'avvertimento, però viene svelata una (diffusa) modalità di retribuzione in uso nel sistema bancario: bassi stipendi base, alte variabili. Si torna al *mors tua, vita mea*: il mio guadagno è proporzionalmente elevato in base alla maggior esposizione al rischio "accettata" dal cliente.

Per il passo avanti compiuto dalla vigilanza europea, tuttavia, ce n'è uno indietro: i nomi delle banche condannate per abuso di mercato sono coperti da omissis. Perché? Boh, a pensar male, mi viene da dire che forse è per non scatenare a cascata una serie di ricorsi, con il rischio di accrescere i risarcimenti.

I risarcimenti, ahi che dolore... Il balletto attorno ai risarcimenti di chi è rimasto letteralmente fregato da alcuni istituti italiani (al momento in cui scriviamo gli epiloghi di quelle vicende non sono ancora chiari), i ritardi e le incertezze di pezzi importanti dello Stato circa il controllo di ciò che stava accadendo hanno dato l'impressione ai risparmiatori di essere stati non solo traditi (ricordiamo che la Costituzione tutela il risparmio), ma addirittura barattati in nome di chissà quali equilibri politici.

Si è parlato a lungo di una commissione d'inchiesta sulle banche salvate più o meno direttamente dal governo, ma diciamo che questa commissione per ora non sta sorprendendo quanto a risultati. L'allora capo del governo Matteo Renzi, per frenare le polemiche attorno a Maria Elena Boschi – ministro chiave del suo gabinetto per la trattazione della riforma costituzionale (poi bocciata da una maggioranza schiacciante di italiani: ricordiamolo sempre) nonché figlia di un dirigente di Banca Etruria, cioè uno degli istituti coinvolti –, accettò la proposta delle opposizioni di avviare questa commissione d'inchiesta, ma senza accelerarne troppo il percorso, lasciando così intatto il dubbio di non voler fare pienamente chiarezza sulla vicenda. Com'è noto, i poteri e i limiti di una simile commissione sono pari ai poteri istruttori dell'autorità giudiziaria.

Leggermente diverso è stato invece il passo del governo Gentiloni. Dico "leggermente diverso", anche se avrei potuto usare l'espressione "timido", proprio perché la lentezza di certe decisioni sembra nascondere la reale intenzione di non sciogliere il nodo.

Chissà perché quella velocità decisionale che i politici lamentano di non poter imprimere per la mancanza di riforme (l'ultimo esempio è stato proprio Renzi nella campagna elettorale per il referendum costituzionale: «Vogliamo una politica veloce», dicevano il premier e il ministro Boschi) non viene usata laddove le decisioni dipendono solo da loro... Forse perché in certi casi la marcia più veloce è meglio non inserirla?

È difficile non sostenere che pressoché tutta la politica è ormai strettamente connessa alla finanza, e talvolta addirittura succube. Sono tutti amici, frequentano gli stessi salotti. E chi se ne frega se poi, alla fine del monòpoli, toccherà ancora una volta allo Stato – al tanto vituperato Stato – mettere i soldi pubblici per risanare i bilanci delle banche... E infatti: regalo di Natale 2016, ecco pronti 20 miliardi di nuovo debito pubblico italiano per salvare per l'ennesima volta il Monte dei Paschi di Siena e quante altre banche vogliano i nostri soldi dopo averne già bruciati a tonnellate (al momento in cui scriviamo, non sappiamo come questa vicenda andrà a finire).

Dunque, dicevamo di amicizie tra affari e politica: si cominciò con i banchieri in fila per votare alle primarie dell'Ulivo per arrivare al bubbone Monte dei Paschi di Siena, passando per la stagione delle privatizzazioni servite sul piatto d'argento a capitani d'industria dalla bassa propensione al rischio imprenditoriale; perché, con il regime tariffario e il mercato bloccato, sai che ci vuole a fare l'imprenditore... Mai come in questi ultimi anni i manager dal profilo finanziario sono diventati i consiglieri del principe: Sergio Marchionne, Andrea Guerra, Davide Serra, il numero uno di Poste Italiane Francesco Caio, Francesco Starace di Enel.

Prendiamo quest'ultimo. È proprio per il suo profilo finanziario, non per quello imprenditoriale o tecnico-industriale o di visione e di organizzazione, che la conferma di Starace alla guida dell'Enel «sarebbe apprezzata dagli analisti» delle banche d'affari. Lo si leggeva su «Milano Finanza» il 6 gennaio 2017: «Gli analisti hanno apprezzato le ipotesi di stampa secondo cui il governo dovrebbe confermare il CEO, Francesco Starace, per un altro mandato triennale». «Si tratterebbe di una buona notizia» perché «crediamo che Starace sia molto rispettato dalla comunità finanziaria; [...] sarebbe un fattore positivo per quanto riguarda la ristrutturazione del portafoglio di Enel in corso.» Semplicemente, il manager di Enel nominato dal governo Renzi è funzionale alle logiche di monetizzazione immediata basate su acquisizioni e cessioni, fusioni e dismissioni, incorporazioni e scorporamenti. Su giochi di carte che non si fondano su piani di sviluppo tecnico-industriale a lungo termine, ma sul *cash* immediato per garantire le rendite dei nuovi azionisti. Le rendite di coloro che erodono le nostre eccellenze di Stato in cambio di un *quantum* discutibile o grazie a diluizioni progressive e inarrestabili delle quote pubbliche italiane a vantaggio di quelle private straniere.

Si fa finanza anziché industria. Nulla di male, per carità: è solo una scelta politica. Del resto, anche la ricerca, di cui l'Enel rappresentava un'avanguardia mondiale e che ha fatto dell'Enel di Stato un faro del settore energetico, è stata svuotata da anni. Scelte discutibili, sotto il profilo gestionale, sono state fatte anche su Telecom o Poste Italiane. Punti di vista, certo. Talvolta, però, una certa idea di futuro può dare alla testa, può far scivolare il piede dalla frizione.

«Per cambiare un'organizzazione [...] innanzitutto ci vuole un gruppo sufficiente di persone convinte. [...] Poi vanno individuati i gangli di controllo dell'organizzazione che si vuole cambiare, e bisogna distruggere fisicamente questi centri di potere. Per farlo, ci vogliono i cambiatori che vanno infilati lì dentro, dando a essi una visibilità sproporzionata rispetto al loro status aziendale e creando quindi malessere nel ganglio che si vuole distruggere. Appena questo malessere diventa sufficientemente manifesto, si colpiscono le persone che si oppongono al cambiamento. E questo va fatto nel modo più plateale e possibilmente manifesto possibile. In modo da ispirare paura o esempi positivi nel resto dell'organizzazione» affermava Starace davanti agli studenti della LUISS nell'aprile 2016. In perfetta sintonia con la teoria del "terrorizza e soggioga" (*shock and awe*), la ricetta storica con cui i neoliberisti d'oltreoceano hanno fatto danni *urbi et orbi* per cinquanta o sessant'anni. Le successive scuse di Starace (venute dopo che le proteste erano approdate in parlamento) possono aggiustare la forma ma non la sostanza delle cose, finché il retropensiero culturale resta all'interno dell'impianto neoliberista.

Sempre alla LUISS, Sergio Marchionne così arringava la folla studentesca: «Il capitalismo va rivisto, oltre un certo limite il profitto diventa cupidigia, serve una buona coscienza». Non male per un manager che guadagna 7 milioni di stipendio e 60 milioni di euro in stock option. Che ha la residenza fiscale in Svizzera, a Zugo, una piccola *enclave* che concentra decine e decine di elusori ed evasori individuali. Non male per un manager che ha giocato a poker con un'azienda non sua, la FIAT ora FCA, "sfilandola" all'Italia senza restituire le centinaia di miliardi di soldi italiani a fondo perduto che ne hanno permesso la sopravvivenza (e quindi anche il traghettamento nell'era Elkann-Marchionne).

Senza di noi, questo manager canadese non avrebbe trovato la FIAT. Se è arrivato dov'è, dovrebbe avere almeno l'educazione di ringraziare noi italiani. Senz'altro avrà detto grazie al governo Renzi, che gli ha spalancato le porte delle scorciatoie fiscali permettendogli di portare la sede legale di FCA in Olanda e quella fiscale nel Regno Unito. E a Fassino, che da sindaco di Torino si disse «orgoglioso» di questa internazionalizzazione di FIAT; orgoglioso perché la più storica tra le aziende italiane ci viene portata via da sotto il naso, dopo averla mantenuta così a lungo?

Nelle vesti di *player* nella globalizzazione FCA potrebbe giocare al gatto col topo: o fate le politiche che dico, o niente investimenti e chiudo quei pochi stabilimenti rimasti. E allora vai di Jobs Act (non a caso tanto applaudito da Marchionne) e decontribuzioni: così FCA, oltre a non pagare qui il grosso delle tasse, si fa pagare parte dei contributi dei lavoratori dallo Stato italiano, che si impoverisce e si indebita viepiù!

Come se non bastasse, questo brillante signore canadese con residenza in Svizzera, capo di una società anglo-olandese, viene indicato da Renzi come rappresentante dell'italianità agli incontri bilaterali Italia-Germania. Insieme all'italoamericano John Elkann, che oltre a FIAT si è portato via dall'Italia la cassaforte della famiglia Agnelli: la finanziaria Exor, anch'essa ormai anglo-olandese.

Sono centinaia di miliardi che escono dall'Italia senza colpo ferire, con un bel "prego, si accomodi" da parte dei nostri governi, che sono accomodanti con i potenti ma spietati con il primo cartolaio di quartiere che si dimentica di battere uno scontrino da 80 centesimi.

Caro lettore: tutte le tasse che questi signori di FCA e di Exor non pagano più in Italia, le dovrà pagare qualcun altro. Chi? Per paradosso, anche uno degli undici milioni di italiani in povertà relativa. O uno dei quasi cinque milioni in povertà assoluta. O magari chi è attualmente senza stipendio o ne ha uno troppo basso. O magari ancora un giovane disoccupato. È la finanza che lo consente. E lo consente a norma di legge! È la dinamica dei mercati globali, dei mercati liquidi.

Con le pensioni dei genitori e dei nonni che stanno finendo, la prossima generazione ha un futuro da quarto mondo. Qual è la logica secondo cui alcuni guadagnano troppo e altri lavorano gratis? Sulla base di quali benefici i giovani devono ringraziare perché almeno imparano un lavoro, come nel caso dei volontari sfruttati da Expo?

Lo abbiamo visto, da anni i ministri e i governanti fanno a gara a chi insolentisce di più i giovani italiani, vittime di politiche scolastiche, economiche e sociali che ne hanno pregiudicato il futuro. E così si va dai «bamboccioni» di Padoa-Schioppa, ex ministro del governo Prodi, alle sentenze di Poletti che chiosa: «I giovani italiani vanno all'estero? Alcuni meglio non averli tra i piedi». Lui, ministro del Lavoro, con un retroterra da capo delle cooperative; lui – anche lui – con un figlio ben sistemato nel ruolo di direttore di un giornale a cui arrivano i contributi pubblici. Passando dalla Fornero di montiana memoria, che esortò i trentenni a non fare gli schizzinosi se non hanno il posto fisso, quando sua figlia di posti fissi ne aveva due. Per forza, poi, chi può scappa all'estero. Ministri come questi sono responsabili della fuga dei nostri cervelli che accelera l'impoverimento materiale dell'Italia.

—

Nei suoi quasi tre anni di governo, Matteo Renzi è stato accusato di stendere troppi tappeti rossi alle multinazionali e di essere poco presente tra quei capannoni che hanno sempre rappresentato il modello industriale vincente italiano. Tanti sono stati gli endorsement reciproci tra Marchionne e Renzi sul Jobs Act, sulle riforme fiscali, sulla riforma costituzionale e in generale sull'azione di governo. Gli archivi fotografici sono pieni di sorrisi e di abbracci. Provocando qualche perplessità non solo in ordine al protocollo, ma anche rispetto all'opportunità politica della scelta, Renzi decise di organizzare un delicato incontro bilaterale Italia-Germania con Angela Merkel all'interno dello stabilimento della Ferrari a Maranello, per la gioia dei videomaker che potevano mettere il cavallino rampante – prestigiosissimo simbolo del made in Italy nel mondo (anche se magari, con Marchionne, vincente lo è un po' meno che in passato...) – al centro delle loro telecamere.

Matteo Renzi, però, ha allargato le braccia per accogliere non solo il manager di FCA, ma anche altri manager di brand globali assai celebri: dalla Coca-Cola alla Philip Morris, da Apple a Google, da Facebook ad Amazon, dalle cui file aveva persino preso in prestito il numero due, Diego Piacentini, per metterlo a capo del progetto Agenda Digitale Italiana, suscitando non poche polemiche circa l'opportunità di quella nomina e i possibili conflitti di interesse.

Sono multinazionali che spostano le loro sedi in paradisi creati *ad hoc*, complice il servilismo globale di governi accomodanti sia italiani che europei. Paradisi che ormai abbondano. Non bisogna più andare fino alle Cayman, la scelta è dietro l'angolo: ci sono *enclave* a Londra, in Irlanda e nel Lussemburgo di quel signor Juncker che ci hanno pure rifilato alla presidenza della Commissione europea.

Alcune di queste aziende, come Apple, sono state colte in *offside*: il signor Tim Cook, che ne è il CEO, è stato beccato con quasi un miliardo di tasse non pagate in Italia. «L'avranno punito senz'altro» direte voi. Galera? No. Tassi di mora? No. Interessi a pioggia? No. Pignoramenti? No. Cause legali? No. Udite udite: con un megasconto sulle tasse dovute, il manager di Apple se l'è cavata con poco più di trecento milioni, pagando così un terzo di quello che deve a noi italiani. Noi stupidi che continuiamo a comprare i suoi prodotti mettendoci in fila il giorno dell'arrivo del nuovo modello. Noi stupidi che paghiamo senza saperlo i quasi seicento milioni di ammanco al posto suo. Noi stupidi che ci facciamo imbonire da presidenti del consiglio che fanno pubblicità (neanche troppo) occulta a questi marchi durante le dirette streaming con gli elettori. Noi stupidi vessati dal fisco, da Equitalia o da chi per essa. Noi stupidi liberi professionisti, artigiani e commercianti costretti a versare al fisco fino al 70% dei nostri introiti. Noi stupidi che anticipiamo di un anno il versamento dell'IVA su ricavi presunti e su incassi incerti, rischiando perdite sanguinose se gli affari andranno male. Noi stupidi che tiriamo la cinghia a Natale perché è proprio a fine anno che ci massacrano con l'IVA.

Ma torniamo alle banche. Alle banche di casa nostra e agli intrecci con il Palazzo. Nell'ambito di queste relazioni tra affari e politica, una pagina decisamente opaca ha riguardato il Monte dei Paschi di Siena.

Il 2 ottobre 2016, l'ex direttore del «Corriere della Sera» Ferruccio De Bortoli ha analizzato alcuni passaggi della crisi di Monte Paschi in un lungo e dettagliato articolo intitolato *Un'opaca vicenda bancaria*. Queste sono le sue parole esatte:

> Sono giornate decisive per il futuro del sistema bancario italiano. Discussioni private molto accese, ed è un eufemismo. Dibattito pubblico pressoché assente. Dobbiamo tutti augurarci che il Monte Paschi risolva finalmente i suoi problemi di ricapitalizzazione e di sistemazione dei crediti in sofferenza, che le quattro *good bank* (Marche, Ferrara, Chieti, Etruria) trovino un compratore, che il

fondo Atlante completi il salvataggio degli istituti veneti e non solo. Naturale che il governo sia impegnato al massimo nel promuovere una soluzione privata. Un intervento pubblico, per la normativa europea, penalizzerebbe azionisti e obbligazionisti subordinati e non. Il senso di responsabilità nazionale non ci impedisce, anzi ci impone, di avanzare qualche scomoda questione. Le modalità con cui è stato cambiato il vertice a Siena avrebbero scatenato, in altri tempi, forti polemiche. Cominciamo da una telefonata. È il 7 settembre. Il ministro dell'Economia Padoan, su incarico di Renzi, chiama il presidente Massimo Tononi, per dirgli «da ambasciatore» di licenziare l'amministratore delegato Fabrizio Viola. Il Tesoro ha solo il 4% della banca quotata in Borsa. Tononi non gradisce la procedura irrituale e qualche giorno dopo si dimetterà. Fa presenti le difficoltà di trovare – nelle condizioni particolari in cui versa la banca che pure oggi guadagna – un sostituto. Il ministro gli dice che il nome c'è già. È Marco Morelli, professionista molto apprezzato ma con un passato nell'istituto senese.
Gli organi societari, in questa circostanza, sono ridotti a soprammobili. Gli altri azionisti non contano nulla. L'incarico al cacciatore di teste, una finta. La forzatura è figlia di un accordo tra il governo e la banca americana J.P. Morgan del quale non sappiamo nulla. Renzi incontra a pranzo a palazzo Chigi il numero uno Jamie Dimon su sollecitazione di Claudio Costamagna, presente l'ex ministro Vittorio Grilli, oggi in J.P.Morgan. Una delle più grandi banche d'investimento mondiali promette di impegnarsi nell'aumento di capitale di Siena, nella concessione di un finanziamento ponte (*bridge financing*) finalizzato alla successiva cartolarizzazione dei crediti in sofferenza (*non performing loans*). Agli americani Viola non piace, preferiscono Morelli che ha lavorato con loro. La BCE non gradisce la sostituzione. L'amministratore delegato uscente,

peraltro, aveva appreso della sua sostituzione da un sms scrittogli da Marco Carrai, non si sa a quale titolo interessato alla vicenda.

Il giorno stesso della pubblicazione dell'articolo, Carrai chiarirà che non fu lui a dare la notizia a Morelli: «Sono da anni amico di Viola, che è venuto anche al mio matrimonio e che mi ha sempre manifestato la sua vicinanza anche in momenti di mia personale difficoltà. Quando ho saputo della sua sostituzione gli ho inviato un sms per abbracciarlo come fanno gli amici autentici nei momenti di disagio. Come De Bortoli potrà facilmente ulteriormente verificare, il mio messaggio è partito quando i giornali avevano già ampiamente dato la notizia delle dimissioni del dottor Viola. [...] Non ho avuto alcun ruolo nella decisione di sostituire Viola con Morelli».

Torniamo al *j'accuse* di De Bortoli sul «Corriere».

Può darsi che la proposta di J.P.Morgan, con Mediobanca in un ruolo minore, sia l'unica percorribile. Ma visto l'attivismo di Renzi e Padoan, se dovesse fallire coinvolgerebbe l'intero governo, complicando la soluzione B (capitale pubblico) che pure si sta studiando. Quali sono gli accordi allora? E qui la vicenda si complica. E si fa oscura. Al momento non risulterebbe firmato alcun contratto tra MPS e J.P.Morgan per il prestito e la cartolarizzazione. Particolare curioso. Solo un *pre underwriting agreement*, e solo per l'aumento di capitale: poco più di una stretta di mano. Il successo dell'aumento di capitale (cinque miliardi) comporterebbe per J.P.Morgan una commissione del 4,75% che sia Tononi sia Viola hanno giudicato elevata. Ma sono i crediti in sofferenza posti a garanzia, e la loro messa sul mercato attraverso cartolarizzazioni a sollevare non poche perplessità. In sintesi, l'operazione è questa. MPS cede 9 miliardi di sofferenze nette su 28 lorde. Svalutandole in bilancio, prima della cessione, si crea un ammanco di capitale che va coperto. A fronte della cessione di 9 miliardi di sofferenze, MPS dovrebbe ottenere 7,6 miliardi, di cui 1,6 da Atlante e 5 da J.P.Morgan come prestito ponte per diciotto mesi.

Il prestito guidato da J.P.Morgan però sarebbe concesso con la garanzia di tutti i *non performing loans*. Se qualcosa dovesse andare storto, la banca d'affari si prenderebbe tutti i 28 miliardi a un prezzo effettivo di 18 centesimi contro i 33 riconosciuti alla banca, di cui 27 pagati subito. Il margine di guadagno potenziale sarebbe elevatissimo. E Atlante, cui partecipano sessantanove istituzioni italiane, compresa la Cassa Depositi e Prestiti con i soldi del nostro risparmio postale, perderebbe tutto. Non solo. J.P.Morgan per fare una valutazione delle sofferenze ai fini del prestito, ha incaricato Italfondiario del gruppo americano Fortress mettendo in discussione la scelta fatta da Atlante che si è affidato a Fonspa. Qui si pone anche un duplice rischio. Il primo che Italfondiario fornisca una valutazione dei crediti in sofferenza inferiore a quella garantita ad Atlante, a tutto vantaggio delle banche creditrici, soprattutto J.P. Morgan. Il secondo che si formi una posizione dominante visto che Italfondiario non si limiterebbe, come Fonspa, alla valutazione dei crediti, ma è anche il principale operatore nella gestione e nella riscossione. Tutto ciò sarebbe in contrasto con il *memorandum of understanding* siglato da MPS con Quaestio, ovvero Atlante, e reso pubblico, che prevede «concorrenza e trasparenza» nella gestione di un mercato delle sofferenze che avrà dimensioni colossali.

Con l'indebolirsi delle grandi banche d'investimento europee (Deutsche Bank è il caso più clamoroso), le istituzioni americane hanno gioco facile. Muovono capitali ingenti, arruolano ex capi di governo e ministri. J.P.Morgan è istituzione seria. Ma un po' più di trasparenza nei rapporti con il governo e nella ristrutturazione del capitale MPS appare opportuna, specie tenendo conto che la banca americana sarà impegnata anche nell'aumento di UniCredit. Tra i tanti dubbi che questo caso solleva, ci rimane da capire quali consigli darà J.P.Morgan alla sua clientela nello scegliere tra i titoli dei due istituti, MPS e UniCredit. E se poi, nello sbrogliare la matassa di Siena, non avrà alcun ruolo chi confezionò, in J.P.Morgan, ai tempi di Mussari e Vigni, il famoso, o meglio famigerato, strumento finanziario «Fresh» per l'acquisto da parte di MPS di Antonveneta. Uno strumento complicatissimo che permise alla Fondazione Monte Paschi di mantenere il controllo a Siena, però con soldi a debito. Operazione che ottenne l'avallo dello stesso Grilli, allora direttore generale del Tesoro con supervisione delle Fondazioni. I guai cominciarono lì. La memoria del paese è corta. Quella di risparmiatori, azionisti e lavoratori delle tante banche coinvolte un po' meno. Rinfrescarla fa bene a tutti.

Era doveroso, secondo me, affidare a un prestigioso e preciso giornalista la ricostruzione di uno scenario che egli stesso ha definito «opaco». Certo, le miserie del dibattito politico oggi derubricano le questioni serie a faccende da gufi. Ahinoi, il sistema bancario necessiterebbe invece di chiarezza assoluta.

La vicenda J.P.Morgan in MPS è finita con un nulla di fatto perché il rilancio non fu raccolto da nessuno nonostante decine di incontri con investitori. Quello che però qui resta è che il pranzo di Renzi con Jamie Dimon ci fu, ed è ancora lecito domandarsi il senso di uno schieramento così palese in un momento di trattative. Caso ha voluto che certi ambienti finanziari non abbiano mai lesinato giudizi positivi rispetto all'azione di quell'esecutivo, arrivando ad abbracciare la riforma costituzionale e aggiungendo che una vittoria del NO avrebbe avuto ripercussioni sugli investimenti stranieri.

Voglio altresì ricordare che queste banche d'affari con ministri poi loro consulenti le abbiamo già incontrate nella parte in cui abbiamo parlato di contratti derivati.

Insomma, alla politica i manager della finanza piacciono eccome. E piacciono alle banche.

E proprio le banche e la finanza, gli immobiliaristi, le multinazionali e le grandi aziende italiane privatizzate sono sempre disponibili a finanziare non tanto i partiti, quanto le loro fondazioni (una via più discreta e più scaltra) e i think tank legati ai politici.

Il sito Openpolis ha censito sessantacinque fondazioni, un numero aumentato nettamente dopo l'abolizione del finanziamento pubblico ai partiti. Il 93,33% di queste fondazioni omette, con la scusa della privacy, di rendere accessibile l'elenco dei soci e dei donatori.

È ciò che pensa anche il presidente dell'Autorità Nazionale Anticorruzione Raffaele Cantone: «Quello che è assolutamente inaccettabile è l'assenza di una regolamentazione che quanto meno adegui le fondazioni alle regole dei partiti politici. [...] Sulle fondazioni c'è totale anarchia. Viene previsto solo il controllo formale e generico delle prefetture, che non hanno capacità di incidere sui bilanci: non si possono conoscere entrate e uscite, non c'è trasparenza sui finanziatori. I conti delle fondazioni possono essere fatti in modo semplicistico e semplificato, senza rendere noto come arrivano i soldi e come vengono spesi. [...] Il problema è che i potenziali conflitti di interesse possono essere contrastati o attenuati solo attraverso meccanismi di trasparenza. Se l'imprenditore Tizio finanzia la fondazione del politico Caio e questo dato è noto, come avviene ad esempio negli USA, questo sterilizza il conflitto d'interessi perché quando si discuterà di provvedimenti che riguardano l'imprenditore Tizio, direttamente o indirettamente, tutti potranno rendersi conto dei legami».

Open è il nome della fondazione che riunisce gli intimi di Matteo Renzi. Nel consiglio direttivo, in carica fino al 2017, siedono l'amico Alberto Bianchi che ne è presidente (ora consigliere dell'Enel), il sottosegretario Luca Lotti, il braccio destro Marco Carrai e il ministro Maria Elena Boschi. Un'inchiesta pubblicata da «l'Espresso» documentava quanto segue: «Il patrimonio iniziale di 20.000 euro, stanziato dagli amici fondatori, si è moltiplicato di centoquaranta volte con i contributi successivi: in totale, 2.803.000 euro. Sul sito compaiono solo tre sostenitori sopra quota 100.000: il finanziere Davide Serra (175.000), il defunto imprenditore Guido Ghisolfi (125.000) e la British American Tobacco (100.000). Molto inferiori le somme versate da politici come Lotti (9.600), Boschi (8.800) o il nuovo manager della Rai, Antonio Campo Dell'Orto (solo 250). Tirando le somme, i finanziamenti conosciuti ammontano a 1.849.000 euro. La trasparenza però è solo apparente nel caso dei 45.000 euro versati da due società fiduciarie: schermi legali che coprono i veri interessati. E soprattutto restano misteriosi i donatori che si trincerano dietro il presunto diritto alla privacy. A conti fatti, si tratta di 934.514 euro: come dire che un terzo dei finanziatori di Renzi sono anonimi».

I contributi diretti o indiretti, dichiarati o anonimi, trasparenti o mascherati dietro fiduciarie o altre entità, alle fondazioni dei partiti arrivano sempre. Quando invece si tratta di tutelare o rimborsare i risparmiatori fregati... be', vale il detto "s'attacchino al tram".

«In fin dei conti non glielo ha imposto nessuno di accettare il rischio azionario» si sente dire da supponenti manager bancari a propria difesa. Così si fa passare la tesi che anche i correntisti contadini diventano (d'improvviso...) esperti di finanza speculativa perché hanno avuto la brillante idea di trasformare i propri risparmi in azioni e obbligazioni convertibili: guarda caso sempre quelle della banca dove hanno depositato i risparmi.

La verità è che molte banche sono fin troppo abili a piazzare i loro prodotti finanziari tossici a risparmiatori inermi. Firme false, firme estorte, profili di rischio accomodati, riaggiustati o perfino taroccati, raggiri palesi: insomma, la riffa della truffa è sotto gli occhi di tutti, negli atti presentati alle varie procure. Ma nessuno sapeva. Nessuno controllava.

Forse anche per questo certi elenchi di banchieri finanziatori delle fondazioni è meglio non farli vedere. Del resto, la legge lo consente.

Purtroppo, questa rete opaca di relazioni miste diventa poi la trama nascosta del racconto europeista, della redenzione europeista dalle miserie dell'Italietta, dell'europeismo intriso di finanza neoliberista che ci viene spacciato come la salvezza dai nostri peccati. Del fallace ritornello «ce lo chiede l'Europa» che ci viene ripetuto acriticamente da Maastricht (che proprio nel 2017 compie venticinque anni) fino a oggi.

Anche se adesso, finalmente, la gente ha capito che l'eurosogno è tutt'altro che irenico.

5

Il lavoratore non serve più? Buttiamolo via

Cosa sta facendo Mario Monti? Il senatore a vita? Ahahah... Sì, certo, il professore con il loden è senatore a vita. Ma...

Riavvolgiamo il nastro, altrimenti i passaggi non si capiscono. Quando Giorgio Napolitano lo nominò, gli italiani non capirono bene il senso di quella scelta: tanto, uno in più uno in meno. Bastò poco tempo – come abbiamo visto – per capire che quella mossa rientrava in una logica più ampia: la logica della lettera Draghi-Trichet; rientrava in un gioco che aveva un baricentro europeo. Chi doveva sapere già sapeva, perché le mosse future erano già state scritte, alla faccia della sovranità che appartiene al popolo. E chi doveva sapere? Chi aveva già scritto? I soliti noti. Gli illuminati. I migliori. Gli *eletti*. Quelli che si riuniscono a porte chiuse per decidere i percorsi futuri, per riscrivere le Costituzioni attraverso i trattati internazionali. Basta leggere le loro biografie professionali, incrociarle, metterle in rete. Mario Monti è uno di loro. Uno del club.

Al di là degli incarichi politici che ha ricoperto e sta ricoprendo, al di là delle mansioni svolte presso la Commissione europea e del suo ruolo alla Bocconi, vale la pena soffermarsi su alcuni suoi mandati e su certe sue relazioni internazionali. Per capire di quali interessi è portatore il "professor" Monti. Dal 2005 al 2011 è stato *international advisor* per Goldman Sachs, più precisamente membro del Research Advisory Council del Goldman Sachs Global Market Institute; dal 2005 al 2008 è stato il primo presidente del Bruegel, un comitato di analisi delle politiche economiche (think tank) nato a Bruxelles nel 2005. Tra i contribuenti passati e presenti del gruppo Bruegel, possiamo menzionare: Deutsche Telekom, Électricité de France (EDF), Ernst & Young, Erste Bank Group, General Electric, Goldman Sachs, Google, Microsoft, MasterCard, Novartis, NYSE (la borsa di New York), Euronext (una piattaforma di scambio finanziario paneuropea), Pfizer, Renault, Samsung Electronics, Syngenta, Toyota, UBS, UniCredit, Morgan Stanley, Standard & Poor's. Dal 2012, il presidente del Bruegel è Trichet, predecessore di Draghi alla BCE. Guarda un po', queste poltrone girano sempre a favore dei soliti noti, che se le scambiano tra loro...

Apro una lunga parentesi. Chi è questo Bruegel cui è dedicato il think tank? Bruegel il Vecchio fu un pittore olandese morto a Bruxelles nel 1569, autore di una famosa (e anche famigerata) *Torre di Babele* che spesso ritroviamo come icona europea. A tal proposito riporto per inciso alcune suggestioni – anche di tipo esoterico o addirittura massonico – che rimandano a Bruegel, alla sua *Torre di Babele* e alla nuova sede dell'Europarlamento. Non sono in pochi, infatti, a sostenere che l'edificio Louise Weiss sia stato davvero ispirato dalla Torre di Babele.

Un vecchio poster dedicato al progetto europeista ricreava con precisione la torre del dipinto di Bruegel, curandosi perfino di riprodurre la parte crollata delle fondamenta. Una siffatta idea si ritrovava nella nuova struttura. Lo slogan «Europa: molte lingue, un'unica voce» si riferisce alla confusione creata da Dio con una moltitudine di lingue. L'Europarlamento ribaltava la punizione di Dio, quasi a voler sancire la sacralità di un nuovo potere, una specie di nuovo santuario per un nuovo ordine mondiale. Questo poster fu ritirato a causa delle proteste di numerosi gruppi, i quali ci vedevano una prova della mentalità esoterica dei costruttori del parlamento europeo. Suggestioni, nulla di più, che tuttavia non smorzano la curiosità per la dedicazione di un think tank europeista a un pittore del Cinquecento. Chiusa la parentesi.

Torniamo agli incarichi di Mario Monti. Nella sua vita professionale ne ha avuti molti altri, dall'Università Bocconi ai cda di FIAT e Coca-Cola. Inoltre è stato membro del comitato direttivo del Gruppo Bilderberg, del Senior European Advisory Council di Moody's e uno dei presidenti del Business and Economics Advisors Group dell'Atlantic Council. Infine è stato presidente europeo della Commissione Trilaterale. Sia detto per inciso: a capo della Trilateral Italia siede attualmente Monica Maggioni, giornalista, ex direttore del canale *all news* della Rai, oggi presidente della tv pubblica. Per la Maggioni questa carica non ha alcuna incompatibilità con la presidenza della Rai; a me, personalmente, qualche perplessità invece la suscita.

Ma cosa sono tutti questi gruppi d'interesse dove ha militato il professore?

La Commissione Trilaterale è un gruppo di interesse sovranazionale di matrice neoliberista, fondato nel 1973 dal banchiere statunitense David Rockefeller (che è anche uno dei fondatori del Bilderberg ed è uno degli eredi dei Rockefeller della Standard Oil) e, tra gli altri, dall'ex segretario di Stato USA Henry Kissinger. L'attuale presidente del gruppo europeo è l'ex presidente della BCE Jean-Claude Trichet, succeduto a Monti. Ancora una volta, sempre i soliti...

Il club Bilderberg è una conferenza annuale, extraufficiale e sovranazionale. Si svolge a inviti e a porte chiuse, con divieto di accesso e militarizzazione della zona in cui si tiene. *Off limits*. Invalicabile. Anche se l'incontro occupa suolo pubblico. Giornalisti? *Raus*! Fuori! Non tollerati, a meno che non siano *embedded* e pertanto invitati (un anno un giornalista della mia redazione se la vide brutta con gli agenti di pubblica sicurezza austriaci, paese dove si svolse quella edizione). I luoghi in cui la conferenza si riunisce diventano privé oscuri, in spregio ai cittadini che ne sono sovrani o almeno dovrebbero esserlo.

Moody's è la società di emissione e revisione dei rating sovrani: in poche parole dà la pagella alle nazioni sulla base di elementi finanziari e politici e ha un grande potere di condizionamento sugli equilibri degli Stati.

L'Atlantic Council è un think tank americano con sede a Washington D.C. il cui scopo è «promuovere la leadership americana e promuovere accordi internazionali basati sul ruolo centrale della comunità atlantica nell'affrontare le sfide del XXI secolo».

Insomma, Mario Monti ha una lunga carriera di relazioni alle spalle. Relazioni con i poteri che contano. Per questo era l'uomo giusto al posto giusto, secondo costoro. L'uomo giusto anche per "guidare" l'Italia come premier tecnico nominato da Napolitano e sorretto dalla più ampia maggioranza che si ricordi. Secondo diversi analisti e commentatori, questi poteri avrebbero persino individuato in Monti l'immediato successore di Giorgio Napolitano alla presidenza della Repubblica, e soltanto la sua (di Monti) convinzione di poter guidare un governo dopo le elezioni modificò quello scenario. L'ex preside della Bocconi, infatti, si presentò alle politiche con un movimento nuovo di zecca: Scelta Civica per Monti premier. Il risultato fu disastroso, il disegno montiano di diventare l'ago della bilancia fallì nell'urna prima ancora che nel suo ego. Con un responso elettorale freddo e preciso come un atto notarile, i cittadini italiani bocciarono le politiche tanto invocate dalla troika e rese possibili dall'interventismo dell'allora capo dello Stato. Tuttavia, quella bocciatura non fermò il cammino del senatore a vita; anzi, il suo profilo tornò buono per continuare il progetto tecnocratico chiamato Unione Europea.

Il 25 febbraio 2014 gli allora presidenti delle massime istituzioni europee, ossia Martin Schulz (Europarlamento), José Manuel Barroso (Commissione europea) e Antonis Samaras (Consiglio dell'Unione Europea), annunciavano in una conferenza stampa che Mario Monti era stato nominato presidente di un «gruppo di alto livello» incaricato di formulare proposte per le «nuove entrate dell'Unione». In effetti, forse non tutti sanno che a riempire il granaio di Bruxelles pensano *in primis* gli Stati membri con contributi pari al 75% del totale, e ciò che resta proviene dalle entrate doganali e dalle quote dell'IVA. Questo progetto sta entrando nel vivo dei suoi meccanismi preparatori per una serie di motivi che spiegheremo ma che si possono facilmente intuire. Il primo è di ordine tattico: o si sbrigano a inchiavardare la loro Unione Europea, oppure dalle urne potrebbero uscire strane sorprese, e allora qualche crepa potrebbe aprirsi.

Poiché se testi i cittadini sul loro sentimento europeista, i cittadini – soprattutto in questa fase storica – ti mandano bellamente a quel paese (e vorrei ben vedere!), Monti e soci si sono affrettati a precisare che «non è una maniera per mettere nuove tasse ma per trovare nuovi concetti per finanziare le istituzioni». Una bella frase che, messa in controluce, rivela il solito eurolessico. In altre parole, sa di fregatura. Infatti, proprio quel giorno di febbraio, l'allora premier greco Samaras, a nome del Consiglio e del terzetto di presidenti lì riunito, rivelò che «il sistema attuale di risorse dev'essere riassestato perché è molto complesso e non corrisponde alle necessità fattuali». Molto più esplicito fu Barroso: «Il gruppo studierà fonti di gettito del bilancio UE e vedrà in che modo si può creare un sistema di risorse proprie più trasparente e democratico». Diciamo che "trasparenza" e "democrazia" sono due parole forse svuotate da ciò che abbiamo visto consumarsi sotto il cielo di Bruxelles: del resto, anche di questo progetto si sa ben poco, esattamente come poche informazioni trapelano tutte le volte che su nuove regole e trattati convergono densi interessi di tipo privatistico.

La morale, dunque, è facile: questi signori, le eurotasse, le metteranno eccome. Perché il progetto finale prevede un vero e proprio ministero delle Finanze, così da agganciargli un'autonomia fiscale *tout court* e un ulteriore ingabbiamento dei governi. È sempre stata l'idea di fondo dell'Europa: basta con questi governi indipendenti, basta con queste Costituzioni nazionali scollegate dalla Grande Idea; e soprattutto basta con questi bilanci nazionali che non rispondono alle logiche neoliberiste. Un fisco europeo sarebbe un ulteriore passo in avanti per costringere i governi a fare quello che GangBank ha modellato per l'Europa. Non ci si può permettere una qualsivoglia saldatura del combinato Brexit/Trump con una vittoria di Marine Le Pen (la quale ha impostato tutta la campagna elettorale su proposte shock: fuori dall'euro, fuori dall'Unione Europea e pure fuori dalla NATO), o in Italia con un successo dei 5 Stelle e magari un buon risultato dell'asse Salvini-Meloni; e neppure con un exploit in Germania di Alternative für Deutschland trascinata da Frauke Petry, l'anti-Merkel.

A proposito, in Gran Bretagna le cose non sono andate esattamente come dicevano i soloni: ricordate, no? In caso di uscita dall'euro – dicevano – l'economia di Londra subirà una perdita di posti di lavoro, la nostra economia subirà un disastro e balle di questo tenore. Alla fine, resta solo il *mea culpa* del capo degli economisti della Banca d'Inghilterra, Andrew Haldane: «Ormai non siamo più credibili. È dal 2008 che sbagliamo previsioni. Siamo come i meteorologi» ha dichiarato pubblicamente all'Institute for Government nel gennaio 2017 prendendo atto di un 2016 chiuso sugli scudi e di un 2017 cominciato meglio delle aspettative. «I modelli su cui ci basiamo sono fragili e irrazionali, i problemi sono emersi quando il mondo è cambiato radicalmente e quei modelli si sono rivelati inadeguati per valutare comportamenti profondamente irrazionali [...]. Ritengo sia onesto ammettere che la professione è in crisi, ma non è la prima volta che accade, basta pensare alla Grande depressione del 1930. Quella situazione tuttavia ci portò Keynes e la nascita della moderna macroeconomia.» Haldane così arriva a paragonare gli economisti ai meteorologi ricordando la clamorosa gaffe di una celebrità locale in materia, Michael Fish, che «mancò la previsione di un uragano su Londra nel 1987 prevedendo solo un po' di vento in Spagna».

Una riflessione di segno analogo è stata condotta anche dell'«Economist» allorquando, all'indomani del voto dilagante per l'uscita dall'Unione Europea, ha messo il liberismo, la globalizzazione e la moneta unica nel mirino dell'analisi delle cause del voto referendario. In un editoriale intitolato *La politica della rabbia*, la bibbia liberista ha fatto il punto sugli errori di tecnocrati, politici e media che hanno portato ampi settori dell'elettorato – dal Regno Unito alla Francia, passando per gli Stati Uniti – a ribellarsi contro il liberismo internazionale: «Nell'ultimo quarto di secolo la maggioranza ha prosperato, ma moltissimi elettori si sono sentiti lasciati indietro. La loro rabbia è giustificata», per questo – aggiungiamo noi – è diretta all'immigrazione, alla globalizzazione, al liberismo e persino al femminismo: tutto questo si è tradotto in un voto di rigetto all'Unione Europea.

«I sostenitori della globalizzazione, incluso questo giornale,» prosegue l'«Economist» «devono riconoscere che i tecnocrati hanno fatto degli errori e le persone comuni ne hanno pagato il prezzo. L'adozione di una moneta europea imperfetta, uno schema tecnocratico per eccellenza, ha portato stagnazione e disoccupazione, e sta facendo a pezzi l'Europa. Strumenti finanziari complessi hanno disorientato i legislatori e mandato in crisi l'economia mondiale, fino a sfociare in salvataggi di banche pagati dai contribuenti e, successivamente, tagli di budget. Persino quando la globalizzazione ha provocato enormi benefici, i decisori politici non hanno fatto abbastanza per aiutare i perdenti. Il commercio con la Cina ha sollevato dalla povertà centinaia di milioni di persone e portato vantaggi immensi per i consumatori occidentali. Ma molti operai che hanno perso il lavoro non sono riusciti a trovare un altro impiego a un salario decente.»

Da questo ragionamento deriva una conclusione: «Il liberismo dipende dalla fiducia nel progresso ma, per molti elettori, il progresso è ciò che è accaduto ad altri [...]. Come mostra la Brexit, quando le persone sentono di non avere il controllo sulle proprie vite e di non condividere i frutti della globalizzazione, si ribellano».

Insomma, le chiacchiere stanno a zero e l'Europa si sta sfaldando sotto l'evidenza dei primi dati reali legati all'opzione *exit*. I quindici anni all'insegna dell'austerità non hanno portato a nulla di buono, tanto che anche in Germania non è più un tabù mettere in discussione la rigidità di bilancio: «L'insistenza della Germania di Angela Merkel sull'austerity nell'eurozona ha diviso l'Europa come non mai e una spaccatura della UE non è più impensabile» ha affermato il vice cancelliere socialista Sigmar Gabriel in un'intervista a «Der Spiegel», il settimanale tedesco più venduto, attaccando duramente la cancelliera. Gabriel cita tra l'altro i rischi politici in paesi come Francia e Italia: «Una volta ho chiesto a Merkel cosa è peggio per la Germania: concedere a Parigi mezzo punto percentuale in più di deficit o avere Le Pen all'Eliseo? Ancora mi deve una risposta». Certamente è un riposizionamento in vista delle elezioni; ma, se le parole hanno ancora un senso, la presa d'atto degli esiti di certe politiche è evidente.

Il 2017 sarà un anno cruciale dal punto di vista elettorale: votano la Francia, la Germania, l'Olanda, difficilmente l'Italia; in America Trump userà la "luna di miele" per mostrare il proprio passo (finora sembra andare avanti come un caterpillar, come dimostrano gli indici delle Borse) e in Gran Bretagna la Brexit entrerà nel vivo del suo procedimento burocratico per mano del premier Theresa May. Insomma, Bruxelles teme fortemente che anche a livello politico si verifichi lo stesso raffreddamento del consenso già in corso tra i cittadini; ciò rovinerebbe i piani delle lobby e dei tecnocrati che a esse rispondono. Per questo il 2017 sarà un anno cruciale anche per il progetto «Un fisco autonomo per l'Europa» che dovrebbe superare la fase attuale per cui sono i singoli Stati a conferire indirettamente l'obolo a Bruxelles. L'idea di un vero e proprio bilancio europeo costituirebbe un'ulteriore stretta sulla sovranità dei paesi membri: le tasse europee, al di là dei giri di parole di oggi, arriveranno sulla testa dei cittadini europei in aggiunta a quelle già fissate dai governi nazionali e Bruxelles si comporterà con i governi centrali usando le stesse parole con cui oggi questi ultimi giustificano i tagli agli enti locali e al welfare: «Tagliate, gli sprechi sono sotto gli occhi di tutti». I giornali continueranno con le loro demagogiche campagne di denuncia degli sprechi locali e la gente si convincerà che, in fondo, a Bruxelles hanno ragione. Ma la verità è che a dare le carte saranno sempre loro, quelli di GangBank. I cui imbrogli (altro che sprechi) continueranno a perpetuarsi senza suscitare sdegno e ribellione.

Limitare sempre di più la sovranità nazionale non è solo un passaggio istituzionale o politico, ma coincide con una restrizione dell'azione politica *tout court*, cioè con la neutralizzazione di quanto scritto dalle Costituzioni prima ancora che dei governi che, in un dato momento, esercitano l'azione esecutiva.

Ma chi blinda i bilanci degli Stati nazionali? Per capirci qualcosa, vale la pena di radiografare il nostro debito pubblico.

Il 94% del debito dello Stato italiano è in mano ai fondi e agli speculatori esteri, alle banche italiane ed estere, alle assicurazioni, e infine alla BCE attraverso la Banca d'Italia. Nell'era della finanza, solo il 6% è in mano alle famiglie italiane, che rischiano di rimanere con un pugno di mosche ogniqualvolta si scatena una tempesta finanziaria (dati aggiornati al 30 novembre 2015). La quota di debito in mano alle famiglie italiane è in riduzione inesorabile da due decenni, mentre cresce la quota in mano agli "investitori".

La situazione debitoria dell'Italia, che non controllando la moneta non può far altro che chiedere soldi ai mercati, ha subìto uno scossone con la crisi dei subprime del 2008, scatenata dal fallimento di Lehman Brothers negli Stati Uniti. Ma è peggiorata drammaticamente a partire dal 2011 con i governi Monti, Letta e Renzi. Tutti nominati pretestuosamente da Napolitano, per compiacere – o almeno così appare a chi legge la politica con occhio esterno e critico – la finanza internazionale nella «necessità di stabilire un nuovo ordine mondiale», espressione testuale e ricorrente in molti discorsi di colui che è stato definito "Re Giorgio". Un ordine mondiale di stampo post sovietico: nelle conseguenze sui popoli, nel deficit democratico e nella geometria delle oligarchie. Ma un ordine mondiale con mandante ultraliberista: la finanza domina i popoli attraverso il controllo sulle suddette oligarchie. E attraverso la manipolazione di un pensiero unico, omologato e omogeneo: un pensiero unico che impedisce ogni ribellione. Com'è difficile far capire che lo spreco in termini monetari non coincide con lo spreco morale...

Quella del 2011 venne chiamata "crisi del debito sovrano". In realtà, come abbiamo già visto (ma è sempre bene ripeterlo), fu un'altra cosa: una miscela esplosiva scaricata su Portogallo, Irlanda, Italia, Grecia e Spagna (i cosiddetti PIIGS, acronimo usato volutamente con animo offensivo e sprezzante: non potevano siglarlo "SPIIG"?) da organismi sovranazionali non eletti nonché dalla Germania. Elenchiamo qui alcuni eventi focalizzando la narrazione sulle conseguenze per la sola Italia.

1. Le banche tedesche e francesi erano sovraesposte nei confronti della Grecia, cui avevano erogato prestiti per favorire l'export di Germania e Francia. BMW, Audi e Merce-

des: la Grecia ne era piena zeppa! Così come di apparecchi Siemens. E di armi da guerra teutoniche e transalpine. «I greci sono corrotti? Bene, e allora tanto vale comprarceli» si saranno detti i manager privati e pubblici tedeschi. Con dei bei soldini rimasti infilati anche nelle loro tasche, oltre che in quelle dei funzionari greci. E con il debito ellenico che schizzava alle stelle per nutrire Audi, Mercedes e perfino la società tedesca Hochtief che avrebbe gestito l'aeroporto di Atene fino al 2013 eludendo alcune tasse[2].

2. Eventuali insolvenze del governo greco sul proprio debito avrebbero fatto saltare per aria le banche e le economie di Germania e Francia.

3. L'Italia non era esposta con la Grecia. Pur senza sfarzi, si barcamenava con dignità e stava uscendo dagli effetti della crisi finanziaria mondiale del 2008: il PIL aveva ricominciato a crescere, seppur moderatamente; la velocità di innalzamento del debito stava diminuendo e la curva del debito si stava approssimando al punto d'inversione ovvero all'inizio della discesa; il tessuto economico era tutto sommato intatto, benché affaticato e relativamente ridimensionato; la povertà era una questione marginale o, se vogliamo, una sfortuna che riguardava una fetta relativamente piccola della popolazione (poco più di due milioni di persone). L'Italia fu tirata dentro di forza in una crisi non sua. I sorrisini in conferenza stampa tra Merkel e Sarkozy sono passati alla storia. Deutsche Bank e BNP Paribas svendettero in un amen i titoli di Stato italiani provocandone la svalutazione immediata. Alimentarono così l'aumento incontrollato dei tassi d'interesse, provocando la crisi di quello spread che ci sta ricattando e impoverendo da quasi sei anni.

4. L'Italia fu chiamata a versare oltre 40 miliardi di euro a copertura delle possibili perdite delle banche tedesche: in

2 Secondo quanto riportato da Joseph Stiglitz in *The Euro and its Threat to the Future of Europe* ("L'euro e la sua minaccia al futuro dell'Europa"), Allen Lane, Londra 2016.

parte direttamente alla Grecia, in parte all'interno di varie forme di fondi comunitari cosiddetti "salva Stati". Poiché l'Italia non disponeva di risorse (essendo per di più gravata da 20 miliardi all'anno di contributi all'Europa per averne in cambio solo ceffoni da grigi burocrati di quart'ordine), dovette indebitarsi ulteriormente dagli strozzini dei mercati internazionali. E così, volente o nolente, innalzò la leva di crescita del debito. Per indebitarsi, per stare sui mercati e per attrarre gli investitori, un intero paese fu spremuto di tasse, mentre le sue fasce sociali più deboli furono violentate a colpi di accetta: austerità, tagli agli investimenti per la crescita, smantellamento dei servizi sociali. Monti innescò una spirale perversa in cui più si taglia, meno si cresce; e meno si cresce, meno lo Stato incassa e meno spende. Allora lo Stato aumenta ancora le tasse, taglia di più la spesa, e il paese decresce sempre più. E così via. Sfasciando l'economia e gli equilibri sociali. E ritardando nel tempo il punto d'inversione della curva del debito. Condannandoci a essere debitori per sempre, senza controllo sulla moneta. Secondo i *desiderata* di chi ci tiene per il collo: quegli stessi che ci fanno la predica sul debito sono i più interessati a che il debito cresca per aumentare la stretta su di noi.

Il nostro debito non è mai salito così tanto come dopo le crisi finanziarie del 2008 e del 2011. I triumviri non eletti, ma "fiduciati" dalle Camere sulla base dello spauracchio spread – Monti, Letta e Renzi –, l'hanno fatto salire di oltre 400 miliardi di euro in quattro-cinque anni, con picchi al 135% del PIL. 800.000 miliardi delle vecchie lire di debito addizionale. Senza cavarne nulla, anzi lasciando un paese a pezzi. Altro che Prima Repubblica. Altro che socialisti. Altro che Craxi. Altro che Cirino Pomicino. Il debito di allora, peraltro, finanziava la nostra crescita ed era in mano prevalentemente a noi stessi, agli italiani; oggi invece schiaccia l'Italia, nutrendo la finanza a suon di interessi e retroalimentandosi sui cittadini come un parassita. Con il biasimo di finanzieri e tecnocrati che ripetono la canzoncina: «Avete vissuto al di sopra delle possibilità, ora ne pagate le conseguenze». Roba da prenderli a schiaffi. Ma il biasimo fa parte della strategia: è la tecnica del *blame the victim* – "colpevolizzare la vittima" – citata più volte dal premio Nobel Joseph Stiglitz come arma dei sopraffattori contro le vittime della crisi dell'euro: Grecia, Italia, Portogallo ecc. Il tutto sotto l'effetto di campagne mediatiche terroristiche dei media nazionali e internazionali.

5. Il governo Berlusconi rifiutò di firmare la ricetta "lacrime e sangue" imposta dalla troika (Commissione europea, FMI, BCE).

6. Nel 2011 Francia e Regno Unito intrapresero una guerra veterocoloniale in Libia, appoggiati da Obama su vigorosa spinta della Clinton. Con effetti disastrosi per l'Italia e per l'intero Mediterraneo. In pratica, dopo l'aggressione anglo-francese a Gheddafi, l'Italia fu spinta da Napolitano a dichiarare guerra a se stessa.

7. Berlusconi (già indebolito per via del conflitto di interessi e di questioni di tipo personale – guarda caso gli stessi addebiti che hanno caratterizzano le campagne anti Trump) si ritrovò sotto attacco sia da parte dei poteri internazionali sia da parte di quelli italiani. Diciamo che era una preda facile, sebbene quella sua atipicità rispetto all'establishment costituisse un argine. Napolitano ebbe così gioco facile a orchestrare quello che parve chiaro a Zapatero, come abbiamo raccontato precedentemente. E preparò il terreno da lontano flirtando con Monti, nominandolo prima senatore a vita e poi premier.

Detto tutto ciò, ora domandiamoci: quali furono e quali sono tuttora le conseguenze di tanto sfacelo?

1. Il debito sale e si autoalimenta in un circolo vizioso al rialzo.

2. Il PIL crolla e non si riprende (hanno poco da arrampicarsi sugli specchi i presidenti del Consiglio di turno riguardo ai presunti aumenti a colpi di zero virgola).

3. La domanda interna viene distrutta. «*We destroyed internal demand*» disse testuale Monti in un'intervista rilasciata negli USA quando era presidente del Consiglio.

4. La produzione industriale crolla, con il settore delle costruzioni che va a picco. E crolla anche perché lo Stato non paga i lavori pubblici: c'è il pareggio di bilancio che perimetra l'azione della politica. Ma ditemi voi come ci si può disincagliare dalle politiche neoliberiste se le euroregole ti impongono di giocare una partita con handicap.

5. Insieme al mercato delle costruzioni, si sfascia anche il mercato immobiliare (-25% circa). Che però il governo centrale in buona parte regala alle banche e alle assicurazioni.

6. Lo Stato ha sempre meno soldi e quindi si indebita ancora, taglia i trasferimenti agli enti locali e quindi i servizi, aumenta le tasse, incluse quelle indirette e quelle occulte.

7. I cittadini hanno sempre meno soldi e si indebitano per tutto: credito al consumo, casa, pensione (anticipo di pensione, cessione del quinto), cure mediche (assicurazioni, prestiti). Chi sta peggio rinuncia a tutto e si mette in coda alla mensa dei poveri.

8. Con lo Stato e i cittadini alla canna del gas, i finanzieri fanno progressivamente incetta di pezzi d'Italia, come del resto facevano già da prima (la storia del *Britannia*, di cui parleremo nel capitolo sulle privatizzazioni, andrebbe iscritta nella storia economica italiana a pieno titolo!). Vuoi comprando i nostri asset per un tozzo di pane. Vuoi con concessioni obbligatorie (direttiva Bolkestein) ma che si traducono in fonti di entrate irrisorie per lo Stato. Vuoi con partecipazioni azionarie acquisite a prezzi artificiosamente bassi che non tengono conto del valore intrinseco dei beni (es. gasdotti / Snam; torri di trasmissione / Rai Way; uffici postali / Poste Italiane; cantieristica / Fincantieri; acquedotti / Acea). Vuoi con spezzatini comandati dall'alto (i decreti sulla concorrenza) che obbligano Eni, società integrata quasi unica al mondo, a disintegrarsi e a svendere i suoi pezzi pregiati. Spezzatini che rendono monca

anche STMicroelectronics, regalando know-how all'estero e licenziando centinaia di lavoratori. Spezzatini che spolpano Finmeccanica (oggi Leonardo), sempre a beneficio degli stranieri.

Ora, perché tutto questo si sta consumando sotto i nostri occhi senza che la politica reagisca? Le risposte sono molteplici, ma quella del suo assoggettamento alla finanza le può racchiudere tutte. È ormai innegabile che la qualità delle classi dirigenti è inversamente proporzionale al potere che le politiche GangBank hanno acquisito e stanno esercitando. I parlamenti sono progressivamente svuotati del loro potere, e il rischio che lo siano sempre di più è confermato dalle narrazioni legate alle riforme.

«La politica deve essere più veloce per dare le risposte giuste alle domande della globalizzazione» è il refrain di chi tenta di modellare i tempi sanciti dalle Costituzioni sulla liquidità di una società marchiata dal neoliberismo. A furia di pensare "veloce" e "moderno" ci siamo ritrovati con una spaventosa forbice tra ricchi e poveri e una svendita generale dei diritti. Negli ultimi vent'anni lo squilibrio generato dalla globalizzazione di stampo neoliberista ha provocato un trauma in Occidente (come se non fossero bastati i danni in America latina e nel Sudest asiatico nella seconda metà del XX secolo: un bellissimo libro, *Confessioni di un sicario dell'economia*, racconta i metodi usati dal sistema GangBank per costringere gli Stati a regalare le proprie risorse e nello stesso tempo aumentare il proprio debito pubblico con esposizioni irrecuperabili). Gli effetti si riverberano sulla vecchia questione salariale (che oggi si estende a ogni reddito), sulla perdita del potere d'acquisto e sul crescente indebitamento privato. La Brexit, la vittoria di Trump e la sconfitta del rottamatore Renzi al referendum costituzionale sono state il perimetro democratico capace di contenere il disagio sociale. La domanda è se questo perimetro democratico terrà di fronte alla rabbia che gli squilibri generano. Forse sì, perché da una parte il forte risparmio privato e dall'altra la forza delle opposizioni antisistema riescono ad attutire i colpi. Ma reggerà quando poi il lavoro ci scoppierà tra le mani?

Dopo una campagna elettorale giocata sulle vicende personali, l'elezione di Trump e l'alba delle sua presidenza hanno impresso al dibattito economico e finanziario un cambio di passo. È ancora presto per definire i punti della *Trumpnomics*, ma rischia di arrivare tardi chi pensa che le prime mosse siano un *ballon d'essai*. Il nuovo presidente si muove con la ruvidità della *old economy*, con l'ateismo di chi rifiuta la divinità finanziaria e la liquidità dell'economia di carta. È vero che l'attuale presidente ha chiamato alcuni personaggi provenienti dalle merchant bank, ma tutti sono pronti a scommettere che farà di testa sua. Trump è un americano degli anni Ottanta e, a costo di apparire uno che ferma il vento con le mani, si è messo in testa di addomesticare la globalizzazione. E lo fa applicando le regole dell'unico mondo che conosce: «*America first*».

Egli sa che l'americano ha diritto a quella felicità che è sancita anche nella sua Costituzione, e che non si è felici se non si hanno soldi nel portafoglio. È il sogno americano. La piena occupazione obamiana si è rivelata un castello costruito sulla sabbia spazzato via dall'onda della globalizzazione: il reddito medio della *middle class* ristagna da quindici anni e l'aspettativa di vita mediamente ha cominciato ad abbassarsi. Le ricchezze dei super Paperoni sono figlie di questa economia di carta che ha prodotto vantaggi inutili per quell'economia di mercato in nome della quale si svendono sempre più pezzi di Stato.

La previsione che Trump fa sul futuro dell'Europa non è la sua strategia (anche se realisticamente avrebbe ragione a scommettere su nuovi equilibri geopolitici composti da interessi nazionali e non più "unionisti"), è la presa d'atto di un piano inclinato su cui l'Unione si è messa con regole assurde. Il progressivo distacco con cui i cittadini stanno guardando a Bruxelles è il bollettino medico di un paziente gravemente malato. Se l'Europa avesse portato benessere, la gente non si sarebbe disamorata. Invece è evidente che solo il sistema finanziario ci sta guadagnando. Quando Trump parla di protezionismo e di dazi o quando obbliga le multinazionali a una scelta di campo, sta facendo un torto all'economia reale? Io penso di no. Non è un male se Ford, FCA e forse Toyota non delocalizzeranno più le loro fabbriche: la globalizzazione offre una scorciatoia alle multinazionali? Bene, la politica economica non esclude il protezionismo: a brigante, brigante e mezzo. E se gli altri *player* storcono il naso in nome del libero mercato, allora forse le regole di questo libero mercato andrebbero riviste. Vale oltreoceano e dovrà valere nel Vecchio Continente. Il mondo di Trump è il mondo che torna a girare sul suo asse terrestre naturale: gli uomini prima del capitale, il salario e i diritti prima dei giochini finanziari.

Slavoj Žižek è un filosofo marxista. Bene, parlando a Roma durante la conferenza *Communism 17* (un omaggio storico alla Rivoluzione d'ottobre del 1917), ha dovuto ammettere che il nuovo presidente degli Stati Uniti d'America «promette negli USA quel che nessuno, a sinistra, si sognerebbe di proporre: 1.000 miliardi di dollari di grandi lavori pubblici per aumentare l'impiego e così via. [...] La sinistra liberale ufficiale è la migliore esecutrice delle politiche di austerità, anche se conserva il suo carattere progressista nelle nuove lotte sociali antirazziste e antisessiste; dall'altra parte, la destra conservatrice, religiosa e anti-immigrazione è l'unica forza politica a proporre ingenti trasferimenti sociali e a sostenere seriamente i lavoratori. Negli Stati Uniti si verifica così questa folle configurazione: i poveri votano, in gran parte, per Trump e gli straricchi, e la sinistra liberale ufficiale li umilia facendosi beffe della loro idiozia».

Žižek non è stato il solo a focalizzare da posizioni di estrema sinistra il decadimento ideale dei *democrats* mondiali (da Clinton a Blair, da Hollande a Renzi, l'elenco è lungo...), cioè il loro passaggio programmatico dalla difesa dei diritti dei lavoratori alla difesa di nuovi diritti. Le sinistre mondiali, in accordo con banchieri, economisti, popstar, giornalisti, scrittori e intellighenzia varia, si sono caratterizzate per l'indebolimento di quel che nel Novecento rappresentarono compiutamente e per la difesa di diritti di una nuova platea elettorale. Le battaglie sui diritti delle coppie omosessuali e dei migranti sono diventate la nuova frontiera della "narrazione politica" (uso questa espressione non a caso) a scapito del welfare, dei diritti del lavoro e del contrasto alla finanza. Queste nuove battaglie sono diventate così "le" battaglie di civiltà, quelle su cui la comunicazione (in gran parte controllata dal sistema finanziario) ha costruito la propria retorica di modernità e di civiltà; quasi a dire che la procreazione assistita vale la rinuncia all'articolo 18 e che l'accoglienza a prescindere dei migranti vale il depauperamento dei pensionati. La migrazione, in particolare, è un fenomeno che la globalizzazione ha piegato a suo vantaggio usando le leve del politicamente corretto. Insomma, il top: un esercito di lavoratori schiavizzati e pure la coscienza a posto (almeno quella di facciata). Ci torneremo.

Caduto il muro di Berlino, i cosiddetti progressisti hanno avuto paura di restare ai margini del nuovo mondo. Nello stesso periodo il neoliberismo aveva bisogno di un cantiere politico che erigesse i nuovi santuari. Da qui il patto: al sistema GangBank il potere di generare ricchezza sulla pelle dei cittadini, ai *democrats* le leve (quelle consentite, mica altre) del potere politico. Un potere, quest'ultimo, assolutamente residuale, se è vero che – è la tesi di questo libro – le istituzioni sono funzionali al neoliberismo. I *democrats* hanno lentamente liquidato l'impianto di welfare state consentendo al welfare bank di infilare collare e guinzaglio a famiglie, lavoratori, imprenditori. Lo hanno fatto dettando loro le nuove regole del gioco, dettando le riforme pensate in quei club a porte chiuse e poi portate (talvolta tramite gli stessi uomini "allevati" in quei consessi) dentro i sistemi legislativi nazionali. Se non addirittura dentro le Costituzioni attraverso la ricezione dei trattati internazionali. Al sistema GangBank la concretezza del potere, ai politici la vanità delle presidenze. Per questo sono arrivati Trump, Farage e la Brexit, le resistenze contro l'immigrazione incontrollata, la vittoria del NO in Italia a difesa della Costituzione e una plausibile vittoria di Marine Le Pen, la quale in un eventuale ballottaggio con il liberista Fillon avrebbe il voto della classe operaia, al contrario di quanto accadde nel ballottaggio tra Chirac e Le Pen padre nella primavera del 2002.

Nel club dei super ricchi compaiono figure che hanno contenziosi aperti circa l'elusione delle tasse, lo sfruttamento del lavoro delocalizzato, la finanziarizzazione dell'economia eccetera eccetera. Apple, Google, Amazon, Facebook e Walmart (ma potrei continuare a lungo con l'elenco di queste corporation) hanno approfittato di giurisdizioni a fiscalità agevolate, eludendo quella giusta quota di tasse che è condizione imprescindibile di chi fa impresa. Non ha senso presentarsi come eroi della modernità o come filantropi quando poi si distorcono le regole base di un mercato che si sta avvitando su se stesso. La rivolta della Silicon Valley in nome dei bei princìpi è semplicemente ipocrita: filantropi di giorno e furbetti di notte. Alla vigilia dell'ultimo Forum di Davos, Joseph Stiglitz ha così scritto: «Rinunciare a giurisdizioni segrete e paradisi fiscali offshore, a Panama o alle Cayman nell'emisfero occidentale oppure in Irlanda e in Lussemburgo in Europa. Non incoraggiare i paesi in cui si opera a partecipare da protagonisti alla dannosa corsa al ribasso sulla tassazione degli utili d'impresa, in cui gli unici a perdere sono i poveri in tutto il mondo. [...] Le multinazionali sanno che il loro successo non dipende solo dalle leggi del mercato e dell'economia ma dalle scelte di politica economica che ciascun paese compie. È per questo che spendono così tanto denaro per fare lobby. Negli Stati Uniti il settore bancario ha esercitato il suo potere d'influenza per ottenere la deregulation, raggiungendo così il proprio obiettivo. Negli ultimi venticinque anni, in molti paesi, le regole dell'economia liberista sono state riscritte con il risultato di rafforzare la crisi della disuguaglianza». Più chiaro di così... A quello che scrive Stiglitz aggiungerei che alcune di queste grandi aziende dall'anima candida farebbero bene a mostrare le condizioni in cui lavorano le subfiliere o le condizioni di pagamento che girano nelle aziende di subfornitura o nelle filiere sottostanti. Amazon è nell'occhio del ciclone per l'indebolimento dei negozi che fanno parte della sua rete. Bezos – uno di quelli in prima linea a difendere i profughi dagli attacchi di Trump – è sicuro di rispettare il capitale umano che gravita attorno alla sua rete? È sicuro di poter parlare dal pulpito che occupa? Io ho dei fortissimi dubbi.

LuxLeaks è un filone che portò alla ribalta un sistema di elusione fiscale in Lussemburgo. A capo del governo lussemburghese, in quel lungo periodo, c'era Jean-Claude Juncker. Lui, l'attuale presidente della Commissione europea, quello dal ditino alzato, quello che impartisce lezioni di contabilità, rigore e serietà. Evidentemente, sulla via di Bruxelles ci si ravvede; fintanto che era alla guida del Granducato, invece, si opponeva alla lotta all'evasione fiscale. A scoperchiare il pentolone LuxLeaks ci hanno pensato Antoine Deltour e Raphaël Halet, due ex dipendenti della PricewaterhouseCoopers, una delle regine globali della consulenza finanziaria: con Ernst & Young, KPMG e Deloitte si spartisce un mercato che nel 2014 valeva 120 miliardi di dollari. In Italia, nel 2014, è «l'Espresso» a pubblicare il tutto: «Prima di licenziarsi, nel 2010, i due analisti della PwC scaricano sul loro computer migliaia di documenti riservati. Contratti sui "*taxrulings*", gli accordi fiscali stretti tra il governo del Lussemburgo, al tempo guidato dall'attuale numero uno della Commissione europea Jean-Claude Juncker, e trecentoquaranta multinazionali. Da

Pepsi a Ikea, da Apple ad Amazon, da FIAT a Starbucks. I documenti hanno dimostrato come il Lussemburgo sia riuscito nel tempo a diventare il paradiso fiscale preferito dalle più famose aziende. Un successo ottenuto attirando le grandi imprese attraverso contratti segreti e imposte bassissime. Che hanno fatto perdere, al contempo, miliardi di entrate fiscali ai governi delle nazioni in cui queste multinazionali operavano prevalentemente. Insomma, centinaia di miliardi sottratti ai contribuenti di tutto il mondo». Contribuenti prima cornuti e poi mazziati, in quanto chiamati a colmare i buchi fiscali lasciati dalla pirateria internazionale. Vittime di un accanimento da chemiotassazione che, in Italia, mette in ginocchio migliaia di piccole imprese.

Poiché l'elusione e l'evasione fiscali sono globali, allunghiamo lo sguardo fino all'Africa e continuiamo il nostro esercizio. L'Africa da sola perde 14 miliardi di dollari in entrate a causa dei paradisi fiscali usati dai suoi super ricchi: a questo proposito, Oxfam ha calcolato che «la cifra sarebbe sufficiente a pagare la spesa sanitaria per salvare la vita di quattro milioni di bambini e impiegare un numero di insegnanti sufficiente per mandare a scuola tutti i ragazzi di quel continente». Non sarebbero più necessarie quelle operazioni angeliche (di facciata e senza sostanza) condotte con tanto di fotografi, telecamere e cantanti famosissimi al seguito: più che la solidarietà, qui torna alla mente il traffico delle indulgenze per guadagnarsi il paradiso. Ecco, qui le indulgenze servono per le glorie del marketing.

Tornando al Granducato e a Bruxelles, le cose cambiano soltanto nelle forme: attorno ai palazzi che contano pullulano le lobby, alcune regolarmente registrate, altre no. Del resto, il lobbismo è tutto e niente: il peso dei lobbisti si vede poi dai risultati. Il tormentato accordo TTIP – Transatlantic Trade and Investment Partnership – è l'esempio di come operano le lobby. Il TTIP (fratello del TPP, Trans Pacific Partnership, l'accordo tra gli USA e i paesi dell'area pacifica dell'Asia esclusa la Cina) è la punta avanzata della globalizzazione, è il suo ultimo aggiornamento in ordine temporale. È la spallata alle Costituzioni frutto di un pensiero politico a favore del trattatismo, un "-ismo" prodotto dal gene neoliberista per superare diritti ed equilibri in nome delle liberalizzazioni più hard. Era il fiore all'occhiello della *Obamanomics* e di chi a parole dice di minare protezionismi, confini, barriere non tariffarie e gli ultimi dazi, ma che nei fatti vuole frantumare tutto ciò che non appartiene alle multinazionali. Se finora abbiamo visto questi cartelli agire usando le leve del lobbismo al fine di cambiare le normative interne e arrivare persino a spingere riforme costituzionali (di Costituzioni definite «troppo socialiste, troppo impregnate di diritti inutili»), ora è tempo di saltare la cavallina e piazzarsi direttamente dentro le pance degli Stati. Come? Scrivendo trattati internazionali che, fatti propri dall'Unione Europea, diventano i nuovi oracoli da adorare. Con tanti saluti alle economie locali.

Non volevano raccontarcelo, il TTIP; lo volevano tenere nascosto fino all'ultimo. Per poi rifilarcelo come l'ennesimo balsamo per calmare la crisi e allargare il mercato. Perché proprio questo stavano andando a vendere i nostri ministri agli italiani: «Il TTIP? È un grande affare», «È l'occasione per entrare nel mercato statunitense», «Farà aumentare i posti di lavoro». Loro in teoria ci cedevano briciole del loro mercato e noi in cambio gli regalavamo il nostro. A furia di prodotti low cost.

A mettere in fila gli accadimenti e a voler essere retroscenista (o complottista, vedete voi che etichetta stupida appiccicare), in controluce si vedono: riduzione del potere d'acquisto delle famiglie, indebitamento delle stesse, creazione di un mercato larghissimo dove la guerra è sul prezzo e accaparramento delle nostre realtà di alta qualità per fare business in quella fascia di mercato. "Pacco, doppio pacco e contropaccotto", verrebbe da dire.

Ma procediamo con ordine. USA, Canada ed Europa: insieme fanno ottocentocinquanta milioni di abitanti e il 45% del PIL mondiale. Insomma, lo spazio naturale del mercato, la prima scelta del sistema GangBank, i cui denti aguzzi sono pronti per azzannare il consumatore in settori chiave che vanno dall'agroalimentare alle opere pubbliche passando per i servizi. 500 miliardi di euro all'anno. America ed Europa però, per quanto il mondo a taglia unica sgomiti per resettare le differenze, ancora conservano delle visioni differenti. Nel Vecchio Continente il diritto alla salute, la tutela del consumatore, la qualità dei prodotti e dei servizi pubblici sono ancora dei valori, per quanto in via di superamento dopo le martellanti campagne di comunicazione all'insegna del sillogismo (falso) "mercato aperto = convenienza per il consumatore". Nonostante sul TTIP fosse stata messa volutamente la sordina e nonostante la segretezza della sua compilazione (questione che torneremo ad approfondire), succede che le poche indiscrezioni su questo accordo commerciale cominciano a trapelare.

E qui la partita si complica. Al centro delle perplessità c'è la diversità profonda tra gli standard americani e quelli europei sull'agroalimentare. Tuttavia la questione non è chiara, perché il testo del TTIP non si può consultare. È segreto e tale deve rimanere. Nessuno ne fa mistero, dal Fondo Monetario all'Unione Europea: perché i negoziati commerciali funzionino e abbiano un esito positivo, è necessario un certo grado di riservatezza; in caso contrario, sarebbe come mostrare all'altro giocatore le proprie carte. «La Commissione europea comunicherà gli sviluppi agli Stati membri, in sede di Consiglio, e al parlamento europeo. A conclusione dei negoziati, sono proprio queste due istituzioni – il Consiglio costituito dai rappresentanti dei governi degli Stati membri e il parlamento europeo, eletto direttamente – ad approvare o respingere l'accordo» fanno sapere da Bruxelles. Intanto, tutta la documentazione sui negoziati USA-UE risulta ancora oggi riservata per volontà della Commissione europea, che motiva la sua scelta dichiarando di voler tutelare gli interessi europei nel negoziato.

Il metodo è sempre lo stesso: la gente non deve sapere, non deve conoscere. E nemmeno le associazioni di categoria. Nemmeno quel sistema economico che dovrebbe beneficiare delle virtù taumaturgiche del TTIP. Che Renzi ha definito «vitale» e che Confindustria (sempre in prima fila quando si tratta di scambiare lucciole per lanterne) ha catalogato come «grande occasione». Il ministro allo Sviluppo Carlo Calenda (ex Confindustria...) smentisce i rischi messi a fuoco dagli oppositori del TTIP, difende la necessità della segretezza durante le trattative e si dice sicurissimo: «Il TTIP farà benissimo, darà benefici alle nostre aziende e non metterà in pericolo la salute dei consumatori».

E già qui uno dovrebbe domandarsi: ma se serve per produrre ricchezza, PIL, posti di lavoro e altri miracoli, perché me lo tengono segreto? Perché nemmeno i parlamentari possono studiare quegli accordi? «Abbiamo ricevuto una lettera nella quale il ministro dello Sviluppo economico, Carlo Calenda, ci informa della possibilità di avvalerci di una "sala di lettura per consultare la documentazione riservata con l'obiettivo della massima trasparenza e la massima diffusione"» dirà al Senato l'ex ministro Giulio Tremonti. «Salvo poi far notare che la lettura avviene per "massimo un'ora, sotto la vigilanza dei carabinieri" e con una serie di limitazioni che nulla hanno a che vedere con gli obiettivi di trasparenza e diffusione.»

Giulio Marcon di Sinistra Italiana racconterà a «l'Espresso» la sua esperienza. È interessante riprenderla per dare densità al termine "segretezza". Ecco dunque la sua testimonianza.

> Al portone del ministero in via Veneto mi ferma un carabiniere. «Lei è nella lista?» Sì, sono un deputato. «L'accompagno al quarto piano. Sa le regole?» Le regole sono quelle stabilite dai negoziatori europei e dal governo ita-

liano. «Gliele anticipo» dice il maresciallo: non si possono fare fotocopie, non si possono fare foto, non si possono trascrivere le pagine. Solo appunti a penna, da controllare alla fine. [...]

«Qui c'è l'armadietto dove può sistemare il suo cellulare. Ha tablet, computer?» No, solo un quadernino. Sulla porta della stanza c'è una targhetta SALA LETTURA TTIP e due bandiere: quella degli Stati Uniti e quella dell'Unione Europea. Nella stanza ci sono quattro scrivanie, su ciascuna qualche foglio bianco e un paio di penne. Un dizionario inglese/italiano per tutti (la bozza dell'accordo è solo in inglese). Mi consegnano il faldone con otto voluminosi plichi. I funzionari rimangono nella stanza e mi scrutano con attenzione: sembrano i commissari di un concorso. Dopo un po' arriva anche il mio collega di Sinistra italiana, Florian Kronbichler. Si è alzato alle cinque del mattino per prendere il treno da Bolzano. Segue da sempre la vicenda TTIP, ha presentato interrogazioni parlamentari e *question time*. È anche grazie alla sua ostinazione altoatesina che la Sala di lettura è stata aperta.

Arriva il capo di gabinetto del ministro Carlo Calenda. Fa un giro dei tavoli con le braccia dietro la schiena, come fosse il capo dei commissari d'esame. Ci dà la mano, è laconico: «Tutto a posto? Buona lettura». Difficile fare una buona lettura visto che gli otto plichi (settecento-ottocento pagine) si possono leggere solo per un'ora. Dobbiamo fare un po' di compassione, così i nostri controllori ci concedono un po' di tempo in più: «Vi diamo il permesso di rimanere fino alle 12.15».

I plichi sono numerati con un pennarello, ma ogni volume non ha un indice e non c'è la numerazione delle pagine. Sembra fatto apposta per far perdere tempo a chi legge. Ci vuole una mezz'ora per orientarsi in fascicoli di fotocopie allestiti alla buona.

Saltando di pagina in pagina trovo conferma dei rischi che

questo accordo ci presenta: diminuzione degli standard sociali e ambientali dei prodotti e subalternità degli Stati alle imprese, che potranno chiamarli a rispondere davanti a una sede arbitrale privata, qualora i governi vogliano introdurre norme a tutela dei consumatori. Noi riduciamo gli standard ambientali e sociali: in cambio avremo l'abbassamento dei dazi americani sulle merci europee.
In una pagina trovo la frase dei negoziatori: «Ci impegniamo a mantenere la segretezza del trattato». Per l'arbitrato gli europei propongono un «periodo sperimentale di applicazione» e organismi di mediazione volontaria sulle controversie. «Ci penseremo» rispondono gli americani. Che dicono agli europei: «Bisogna eliminare le misure di controllo ridondanti». Si intende quelle sociali e ambientali. I negoziatori europei non fanno una piega.
Tutto viene previsto nei dettagli. Per i liquori superalcolici va tolta dalle etichette la data di fabbricazione, di imbottigliamento e di scadenza. «Ridondante», evidentemente. Per le nuove autovetture gli europei vogliono che ci sia l'ultima versione del test Crashworthiness, cioè la capacità di un'autovettura di proteggere da un impatto i suoi occupanti. Gli americani vogliono la seconda versione, la terza costa troppo e gli americani sono *uncommitted* ("non disponibili") a introdurlo.
«Ridondanti» sono evidentemente anche le spiegazioni sulle etichette dei cosmetici, magari per dire se ci sono sostanze pericolose o se si fanno test sugli animali. «Gli Stati Uniti» si dice nel primo fascicolo che sfogliamo «non vogliono spingere le imprese in questa direzione.» Per l'uso dei coloranti, gli europei chiedono di rispettare le regole sanitarie. Gli americani rispondono: «Mandateci una relazione, la studieremo».
Continuiamo a sfogliare le carte. Il tempo passa. Il funzionario guarda l'orologio e alza il sopracciglio, mancano trenta minuti. Ci affrettiamo. Gli Stati Uniti vogliono pro-

cedure non vincolanti per tanti aspetti dell'accordo. Talvolta i negoziatori europei balbettano qualche obiezione, spesso accettano. Così per la questione dei diritti sulla proprietà intellettuale. «*Slow down*» dicono gli americani e gli europei rallentano.
In realtà a leggere il TTIP sembra che a guadagnarci non siano nemmeno gli americani (intesi come cittadini), ma le medie e grandi imprese e – soprattutto – le multinazionali. A rimetterci i consumatori (americani ed europei) e le piccole imprese (americane ed europee). Ancora non c'è niente di deciso, i negoziati sono in corso.
Quasi duecento pagine delle bozze degli accordi che leggiamo sono occupate dalla stime degli effetti presunti del TTIP sull'economia europea. Secondo le stime europee, il PIL UE avrebbe un aumento extra dello 0,5% l'anno, le esportazioni aumenterebbero dell'8,2 (e le importazioni del 7,4) e i salari dello 0,55%. Tra le righe ci dicono anche che la produzione europea di auto calerà del 3%, quella di acciaio del 2,5 e anche i produttori agricoli se la vedranno male.
Tutte stime per le quali non è fornito nelle carte del trattato alcun modello econometrico e di simulazione statistica credibile. Gli europei però sembrano ingoiare tutto: primato delle multinazionali sugli Stati, riduzione degli standard ambientali, meno tutele per i cittadini e meno sicurezza sui prodotti alimentari. Sono le 12.15. Il funzionario ci guarda accigliato. Le nostre due ore di trasparenza e di informazione le abbiamo avute. Mi accompagnano alla porta.

Ho voluto riportare questo racconto perché ritenevo fosse necessario sottolineare il *modus operandi* del sistema GangBank. Quando costoro decidono l'obiettivo da perseguire, non accettano nessuna interferenza. Amen per la democrazia, amen per le tutele costituzionali, amen per il confronto e la trasparenza. Qualcosa, però, a questo giro è andato storto: la segretezza si è trasformata in boomerang e il TTIP è diventato lo scalpo di una nuova coscienza. Qualcuno finalmente si è accorto che l'europeismo è l'"-ismo" dell'establishment, che non c'entra nulla con la retorica che ne ha accompagnato la costruzione. L'Unione Europea è lontana anni luce dal disegno dei suoi padri fondatori, è indorata di "generazione Erasmus", di "opportunità per crescere", di pacifismo a prescindere, di tante belle chiacchiere che sono state l'inganno parolaio per materializzare un altro progetto, nient'affatto politico ma di matrice massonica e affaristica: un progetto contro le democrazie, tanto che il vero *strike* neoliberista è appunto sulle Costituzioni.

Le cronache ci dicono che le trattative sul TTIP si sono fermate, arenate. Ma il suo demone resta vivo: ce lo riproporranno in una versione 2.0 o con un altro nome – come vedremo tra poco –, perché ci sono interessi troppo grandi e non saranno certo le proteste del popolo a fermarle.

E se riavvolgiamo il nastro, ci viene facile capirne il motivo. Più che la segretezza, sono stati i tempi a fregare il TTIP. I tempi si sono dilatati perché gli stessi portatori degli interessi rappresentati sono entrati in conflitto tra loro: in ogni giro di incontri qualcuno voleva alzare sempre più l'asticella, quasi a dire: «Visto che ci siamo, diamoci dentro una volta per tutte e tanti saluti ai consumatori». Questa bulimia ha inceppato il sistema, qualcuno ha cominciato a parlare e una volta fuori dal suo recinto la pallina è impazzita. Tanto che le opposizioni hanno preso corpo, hanno spinto per avere sempre più notizie e... e anche stavolta è bastata una corposa fuga di notizie (avvenuta per mano di Greenpeace, che ha ottenuto e pubblicato parti del TTIP) a bruciare un accordo che ormai le stesse multinazionali stavano abbandonando.

Attenzione al tempo del verbo: «stavano abbandonando». Già, perché a un altro tavolo era pronta una nuova bozza di accordo. Si chiama CETA ed è un accordo economico e commerciale globale tra Canada e Unione Europea. Il CETA è il cavallo di Troia del futuro TTIP. «The Guardian», in Gran Bretagna, lo scrive apertamente: «Le lobby non mollano mai. [...] Questo accordo permette a qualsiasi multinazionale attiva in Canada di fare causa a uno Stato davanti a un tribunale arbitrale. Il rischio è quello di smantellare le leggi che ci tutelano contro lo sfruttamento e di impedire ai parlamenti di legiferare». Questo nodo scorsoio era presente anche nel TTIP, che però non è passato. Poiché questo passaggio era e resta fondamentale per svuotare i tribunali nazionali a vantaggio delle multinazionali americane, il principio è stato fatto passare all'interno del CETA. E a nulla varranno le opposizioni dei parlamenti nazionali, quando anche a costoro sarà chiaro il meccanismo diabolico. Perciò è inutile fare le battaglie contro le élite, contro l'establishment, quando l'Europa ci frega e i nostri parlamentari fanno da palo, con in più un Europarlamento che non conta nulla essendo solo un passacarte, ovvero la foglia di fico di una democrazia denudata.

«Come il TTIP» prosegue il «Guardian» «anche il CETA usa una definizione molto ampia sia di investimenti sia di esportazione, per permettere alle multinazionali di fare causa a uno Stato quando ritengono che i loro "profitti futuri attesi" siano minacciati da nuove leggi.»

Il metodo del trattato internazionale ha questa potenza: supera le istituzioni, impone loro la ratifica e restringe il perimetro delle Costituzioni. Aggira le democrazie, ma poiché i cittadini ormai sono livorosi (per molti versi giustamente) verso istituzioni inefficienti, ecco che sono pronti a consegnarsi al peggiore dei lupi.

Le regole marchiate Unione Europea cui noi attribuiamo sempre e acriticamente una sacralità ottusa sono esse stesse il frutto malsano di questo sopruso. Giuseppe Guarino, insigne giurista, europeista convinto, ha parlato apertamente di disegno fraudolento riferendosi sia all'adozione dell'euro, sia al pareggio di bilancio, sia al fiscal compact. Ne ha criticato le basi giuridiche, si è limitato a quello, sottolineando come l'interesse di una tecnocrazia abbia umiliato quelle stesse regole che ora Bruxelles chiede di rispettare. In poche parole – è la tesi di Guarino – ci chiedono di rispettare delle regole che sono esse stesse *contra legem*. L'insigne giurista non si capacita di come la classe politica italiana non apra bocca e non reagisca, ma subisca lettere, richiami e minacce sanzionatorie. Né di come la pubblica opinione non si formi un'idea critica vera sebbene la crisi in atto in buona parte risenta dell'euroinganno.

Dopo aver letto il *Saggio di verità sull'Unione e sull'euro* di Guarino, l'economista statunitense James Kenneth Galbraith ha commentato così: «La tesi di Guarino, sintetizzata in una frase, è che l'Europa viola la legislazione comunitaria. Nella forma attuale, essa esiste al di fuori dell'inquadramento costituzionale dei trattati europei. Una situazione frutto di una sostanziale frode. L'euro, nato sotto false premesse, è di per sé una falsa entità». Avete capito? Stiamo subendo un vero e proprio colpo di Stato, ma non vogliamo aprire gli occhi né reagire.

«Ma allora perché il TTIP è saltato?» potreste domandarmi. Forse perché stavolta una reazione pubblica e politica ha dato i suoi risultati? Be', diciamo che la reazione pubblica in Italia è stata minima e solo l'attivismo del Movimento 5 Stelle, della Lega, di Fratelli d'Italia e di una parte della sinistra cosiddetta "antagonista" (penso a Paolo Ferrero) ha consentito di allargare un dibattito fino a quel punto appannaggio solo di movimenti "No TTIP" (a questo proposito cito il lavoro egregiamente svolto da Monica Di Sisto). Non c'era interesse a discuterne, a generare un movimento di idee e di opinioni. Quindi, fosse dipeso dalle critiche italiane, saremmo stati freschi.

In secondo luogo, è saltato perché i *player* interessati al

TTIP (le multinazionali, in poche parole) avevano capito che non avrebbero più cavato dalla miniera l'oro stimato. Infine, perché l'opinione pubblica poco alla volta ha avvertito un rischio reale e forte.

Come vi dicevo, è stata Greenpeace Olanda a sferrare l'ultimo colpo pubblicando duecentoquaranta pagine di documenti relativi alla trattativa e rinnovando così l'allarme sui pericoli per i consumatori delle due sponde dell'Atlantico. «Avevamo ragione: confermati rischi per clima, ambiente e sicurezza dei consumatori» ha accusato l'organizzazione ambientalista. «In quelle carte segrete c'erano per l'appunto minacce serissime alla salute dei consumatori, dei cittadini.» Un allarme analogo era partito anche dalla Coldiretti: «Il regolamento statunitense impone di mettere in etichetta i valori nutritivi ma non la provenienza. Né ci sarà scritto che quel pollo è stato lavato con il cloro utilizzato come antimicrobico. Una pratica abolita in Europa dal 1996 perché ritenuta dannosa per la salute ma consentita invece dalla legge americana». In poche parole, la paura è che in Europa cadano le tutele contro OGM e carne trattata con ormoni, e passi in secondo piano anche la protezione dell'ambiente. Dalle carte, inoltre, emerge uno scontro frontale tra Stati Uniti e Unione Europea sulla difesa della denominazione originale dei vini europei. In particolare, da parte della UE, si ribadisce che il Trattato Transatlantico dovrà includere le regole complessive vigenti sui vini, in modo da escludere che un produttore americano possa usare a piacimento le diciassette denominazioni di vini UE. Gli Stati Uniti, invece, hanno ribadito il loro fermo dissenso, rifiutando la richiesta UE concernente il divieto di utilizzo delle denominazioni "semigeneriche" dei vini europei, ad esempio quelle degli italiani Chianti e Marsala, del greco Retzina, del portoghese Madeira e dei francesi Chablis e Champagne.

Capite che razza di accordo stavano scrivendo? Be', la gente stavolta ha attribuito una dimensione pratica alla parola "trattati", gli ha preso finalmente le misure. Finché si è trattato di rapporti deficit/PIL, fiscal compact, pareggio di bilancio, trattato di Lisbona, trattato di Basilea, meccanismo di stabilità ecc., ha accettato passivamente quel "ce lo chiede l'Europa" e ha lasciato fare. Però, non appena gli stessi soggetti che stanno svuotando la democrazia, che stanno aggredendo le Costituzioni nazionali, che ci stanno impoverendo, sono entrati nelle nostre cucine, allora a tutti è stato chiaro cosa fosse il TTIP. Tutti hanno capito che le multinazionali del *food* e quelle dell'industria chimica avrebbero portato sulle nostre tavole prodotti tossici, nocivi, con la scusa del *low price*, cioè del basso costo e dell'"apertura dei mercati" (secondo la solita formula magica). Stavolta il meccanismo della globalizzazione è impazzito e ha fatto saltare tutto ciò che stava nascosto in esso (e che al sistema GangBank però interessava maggiormente): vale a dire il superamento dei parlamenti nazionali e del loro sistema della giustizia a favore degli arbitrati, e la grande liberalizzazione dei servizi. Privatizzazione dell'acqua compresa.

Greenpeace ha messo in evidenza i punti più sensibili: «Il principio di precauzione, inglobato nel Trattato UE, non è menzionato nei capitoli sulla "Cooperazione Regolatoria", né in nessuno degli altri dodici capitoli ottenuti. Invece la richiesta USA di un approccio "basato sui rischi" che si propone di gestire le sostanze pericolose piuttosto che evitarle è evidente in vari capitoli». Il principio di precauzione vigente in Europa prevede che, prima di vendere un prodotto, l'azienda debba provare l'assenza di rischi. Negli USA, invece, vale il principio dell'evidenza scientifica: il prodotto può essere venduto senza problemi fino a quando qualcuno, a proprie spese, non fornisca la dimostrazione scientifica della sua nocività.

Ora, provate a pensare alle tutele previste dalla nostra Costituzione. E poi provate a immaginare il danno economico che le aziende del comparto agroalimentare avrebbero subìto. E poi ancora provate a riflettere sulla filiera di qualità che ci sta premiando sui mercati mondiali. Bene, l'Europa e la nostra classe dirigente ci stavano svendendo agli interessi delle multinazionali. Segretamente. In silenzio. Esattamente come sta avvenendo nel mondo GangBank, dove il tecnicismo finanziario ha creato una nuova casta di potenti dei. Il TTIP è stato fermato dalle massaie, che per nessun motivo al mondo metterebbero in tavola un pollo lavato con il cloro o una carne gonfiata di ormoni. Perché invece, domando, i nostri imprenditori si sono fatti fregare in questi decenni dalle bugie e dagli inganni delle sirene europeiste? Perché non hanno capito la bugia del debito pubblico, dei derivati, del pareggio di bilancio, dell'austerity? La massaia, il cibo drogato, lo ha respinto; Confindustria e compagnia varia, invece, si inginocchiano davanti a Monti, a Napolitano, a Draghi, a Renzi. E lo fanno per banchettare con le briciole, perché costoro non hanno capito che nel mercato globale sono destinati a essere schiacciati. Non sarà certo con Calenda che si salveranno.

Il TTIP è stato fermato, ma il suo veleno non si fermerà. Le logiche che lo hanno ispirato andranno avanti come un bulldozer. C'è troppo da fare e l'esercito di consulenti, dirigenti, politici, giornalisti e banchieri è pronto a ubbidire a suon di "Signorsì, ce lo chiede l'Europa".

Completare l'Unione economica e monetaria dell'Europa è la road map tuttora valida. Ed è anche il titolo di un documento stilato da Juncker in collaborazione con i falchi europeisti e pubblicato il 22 giugno 2015. Leggerlo è importante per capire quanto la retorica si scontri con la realtà. Ne riporterò alcuni stralci e mi permetterò qualche breve commento a margine. Mentre leggete, per favore, ricordatevi delle critiche mosse dagli economisti all'impianto dell'eurozona, allineate quelle parole alle vostre storie aziendali, tenete a mente le promesse miracolistiche dei vari Prodi, Amato, Ciampi, Napolitano... Infine ricordatevi che il relatore è lo stesso che, a capo del governo lussemburghese, attirava multinazionali con profonde agevolazioni fiscali, ovvero con pratiche smaccatamente sleali nei confronti dei suoi stessi alleati UE, privando questi ultimi di fiumi di risorse.

Bene, se tutto questo vi è chiaro, maestro Juncker, attacchi pure con la sua musica.

«L'euro è una moneta stabile e di successo. [...] Ha garantito ai suoi membri la stabilità dei prezzi e li ha protetti contro l'instabilità esterna.» Sostenere che una moneta è di successo significa sostenere tutto e niente: una moneta di per sé non vale nulla, se non si innesta sulle fondamenta di politiche comuni e condivise di una comunità culturalmente armoniosa. Parliamo di un insieme di politiche fiscali, economiche, industriali, sociali, del lavoro e dei diritti a cui una politica monetaria – che deve essere anch'essa comune, condivisa e necessariamente sovrana, ovvero guidata da uno Stato sovrano riconosciuto dai propri cittadini – deve essere funzionale anziché sovrastante. Il fatto che l'eurozona faccia coincidere la sua moneta con la politica, o che addirittura la stessa moneta sovrasti la politica, è già di per sé il peccato originale.

Ora, vi chiederete: dove sta scritto che l'euro coincida con l'Europa? Sentiamo ancora Juncker: «L'euro è più di una semplice valuta. È un progetto politico ed economico. Tutti i membri della nostra Unione monetaria hanno rinunciato definitivamente alle loro precedenti valute nazionali per condividere permanentemente la sovranità monetaria con gli altri paesi della zona euro. In cambio, essi ottengono i benefici derivanti dall'utilizzo di una moneta stabile e credibile in un mercato unico, vasto, competitivo e potente». Lo dicono loro. Ne sono convinti. Pertanto, quando vi dicono che ci vuole più Europa politica, stanno parlando al vento: per costoro la politica non è nient'altro che un autobus dove far salire i lobbisti del neoliberismo; e, sempre per costoro, l'europeismo coincide con un artificio monetario chiamato euro. E i lobbisti sono sempre gli stessi del TTIP, sono gli stessi che ci propinano il pareggio di bilancio, le politiche di restrizione e di austerità passando per quella che è la vera "Kasta" da smascherare, lautamente retribuita e che protegge se stessa: l'eurotecnocrazia di gente come Dijsselbloem, giusto per citarne uno fra i tanti, che nessuno conosce e che pure ha contribuito a massacrare la Grecia. Sono gli stessi discepoli delle merchant bank. Ecco perché Guarino non è mai stato smentito nella sua tesi di fondo, cioè che l'Europa sta galleggiando su un meschino equivoco, su un meccanismo proprio della pirateria e non della democrazia. Siamo arrivati alle monarchie assolute 2.0, dove le dinastie sono le élite che ogni anno presenziano al World Economic Forum di Davos. Sono le stesse élite che hanno provocato le crisi per riempire ancora di più i loro forzieri. Il paradosso – e qui i cittadini sono responsabili della sua reiterazione, nel senso che non fanno nulla per fermarlo – è che la classe politica si accredita presso costoro per farsi dare le ricette risolutive della crisi. Cercano dai responsabili della crisi la via d'uscita dalla crisi! Assurdo.

Juncker, nella sua relazione, scrive ancora che «a breve termine la condivisione dei rischi [della crisi, N.d.A.] può essere realizzata mediante l'integrazione dei mercati finanziari e dei capitali [...]. Occorrono progressi su quattro fronti: in primo luogo, verso un'Unione economica autentica che assicuri che ciascuna economia abbia le caratteristiche strutturali per prosperare nell'Unione monetaria. In secondo luogo, verso un'Unione finanziaria che garantisca l'integrità della nostra moneta in tutta l'Unione monetaria e accresca la condivisione dei rischi con il settore privato. Ciò significa completare l'Unione bancaria e accelerare l'Unione dei mercati dei capitali. In terzo luogo, verso un'Unione di bilancio che garantisca sia la sostenibilità che la stabilizzazione del bilancio. E, infine, verso un'Unione politica che ponga le basi di tutto ciò che precede attraverso un autentico controllo democratico, la legittimità e il rafforzamento istituzionale».

Insomma, le cause della crisi andrebbero rafforzate. Poi si fanno dibattiti sul perché vince Trump, la Gran Bretagna se n'è andata e il cosiddetto populismo (che invece è il realismo della ragione) trionfa. Forse che il tema del lavoro torna a essere la questione politica numero uno?

Allora la domanda è: quando i tecnocrati europei parlano di obiettivo «piena occupazione», cosa intendono? Intendono un parametro, non un obiettivo politico. Mi spiego: nei trattati il lavoro diventa un valore subordinato e compatibile con la stabilità dei prezzi. Il lavoro è dunque una variabile di mercato, non una questione sociale. Per questo le riforme invocate da GangBank e fatte proprie da Bruxelles non producono veri posti di lavoro con salari adeguati, ma contratti light e retribuzioni "purché sia". Il Trattato sull'Unione Europea stabilisce infatti che la piena occupazione può realizzarsi secondo gli scopi fondamentali e irrinunciabili del mercato unico.

Chiudo con il loro ultimo auspicio: «Affinché la zona euro possa evolvere progressivamente verso un'autentica Unione economica e monetaria, occorrerà passare da un sistema basato su norme e orientamenti per l'elaborazione delle politiche economiche nazionali a un sistema di condivisione ulteriore della sovranità nell'ambito di istituzioni comuni, la maggior parte delle quali già esistono e possono progressivamente svolgere questo compito. In pratica, ciò implicherebbe che gli Stati membri siano disposti ad accettare in misura crescente decisioni congiunte su elementi delle politiche economiche e di bilancio nazionali».

Tradotto: il mondo deve andare verso una *one size*, una taglia unica che peraltro si basa su premesse meramente economico-finanziarie. È il peggio della globalizzazione: è la standardizzazione. Secondo loro, quegli Stati nazionali cui i popoli stanno rimettendo le chiavi della democrazia dovrebbero, per osmosi, scomparire. Per entrare nell'euro. Nel paese dei balocchi.

6

Stato svendesi al peggior offerente

Manca il lavoro? L'economia non cresce? Le aziende chiudono? Le tasse non calano? Non c'è la ricchezza promessa?

Loro ti rispondono sempre così: «Il mercato non è abbastanza libero. C'è ancora troppo Stato. E lo Stato è inefficiente e ladro». Poi però, coloro che dicono che lo Stato è ladro sono i compari dei politici con cui apparecchiano la tavola delle liberalizzazioni e delle privatizzazioni. La loro ricetta è semplice: tagliare, vendere e guadagnare alle nostre spalle. Spiegarlo con le parole dell'economista liberista Milton Friedman suona più elegante, più chic: se l'economia non cresce, occorre incentivare la *deregulation*, privatizzare e ridurre le spese sociali. Seguendo queste ricette la politica ha perso il suo senso e si è lasciata corrompere dal neoliberismo, ha ubbidito.

C'è un motivo per cui ciò è accaduto: in tutto il mondo, gli uomini del sistema GangBank si sono cambiati d'abito passando dal sistema finanziario alle istituzioni politiche e viceversa. Negli anni in cui usavano l'Europa e la globalizzazione come cavallo di Troia per mutilare la sovranità degli Stati, riscrivere le Costituzioni e riformare ciò che serviva loro, questo sistema di *sliding doors* è diventato la prassi. Dell'ex presidente della Commissione europea José Manuel Barroso oggi in Goldman Sachs si è detto abbondantemente. Ma non è certo l'unico caso. Un altro ha a che fare direttamente con la crisi greca. Lucas Papademos fu governatore della Banca Centrale greca dal 1994 al 2002 e a questo titolo ha svolto un ruolo poco chiaro nel mascheramento dei conti pubblici compiuto dal governo ellenico con l'aiuto di Goldman Sachs. Quando il trucco venne scoperto, causando il crollo finanziario del paese, Papademos fu chiamato a riparare i danni su cui precedentemente aveva chiuso gli occhi: nel 2011 viene nominato primo ministro. Ebbene, il suo principale collaboratore, con il ruolo di amministratore del debito pubblico greco fu Petros Christodoulou, ex trader della banca americana a Londra.

Anche in Italia la schiera dei rigoristi era ben nutrita. «I debiti si pagano» si permetteva di dire qualche "vispa Teresa" del governo di Roma, riferendosi alla volontà di Atene di respingere le condizioni imposte dalla troika. Una volta me lo dissero anche in televisione. Risposi: «Avete ragione, i debiti si pagano». L'altro sorrise soddisfatto perché si aspettava la mia difesa a oltranza delle ragioni greche contro l'Europa, e così abbassò la guardia. «Quindi iniziate a saldare tutti i debiti che la pubblica amministrazione ha nei confronti delle imprese italiane! Tutti. Adesso. Esattamente come tutto e subito state chiedendo alla Grecia.» Balbettò qualcosa e rimase abbacchiato tutto il resto della puntata. Perché questi professorini sono fatti così. Finché si trovano davanti giornalisti mainstream tutto bene, appena uno cambia la prospettiva scompaiono.

Anche Matteo Renzi sulla Grecia faceva il bullo: «Una cosa è chiedere flessibilità nel rispetto delle regole. Un'altra è pensare di essere il più furbo di tutti, essere cioè quello che le regole non le rispetta». Così rispondeva il 30 giugno 2015 al direttore de «Il Sole 24 Ore» in una lunga intervista dove rompeva con il premier ellenico antiausterity Tsipras e abbracciava il rigore della Merkel. «Il punto è che la Grecia può ottenere condizioni diverse ma deve rispettare le regole. Altrimenti non c'è più una comunità. Scusi, noi abbiamo fatto la riforma delle pensioni: ma non è che abbiamo tolto le baby pensioni agli italiani per lasciarle ai greci, eh! Noi abbiamo fatto la riforma del lavoro, ma non è che con i nostri soldi alcuni armatori greci possono continuare a non pagare le tasse. Potrei continuare.»

Le regole vanno rispettate sempre o solo quando conviene? Le tasse degli armatori greci valgono o no quanto le tasse che le multinazionali dovrebbero pagare in Italia? Perché, a quanto mi risulta, parecchi colossi eludono il fisco o transano con l'Agenzia delle Entrate con notevoli sconti.

Insomma, le famose regole di Renzi sono opinioni. Le uniche regole che non si sgarrano sono quelle del sistema GangBank, in nome del quale è stata barattata, svenduta e umiliata la democrazia. Anche ad Atene, dove il voto del referendum con cui i greci bocciavano le ricette dell'austerity europea è stato stravolto dalle politiche di Tsipras (tanto che il suo ministro dell'Economia Varoufakis fu costretto a dimettersi), il quale ora dovrà rivedere un'altra volta i conti pubblici con la troika.

Il sistema di porte girevoli, vi raccontavo. Ora vi faccio l'elenco di alcuni uomini delle istituzioni, italiani, che hanno imboccato le porte girevoli di cui sopra.

Giuliano Amato è stato dal 2010 uno dei maggiori consulenti in Italia di Deutsche Bank. Se la parola "consulente" ha ancora un senso, significa che l'uomo in lizza per il ruolo di presidente della Repubblica italiana "consigliava" – in quanto consulente, appunto – una banca tedesca affinché facesse al meglio i propri interessi.

Di *Mario Monti* abbiamo detto prima: Trilateral, Bilderberg, Goldman Sachs.

Romano Prodi, ex presidente del Consiglio italiano ed ex presidente della Commissione europea, ha avuto rapporti di consulenza con Goldman Sachs dal 1990 al 1993.

Anche *Gianni Letta*, ex sottosegretario alla presidenza del

Consiglio dei ministri con Berlusconi, è stato consulente di Goldman Sachs per un paio d'anni: 2007-2008.

Domenico Siniscalco, dopo l'esperienza al ministero dell'Economia, prima come direttore generale del Tesoro e poi come ministro, diventa *managing director* e vicepresidente di Morgan Stanley International. Nel dicembre del 2007, sempre per Morgan Stanley, assume la carica di *country head* per l'Italia. Lo abbiamo incontrato nella vicenda dei derivati. Tanto per gradire vi dico anche che è stato presidente di Assogestioni, l'associazione italiana del risparmio gestito.

Dopo Siniscalco, al ministero torna *Giulio Tremonti* (presidente di Aspen Institute Italia, cosa che nel suo curriculum omette: chissà perché...) fino a quando arrivano i tecnici di Mario Monti e all'Economia (dopo un lungo *interim* dello stesso Monti: una concentrazione di poteri straordinaria e inconsueta; ma agli uomini del sistema neoliberista è concesso tutto senza che i giornali battano ciglio) approda *Vittorio Grilli*, prima come viceministro e poi come ministro. Anche Grilli, come Siniscalco, arriva al ministero direttamente dalla direzione generale del Tesoro. E cosa fa Grilli quando smette i panni di superministro dell'Economia? Diventa presidente del Corporate & Investment Bank per l'area Europa, Medio Oriente e Africa della banca d'affari americana J.P.Morgan, presieduta da quel Jamie Dimon che andò a pranzo con Matteo Renzi per decidere il futuro di MPS.

Massimo Tononi è stato fino a pochi mesi fa ai vertici della banca senese (se n'è andato proprio in contrasto con le decisioni prese dal governo sul nuovo management di MPS, forse frutto anche di quel pranzo). Ma è stato anche sottosegretario dell'Economia tra il 2006 e il 2008 (governo Prodi) subito dopo una lunga esperienza a... Goldman Sachs.

Sempre in Goldman Sachs (con incarichi di grande responsabilità) è stato anche *Claudio Costamagna*, l'attuale presidente della potente (qualcuno la definisce la nuova IRI) Cassa Depositi e Prestiti.

Lascio per ultimo *Mario Draghi*. Perché ci consente di entrare nel vivo della questione che tratteremo adesso: le privatizzazioni. Ecco dove ha lavorato l'attuale "salvatore dell'euro e dell'Europa". Dal 1991 al 2001 è direttore generale del Tesoro, dopo aver ricoperto a lungo l'incarico di direttore esecutivo della Banca Mondiale (1984-1990). Esce dalla direzione generale del Tesoro (lo sostituirà Siniscalco, come abbiamo visto) e il 28 gennaio 2002 entra subito in Goldman Sachs International come *vice chairman* e *managing director*. Ci resterà fino al 2005. Il 29 dicembre di quell'anno, Mario Draghi sostituisce alla Banca d'Italia Antonio Fazio, su cui si era abbattuto lo scandalo Bancopoli (nessuno però trova inopportune le *sliding doors* di Draghi). Il 1° novembre 2011 viene nominato presidente della Banca Centrale Europea. Una bella carriera dove nulla è mai... fuori posto.

Oltre ai loro rapporti professionali con le banche d'affari americane qual è il comune denominatore nei curricula di questi uomini di potere impegnati nelle istituzioni economico-finanziarie? La passione smodata per le privatizzazioni. Una delle parole magiche del vocabolario neoliberista.

Per capire cosa si nasconde dietro le mitizzate liberalizzazioni e privatizzazioni, che secondo il pensiero mainstream sarebbero la soluzione a tutti i mali del mondo, bisogna uscire dall'inganno delle parole accattivanti e interpretare gli abusi lessicali del neoliberismo.

Innanzitutto, è necessario smarcarsi dall'abuso della parola "libertà", che fa da base semantica ai profeti neoliberisti. Le teorie di Friedman e del suo maestro, il filosofo austriaco Friedrich von Hayek, si basano su concetti di principio anche condivisibili: «*A society that puts equality before freedom will get neither. A society that puts freedom before equality will get a high degree of both*»; «Una società che mette l'uguaglianza dinnanzi alla libertà non otterrà né l'una né l'altra. Una società che mette la libertà davanti all'uguaglianza trarrà un elevato grado di entrambe».

Il corso degli eventi non ha tenuto fede al principio di fondo: i signori del liberismo si sono avventati come lupi sulle prede lasciate sguarnite da una classe politica complice. Nel mondo decine di milioni di persone sono state di fatto spogliate dei loro diritti e dei loro beni materiali, intesi sia come beni collettivi (welfare, servizi pubblici) sia come proprietà, a cominciare dalla casa.

Le cosiddette privatizzazioni dei servizi pubblici, venduteci dal pensiero mainstream come mezzi indispensabili per raggiungere la libertà economica che porta efficienza, prezzi competitivi e vantaggi per tutti, hanno prodotto effetti molto diversi da quelli propagandati. John Perkins oggi è un apprezzato economista, prima però lavorò come economista capo in una multinazionale; in un libro autobiografico dal titolo esemplicativo – *Confessioni di un sicario dell'economia* – ha svelato il sistema GangBank, cioè i meccanismi di corruzione e collusione intrattenuti dagli Stati Uniti con banche, grandi aziende e governi di vari paesi nel mondo. Egli scrive: «Costruire l'impero è ciò che noi sicari dell'economia sappiamo fare meglio. Siamo una élite di persone che utilizza le organizzazioni della finanza internazionale per creare le condizioni affinché altri paesi si sottomettano all'intreccio di potere tra le nostre corporation, il nostro governo e le nostre grandi banche. Come i loro omologhi della mafia, i sicari dell'economia distribuiscono favori. Questi assumono la forma di prestiti per lo sviluppo di infrastrutture: centrali elettriche, autostrade, porti, aeroporti o poli industriali. Una condizione di questi prestiti è che a costruire siano sempre le imprese del sistema o che le ricchezze siano svendute per creare profitto per pochi». Questa è la filosofia che un insider ha avuto il coraggio di svelare. Altro che benessere in nome delle libertà e del libero mercato.

Torniamo alle cose di casa nostra. In questo capitolo forniremo molti esempi e analizzeremo diversi casi in cui soggetti privati di varia natura hanno tratto un vantaggio particolare da beni precedentemente collettivi. A spese della comunità e fallendo gli obiettivi annunciati, cioè la competitività dei prezzi e la qualità del servizio. Prima, però, per scardinare fin da subito il dogma secondo cui i servizi pubblici sono meglio gestiti da mani private, abbozziamo qualche approfondimento linguistico. In latino, l'aggettivo *publicus* può voler dire, oltre che "pubblico" e "dello Stato" in senso stretto, anche "notorio", "manifesto", "aperto" (per estensione "trasparente"), "di tutti". Per contro, l'aggettivo italiano "privato" deriva dal verbo "privare" ed è quindi relativo alla "privazione" di qualcosa a inevitabile detrimento di qualcuno, all'esclusione di una parte per favorirne un'altra. E ancora: ciò che è privato è notoriamente riservato, occulto, segreto. Di più. Un servizio pubblico gestito da privati è una contraddizione in termini. Rendere privato il servizio pubblico è un ossimoro.

Il vero significato della privatizzazione dei servizi pubblici sta nell'effetto finale dell'azione stessa, sintetizzabile in espressioni un po' crude ma chiarificatrici come: «Ti scippo ciò che è tuo, ovvero della collettività, e poi ti massacro di tariffe», oppure: «Mi prendo quasi gratis i beni, i servizi e le infrastrutture che tu, tuo padre e tuo nonno avete contribuito a realizzare con il vostro lavoro e le vostre tasse, e poi mi siedo alla cassa a ingrassarmi», o anche: «Mi approprio di un bene o di uno spazio pubblico e ne faccio il mio feudo. Chi vuole passare o chi vuole farne uso mi deve pagare».

La proprietà privata individuale è certamente sacra e noi ne siamo i primi alfieri, ma in una comunità (piccola o grande che sia) i beni collettivi vanno condivisi e tutelati, perché danno senso alla comunità stessa. Come afferma, ancora una volta, la Costituzione.

La deriva neoliberista e l'assalto al patrimonio collettivo, incluso quello che ci ha fornito madre natura (l'acqua e il suolo), in Italia hanno radici relativamente lontane. Il pressing funzionale all'appropriazione di infrastrutture, servizi, aziende di Stato, beni comuni e reti pubbliche da parte del GangBank non è roba di oggi. La storia parte sì dal Prodi degli anni Ottanta e dallo smantellamento dell'IRI, ma ha il suo vero epicentro, diremmo il suo vero peccato originale, nel *Britannia* del 1992.

Tutto inizia su una nave: il Royal Yacht *Britannia*, appunto, ormeggiato in rada tra Civitavecchia e l'Argentario. Questo panfilo, di proprietà della regina Elisabetta II, era stato affittato per l'occasione a un centinaio di banchieri. Tra cui manager di Goldman Sachs, Barclays e lo speculatore George Soros. In mezza giornata si posero le basi affinché gli astanti Carlo Azeglio Ciampi, a quei tempi capo del Governo, e l'allora direttore generale del Tesoro Mario Draghi avviassero la privatizzazione delle aziende di Stato, dei beni comuni e delle banche pubbliche. Chiaro, non ci fu il tempo materiale per discutere i dettagli di tutte le operazioni, ci mancherebbe, ma indubbiamente il nucleo della questione fu evidente fin da subito: sul *Britannia* si diede il segnale di "semaforo verde".

La SIP, la società pubblica dei telefoni, che diventa Telecom si può far risalire a quell'episodio. Un'azienda che dapprima fu spolpata dai nostri "capitani coraggiosi" (così nel 1999 l'allora presidente del Consiglio D'Alema appellò Roberto Colaninno che scalava con soldi non suoi la Telecom), poi venne indebitata fino al collo, e passò più volte di mano per finire in ultimo agli stranieri. Il "la" per la privatizzazione di Eni, delle Poste, della Comit, la più importante banca pubblica italiana, e poi degli elettrodotti, dei gasdotti e di tutti i servizi pubblici venne intonato simbolicamente lì, in mare aperto, lontano dagli occhi del pubblico, quasi clandestinamente. I beni della collettività, cresciuti con il lavoro degli italiani e con le loro tasse, sarebbero dunque stati destinati alle mani dei privati. In moltissimi casi a mani straniere, come vedremo più avanti. Era il 2 giugno, festa della Repubblica: più insolenti e beffardi non potevano essere.

Perfino la fortuna di Benetton con le autostrade è parente delle logiche tecnocratico-politico-affaristiche del *Britannia*. La concessione di tremila chilometri di rete autostradale alla famiglia Benetton fu un vero e proprio *cadeau*. Facendo un paio di conti e utilizzando i costi di costruzione disponibili in letteratura (da 25 a 50 milioni al km), quei tremila chilometri valgono non meno di 75 miliardi, ma più verosimilmente 150 miliardi tutto compreso. Ebbene, questo patrimonio da capogiro di una struttura pubblica è stato dato in gestione a un privato, sostanzialmente senza considerevoli contropartite se non l'impegno a provvedere ai lavori di manutenzione e ammodernamento delle tratte. I pedaggi di cittadini, lavoratori e imprese oggi garantiscono 3,7 miliardi di ricavi annui alla concessionaria, con margini operativi del 44% sul conto economico del 2015, che uniti al 25% di utile netto sui ricavi fanno una fortuna che neanche le aziende del lusso... Per non parlare delle società industriali, che certi margini se li sognano proprio.

Fra le tre componenti che formano gli importi dei pedaggi concordati tra governo e Autostrade per l'Italia, abbiamo: 1) il valore dell'infrastruttura già esistente e già pagata dai contribuenti; 2) le spese di manutenzione; 3) una formula arbitraria e poco chiara che richiama agli investimenti. Non bastasse, si aggiunge l'inflazione, arrotondandola spregiudicatamente per eccesso. Infatti (dati Federconsumatori), l'aumento dei pedaggi medi nazionali nel decennio tra il 2006 e il 2016 è stato complessivamente del +42,6% a fronte di un'inflazione del +15,1%.

Non è tutto. Siccome alla generosità verso i ricchi non c'è limite, la collettività versa a Luciano Benetton anche tremila euro al mese di vitalizio per i suoi due anni scarsi come parlamentare eletto nel Partito repubblicano italiano. Ovviamente sarebbe solo ingeneroso e pretenzioso pensare che in Parlamento abbia tessuto quelle relazioni politiche utili alla stagione delle privatizzazioni. Benetton è Benetton, no?

Per ricapitolare, la famiglia Benetton controlla quasi il 50% della nostra rete autostradale. Avete letto bene: la nostra. Quella costruita dalla fine degli anni Cinquanta e soprattutto tra gli anni Sessanta e Settanta con risorse pubbliche e con il lavoro dei cittadini alla faccia del solito dogma dell'inefficienza statale con cui ci bombardano i neoliberisti, il GangBank e i commentatori amici degli amici. Le autostrade costruite dallo Stato e dall'IRI sono sotto gli occhi di tutti: gli investimenti per la loro costruzione grazie ai nostri pedaggi furono recuperati completamente già negli anni Novanta. E allora perché concederle praticamente gratis a un privato, proprio negli anni Novanta, con concessioni quarantennali e che saranno probabilmente estese fino al 2045?

Ragazzi, a parte la Francia, l'Italia autostradale dei Benetton, dei Gavio (il cui gruppo controlla quasi 1.500 chilometri dei circa 6.700 complessivi della nostra rete) e degli altri concessionari è il paese più caro d'Europa. Da noi i pedaggi garantiscono mediamente 841.000 euro di ricavi al chilometro, quasi il doppio della Spagna (477.000 euro al km), quasi il triplo della Grecia (311.000 euro al km) e infinitamente più che in Germania, dove i pedaggi valgono zero. In terra tedesca, nessuno specula su ciò che è pubblico ed è stato già pagato.

Tirando le somme, si può dire che il governo ha affidato ai Benetton per quarant'anni, senza gara e senza concorrenza, un controvalore infrastrutturale stimabile in 75-150 miliardi di euro finanziato con i soldi nostri, dei nostri padri e dei nostri nonni. Per capire di che regalo si tratta vi diciamo che se fosse toccato al signor Benetton costruire direttamente queste autostrade, pagandole di tasca propria, avrebbe dovuto sborsare – nel caso di un piano di ammortamento di durata quarantennale – 3,7 miliardi l'anno. Ergo non dovremmo essere noi a pagare il pedaggio ma...

Invece i 3,7 miliardi all'anno Benetton li riscuote come pedaggi, rendite di posizione in regime di monopolio su un'infrastruttura non sua, che come tutte le reti fisiche assegnate a mani private diventa una specie di feudo. E cosa fa Autostrade per l'Italia per meritarsi la pagnotta? Nero su bianco, dal 1997 a tutto il 2015 ci sono solo 21 miliardi di investimenti (complessivi, tra quelli effettuati e quelli pianificati) per manutenzioni, ammodernamenti e ampliamenti. Questa cifra è pari soltanto al 14% del valore infrastrutturale stimato.

Come tutte le risme di "imprenditori liberalizzatori" (*multiutility*, grandi reti ecc.) anche i gestori autostradali si finanziano per lo più a debito, specie attraverso obbligazioni e prestiti bancari. A ciò si aggiunga che in un regime tariffario non si capisce dove stia il rischio di impresa; e allora ha ragione mio nonno quando dice che «a fare l'imprenditore così sono capace anch'io». Già, ma mio nonno non ha una rete di relazioni così potente.

E che dire della fortuna delle banche accompagnata dalle disgrazie di correntisti, risparmiatori e contribuenti? Nel corso del tempo, già dagli anni Ottanta e fino ai Novanta, Comit, Credit, le Casse di Risparmio, le popolari, BNL, San Paolo, Banco di Roma e chi più ne ha più ne metta: privatizzate per cosa? Abbiamo visto i danni che ha fatto il sistema bancario, a cominciare da Monte dei Paschi di Siena: un gorgo di clientelismo che è costato la bellezza di tre salvataggi. L'ultimo in ordine di cronaca, ovviamente a spese dei contribuenti, al modico prezzo di 20 miliardi di euro, somma stanziata da

Padoan per coprire il cumulo dei danni procurati dalla mala gestione delle banche italiane nel solo 2016. Venti miliardi a debito: soldi che non abbiamo e che – come se non l'avessimo già detto abbastanza – in assenza di una nostra indipendenza monetaria ci condannano alla schiavitù eterna. Sotto il giogo del GangBank tocca sempre a noi dover mettere le pezze. E ogni volta che emettiamo debito pubblico, le banche fanno profitti privati maturandoli in commissioni.

Infatti le banche straniere (ben diciassette su venti nel 2015, tra cui J.P.Morgan in *pole position*) e le banche italiane (solo tre nel 2015, tra cui la stessa inguaiata MPS) sono storici gestori specializzati dei nostri titoli di Stato. Praticamente organizzano aste e collocamenti prendendosi fior di commissioni. Capito? Non solo il sistema ci tiene per il collo, ma più noi emettiamo debito più loro incassano. Come se la presa in giro non bastasse, MPS è stata la più attiva per ben due anni di fila. Già, il Monte dei Paschi di Siena, l'istituto peggio governato degli ultimi decenni, è – tenetevi forte – il primo gestore del nostro debito pubblico. Primo in classifica per due anni di fila: nel 2014 e nel 2015, con diploma in carta filigranata emesso dal ministero dell'Economia. Lo dicono i protocolli del ministero del Tesoro.

Persino la Banca d'Italia è privata, come abbiamo già visto. La nostra Banca Centrale, quella che dovrebbe essere dello Stato, quella che custodisce le nostre riserve di duemilatrecento tonnellate d'oro (di chi sono adesso?), quella che dovrebbe controllare la nostra politica monetaria e che invece per effetto delle eurofollie di Maastricht, Francoforte e Bruxelles non può più farlo. La Banca d'Italia è PRI-VA-TA. Lo svelò un articoletto di «Famiglia Cristiana», passato alla storia.

La svendita dell'Italia passò (e tuttora passa) per i nomi dei santoni intoccabili. Degli insospettabili. Dei tecnocrati di ieri e di oggi del sistema GangBank riunitosi clandestinamente sul *Britannia*. E dei politici di ieri e di oggi, dei politici delle *sliding doors*, dei convinti europeisti o neoliberisti. Sono gli Amato, i Prodi, i Draghi, i Ciampi, i Monti, i Padoan, i Renzi. Tutta questa gente ci ha tenuto (e ci tiene tuttora) in fibrillazione, a periodi alterni, dal 1992 ai giorni nostri, assecondando – anche non consapevolmente – gli stati di crisi procurati artificialmente dalle banche internazionali.

Apro una parentesi. A proposito di tali gigantesche crisi Michail Gorbacëv in un'intervista al «Guardian» nell'aprile 2016 raccontò che «losche strutture finanziarie hanno vissuto di crisi artificiali create in tutto il mondo, così come talune organizzazioni criminali di proporzioni globali», crisi capaci di «gonfiare una bolla finanziaria dopo l'altra guadagnando miliardi dal nulla». Gorbacëv aggiunse che ci sono «organizzazioni criminali che si trovano a proprio agio nel mondo globalizzato. Fra loro: trafficanti d'armi, narcotrafficanti, trafficanti di esseri umani, pirati informatici e naturalmente terroristi». Chiusa parentesi.

Prede del neoliberismo sono anche i nostri gioielli di Stato svenduti per quattro soldi, il nostro debito pubblico che passa di mano per due lire (dalle nostre mani a quelle delle banche internazionali che ora ci ricattano), e infine i nostri beni comuni. Da quel 2 giugno 1992 sul *Britannia*, è tutto un piovere di manovre "lacrime e sangue" (Amato, Monti, Letta), prelievi forzosi (il 6‰ *una tantum* di Amato), prelievi forzosi permanenti (le imposte di bollo e il 2‰ annuale di Monti da qui all'eternità), eurotasse (Prodi), eurotasse mascherate nei fondi salva Stati (Monti). Risultati? Una moneta che è una gabbia, lo svuotamento della Banca d'Italia, l'annullamento dell'equilibrio sociale, una povertà dilagante per undici milioni di persone, le crisi permanenti e i fallimenti bancari, con truffe eseguite a norma di legge contro centinaia di migliaia di risparmiatori.

GangBank si è mossa usando il glossario ingannevole di un

mercato amico dei cittadini, dei consumatori, di una flessibilità che avrebbe assicurato lavoro e remunerazione. GangBank si presentava con la faccia pulita, «per aumentare la competitività e l'efficienza», «per ridurre i prezzi»... Invece i prezzi aumentano e di investimenti non si vede manco l'ombra, salvo quando i bravissimi privati vanno a batter cassa dallo Stato, che per salvarli sforna altro debito pubblico e taglia quel che è rimasto da tagliare ai cittadini.

Pensate, l'inizio della svendita dell'Italia è stato accordato in mezza giornata su un panfilo di lusso. Nella massima segretezza. E il Parlamento? E le istituzioni? Facevano da notai: prendevano nota. Perché «ce lo chiede l'Europa», perché c'era una «sfida di modernità». E noi cittadini? Tutti presi, a quel tempo, da Tangentopoli e dai cruenti attentati di mafia, non capivamo. Da allora, le tempeste finanziarie si sono abbattute a ondate. Prima la speculazione contro la lira negli anni Novanta, che permise alle società angloamericane di rilevare alcune nostre imprese a prezzi stracciati (almeno il 30% in meno del loro valore), poi la crisi che ha bruciato miliardi e miliardi di dollari del nostro bilancio con conseguenti manovre "lacrime e sangue".

Il conto? Sempre sul nostro tavolo. Altro che liberalizzazioni e privatizzazioni per «farci scegliere il servizio più conveniente». Le tariffe di tutti i servizi pubblici aumentano a una velocità stratosferica, molto più di quella che ci dicono essere l'inflazione; tanto da domandarsi se il paniere di beni sulla cui base l'Istat misura l'andamento dei prezzi sia adeguato a calcolare l'inflazione.

Dal 2006 al 2016 acqua +88%, rifiuti +53%, pedaggi +43%, servizi postali +41%, trasporti urbani +41%. E l'inflazione? +15,1%. E i salari? Aumentano troppo solo secondo Confindustria, perché la curva della crescita degli stipendi reali italiani è poco più che piatta. Basta verificarlo navigando con pazienza sul sito dell'OCSE, dove si scopre – e non c'era da dubitarne – che gli stipendi degli italiani sono il fanalino di coda della crescita mondiale.

Al giorno d'oggi, i nostri soldi finiscono per pagare le bollette e dovremmo pure ringraziare chi ce li toglie: il marketing delle compagnie di servizi prova a ubriacarti di parole concedendoti «il privilegio, la comodità e i vantaggi della domiciliazione bancaria dei pagamenti». Così non ti accorgi se i prezzi scendono o salgono, anche perché le fatture che poi arrivano a casa sono talmente astruse che ci vuole una settimana con un commercialista esperto per capirle. E qualche bustina di antidolorifico per farti passare il mal di testa.

Chi non può saldare entra in morosità; chi ha bisogno del servizio si indebita, vuoi sul servizio stesso vuoi – più facilmente – su altre voci di spesa familiare. E chi è già alla canna del gas rinuncia alle forniture. Oppure gliele tagliano i fornitori a forza. Eni, Enel, Edison e Sorgenia hanno deciso di rivolgersi alle agenzie di recupero crediti: pagare le bollette si deve fare, per carità, ma non si può negare che vi siano casi in cui l'impossibilità a pagare è oggettiva.

La denuncia di Federconsumatori e ADUSBEF è chiara: «Nonostante la crisi e il concomitante calo del potere d'acquisto delle famiglie, [...] alcune tariffe (acqua, pedaggi e parcheggi, trasporti urbani e ferroviari e servizi postali) sono aumentate in maniera più pesante rispetto alla fase pre-recessione». Secondo i movimenti dei consumatori sono diverse le cause di questo picco dei prezzi, per questo «la concorrenza in alcuni settori non ha prodotto contenimento delle tariffe o non è mai decollata». Sempre per dirla con le due associazioni, l'aumento del costo dei servizi ha comportato anche un incremento della morosità e delle richieste di sospensione delle forniture.

Nello scenario appena descritto, fanno eccezione soltanto due voci di spesa: il gas naturale, perché le quotazioni internazionali della materia prima sono per terra (anzi c'è da scandalizzarsi perché al momento in cui scriviamo il gas vale la metà rispetto a dieci anni fa, ma il prezzo al consumo per i cittadini è aumentato del 3,1% anziché dimezzarsi); e le telecomunicazioni, dove effettivamente possono esistere le premesse tecniche per una vera concorrenza.

In quest'ultimo settore, però, l'architettura delle aziende e delle offerte è tale da mettere il consumatore sempre all'angolo. Per esempio con i classici 9-10 euro al mese che diventano 13 o 15 o 20 con le *una tantum* di sottoscrizione dell'offerta, con il mese che si accorcia a 28 giorni, con le clausole d'uso di una tariffa fissa che diventa variabile in certe condizioni, con il vincolo dei 10 euro legati a un'altra tariffa base obbligatoria, con un gruppo di aziende concorrenti che si muovono talmente all'unisono da far sospettare che si scambino informazioni, ecc...

E l'attenzione al cliente? A sentire chi ci fornisce i servizi, è un mondo da fiaba. Tutti i siti internet pubblicizzano una calorosa vicinanza a te, pullulano di visi rassicuranti, numeri verdi, indirizzi e-mail, immagini tranquillizzanti. E ancora sms gratuiti e via dicendo. Sei come a casa! In famiglia!

E invece no. Se hai bisogno di qualcuno per un reclamo, un problema tecnico o un chiarimento su una fattura, hai voglia a cercare un essere umano con cui interloquire. Sei libero di chiamare tutti i numeri che vuoi: sarai rimbalzato da un risponditore automatico all'altro per cinque, dieci, quindici volte fino a che non ti verrà l'esaurimento nervoso. Ascolterai grandi hit di musica classica per interi quarti d'ora in attesa che si liberi un operatore.

«Be',» dirai «allora vado allo sportello». Dico, ci sarà uno sportello clienti a cui rivolgersi? Eh no, non c'è. Mica siamo nel vecchio mondo! È la modernità, ragazzi.

Quando però si tratta di venderti i loro prodotti, ecco stuoli di venditori, consulenti, assistenti. Ti contattano a casa; ti chiamano sul telefonino; ti scrivono; ti cercano fino a importunarti. Non mollano mai la presa, perché ogni tua firma è per loro un surplus di guadagno. È la giungla delle retribuzioni variabili. La giungla del mercato libero e liberalizzato.

A proposito di modernità. Se ne era accennato nel primo capitolo: negli ultimi anni, le notizie di cronaca riguardanti Poste Italiane sono uno stillicidio di tagli ai servizi, riduzione del personale, chiusure di uffici e limitazioni degli orari di apertura. Ecco un piccolo campionario, preso a caso dai giornali locali: *Ferentino: l'ufficio postale centrale riduce il servizio*; *Poste Italiane riduce il servizio di recapito in Basilicata*; *Magenta, Poste Italiane riduce gli orari per l'estate*; *Poste Italiane e il caso dei duemila cassintegrati: «Noi lasciati a casa...»*; *Poste riduce il recapito. A rischio 100 portalettere*; *Messina sepolta sotto una montagna di posta*; «30 maggio 2016: a giugno il servizio sarà tagliato del 25 per cento in 86 zone. Il personale in esubero sarà solo in parte riqualificato».

Le motivazioni sono sempre le solite: necessità di migliorare l'efficienza, ottimizzazione, riduzione dei costi. Razionalizzazione. Quanti sinonimi offre il vocabolario della modernità. E poi il solito dogma: i privati offrono un miglior servizio a un minor costo. *Ciao core*, dicono a Roma...

Il ridimensionamento del servizio pubblico postale fa a pugni con quelle stesse liberalizzazioni che dovrebbero ampliare le piattaforme d'offerta dei servizi e creare posti di lavoro nonché ricchezza diffusa. E invece? Partendo dai tempi in cui Pier Luigi Bersani era ministro dello Sviluppo economico per arrivare al professor Monti nel 2012, i governi decretano a macchinetta per liberalizzare di tutto e di più, anche per ampliare gli orari di apertura dei negozi. Ebbene, Poste Italiane cosa fa? Li riduce per regalare quote di mercato ai corrieri privati e per focalizzarsi su attività finanziarie, bancarie, fondiarie e assicurative. Business parassitari che non creano ricchezza, bensì agiscono sui risparmi di cittadini non sempre ben informati.

Da svariati anni, il settore postale (tradizionalmente riservato allo Stato) è stato liberalizzato. Quindi i servizi postali non sono più erogati soltanto dalla mano pubblica, ma anche dai privati. Perché? Perché, come sempre, ce lo chiede l'Europa. La direttiva UE che imponeva la liberalizzazione (97/67/CE) è stata diligentemente recepita dall'Italia con un decreto legislativo (n. 261 del 22 luglio 1999). L'Unione Europea ha inoltre emanato una nuova direttiva (2002/39/CE del 10 giugno 2002) allo scopo di proseguire sulla strada della liberalizzazione del settore. Fino al 31 marzo 2011 quando, dopo nove anni di ritardo (o di melina a seconda dei punti di vista), il governo Berlusconi decreta l'istituzione di un mercato dei servizi postali in piena e libera concorrenza (d.l. 58/2011).

Leggete bene: piena e libera concorrenza. Con quali risultati? Meno servizi e tariffe più care.

Negli ultimi anni, l'aumento dei prezzi per i servizi postali è stato incessante e vertiginoso. Come certifica Federconsumatori, negli ultimi dieci anni, dal 2006 al 2016, le tariffe postali sono aumentate del +40,9% a fronte di un tasso d'inflazione al +15,1%. Quasi il triplo. A partire dalla crisi del 2008, la forbice si è ampliata: +39,7% per le tariffe postali in otto anni, contro un'inflazione al +9,2% nello stesso periodo. Più del quadruplo.

Se non vi basta, ecco la mazzata finale per il vostro morale già a terra.

Prendendo gli anni antecedenti sia la crisi sia il decreto delle "liberal-privatizzazioni" (periodo 2002-2008), si scoprono un +12,7% per i prezzi postali e un +15% per l'inflazione. In parole povere, prima della crisi e del "mitico" libero mercato, le lettere arrivavano e i prezzi aumentavano pochissimo.

Proviamo a leggere gli stessi dati di aumento dei prezzi anche in un altro modo.

– Prima della crisi e prima delle "liberal-privatizzazioni" (2002-2008): +2,12% all'anno.

– Dopo la crisi e dopo le "liberal-privatizzazioni" (2008-2016): +4,96% all'anno.

Insomma, ti tolgono ciò che è tuo (i servizi postali dello Stato finanziati con le tue tasse) e ti bastonano con le tariffe.

Orbene, se si liberalizza e si privatizza il servizio postale, ci sarà pur qualcuno che ci guadagna, no?

Certo.

Primo: i nuovi padroni di Poste Italiane, cioè i cosiddetti investitori istituzionali e i fondi d'investimento. Le cui quote e il cui peso sono destinati ad aumentare incessantemente, salvo improbabile interruzione della deriva neoliberista che sta spogliando l'Italia del suo patrimonio.

Secondo: i corrieri privati a cui è stato di fatto consegnato il mercato delle consegne postali e dei pacchi.

Oggi c'è un fiorire di corrieri privati. Si piccona il servizio pubblico, così si è costretti a pagare 24 euro un DHL "per essere più sicuri" che il pacco arrivi. Compaiono i corrieri Posta Express con nome, logo e colori ingannevolmente simili a quelli di Poste Italiane, in un perfetto gialloblu che ti fa credere di essere ancora al tuo vecchio ufficio postale.

E, nel vuoto di mercato creato artificiosamente dalla scure dei governi filoliberisti, tutti hanno gioco facile a ritoccare all'insù le tariffe. Comprese le stesse Poste Italiane, che si quotano in Borsa promuovendo questo fatto come un *benefit* per gli (stolti) italiani, come un must di tendenza che fa figo!

E allora cosa possiamo dire? Semplice: lo Stato che non è più Stato, ma *dépendance* della Commissione europea, della finanza, dei neoliberisti, dei privati e delle multinazionali, piccona esso stesso il proprio servizio pubblico. Smantella di fatto i servizi postali diminuendo la frequenza delle consegne, restringendo gli orari di apertura degli sportelli, riducendo la presenza sul territorio (meno sedi) e fiaccando la forza lavoro. Obbedendo ai diktat europei su liberalizzazioni e privatizzazioni.

E così, una raccomandata semplice con Nexive ti costa – secondo il listino 2015 – da due euro e mezzo a sei euro e venti. Ragazzi, scusate, ma queste liberalizzazioni a chi convengono? Da cinquemila a oltre dodicimila delle vecchie lire! Chi ha qualche anno sulle spalle, ma neanche troppi, si ricorda ancora i francobolli da cinquanta lire. E la posta arrivava. Dico, le lettere arrivavano. Se proprio vogliamo, facciamo duecentocinquanta lire. Esageriamo: cinquecento. Ma qui ci chiedono il decuplo se va bene, duecentoquaranta volte tanto se va male.

Capito? Ti sfilano i servizi e tu non te ne accorgi finché non ti arriva la botta. E per giunta sembra quasi che ti prendano per i fondelli con spot come questo: «È arrivata InZona, la tua posta vicino a casa», annuncia Nexive sul proprio sito web. Ma come? Abbiamo sempre avuto gli sportelli sotto casa in ogni angolo d'Italia, anche nei paesini più sperduti. Anche in mezzo ai lupi! Gli sportelli dello Stato. E adesso che chiudono gli uffici postali di periferia mi reclamizzano qualcosa che era già mio, per vendermi un servizio di tipo postale, oltretutto facendo uso di ciclisti-postini le cui paghe sono spesso bassissime. Mah...

E intanto le stesse Poste Italiane reclutano precari su precari. I nuovi postini possono sognare il lavoro solo per una stagione. «Aperto un nuovo *recruiting* di Poste Italiane per reclutare postini che lavoreranno durante il periodo autunno inverno 2016-2017» si legge sul web. «Durata di 3 o 4 mesi», quindi «i candidati saranno impiegati per novembre e dicembre 2016, gennaio 2017 e febbraio 2017». Si tratta di un «lavoro temporaneo a carattere stagionale».

Stagionale? Ma dico, un reciproco impegno professionale di lunga durata mai? Quotiamo Poste in Borsa e non c'è più lavoro a tempo indeterminato? Niente più posto fisso? Be', scusate ma era meglio prima. Nel mondo antico.

Eppure qualcosa di consistente lo si trova ancora, in Poste Italiane. Al primo dicembre 2016 erano aperte diverse posizioni di lavoro stabile. Finalmente dei postini che recapitano e smistano pacchi, tutti i giorni e in tutta Italia? Macché, si tratta di promotori finanziari senior. Ecco quali sono le figure strategiche di Poste Italiane nel terzo millennio: i piazzisti di prodotti finanziari.

Come testimonia la pubblicità, le Poste non fanno più il loro lavoro. Sono diventate una banca. Sono diventate finanza. Sono diventate rivendite di assicurazioni, uno spaccio all'ingrosso di prestiti e di cessioni del quinto. La loro trasformazione ha alle spalle un lavoro subdolo di lunga data, organizzato da lontano, quando uscirono le direttive europee sulle privatizzazioni del settore (1999 e 2002). Un lavoro per preparare il futuro utile dei nuovi azionisti.

Le Poste si sono quotate in borsa nell'ottobre del 2015, quando lo Stato ha messo sul mercato una quota del 35% (alla quale presto o tardi verrà aggiunto un altro 30%). Investitori istituzionali e individuali hanno sottoscritto le azioni. E chi sono codesti investitori istituzionali di cui ci parlano così bene i soloni del governo e quelli di tivù e giornali allineati? Sono i grandi fondi d'investimento, le banche, gli agenti di cambio, le società di gestione del risparmio, le società di investimento a capitale variabile, i fondi pensione, le assicurazioni, le società finanziarie, le fondazioni bancarie.

Il primo collocamento di Poste, valutabile in 3,3 miliardi di euro, annoverava tra gli altri i seguenti investitori istituzionali: fondi sovrani cinesi, Kuwait Investment Office, Norges Bank, George Soros (uno dei più grandi speculatori finanziari individuali al mondo), BlackRock (un fondo di fondi gigantesco con partecipazioni in quasi tutte le grandi aziende del globo e un patrimonio investito – più o meno fluttuante – di circa 4.600 miliardi di dollari, superiore alla somma dei PIL di Canada, Italia e Spagna).

Che le Poste Italiane siano una società finanziaria lo dimostrano anche i numeri. Quasi il 90% dei ricavi si basa su attività finanziarie, bancarie, assicurative e di risparmio gestito. Ma come, non si chiamano Poste?

E mentre la parte finanziaria scoppia di salute, i servizi postali sono al lumicino e in decrescita (non c'è interesse a servire i cittadini e si tagliano i servizi): solo il 10,6% dei ricavi.

Ecco il prospetto che lo dimostra, aggiornato al 30 settembre 2016.

RICAVI PERIODO 1/1/2016 - 30/9/2016			
	Ricavi (mld di euro)	Quota	Crescita / Decrescita
Servizi postali e commerciali	2,7	10,6%	-3,2%
Servizi finanziari	4,1	16,1%	+4,0%
Servizi assicurativi e risparmio gestito	18,7	73,3%	+10,4%
Ricavi totali	25,5	100,0%	7,6%

Cari utenti postali, quel misero 10,6% in decrescita al –3,2% rappresenta il taglio dei vostri servizi. Pensate, i ricavi diminuiscono nonostante l'aumento delle tariffe.

Cari risparmiatori delle Poste, quei ricavi stratosferici (nei soli primi nove mesi del 2016) di 4,1 miliardi per i servizi finanziari e di 18,7 miliardi in assicurazioni e risparmio gestito sono i vostri soldi che passano dalle vostre tasche alle loro.

Del resto, per capire il business di Poste basta leggere i cataloghi. Perciò voglio riportare qui gli spot di alcuni dei loro prodotti con una mia personale lettura ironica.

– Assicurazioni (I): «La protezione connessa con il tuo stile di vita. Per te il braccialetto fitness se sottoscrivi la protezione full time». Tradotto: ti approcciano in maniera rassicurante e ti rifilano un regalo inutile per venderti un'assicurazione che non ti serve o, peggio, per darti un'assicurazione sul lavoro che molti datori non garantiscono più.

– Assicurazioni (II): «Più protezione con la polizza salute. Assicurarsi fa bene». Tradotto: il governo taglia la sanità pubblica e ti costringe ad assicurarti. Sempre che tu ti possa permettere di pagare il premio, altrimenti sono fatti tuoi.

– Previdenza: «Piano pensione per pianificare un futuro più sereno». Tradotto: dopo che il governo ha fatto strage di pensioni e TFR, sei grossomodo costretto a mettere i tuoi soldi – se ne hai ancora – nelle mani dei fondi internazionali.

– Prestiti (I): «Ogni tuo progetto ha una strada più semplice... Scopri la gamma prestiti BancoPosta». Tradotto: vieni pure a indebitarti da noi, staremo assieme per un bel po' con le rate e gli interessi, da dodici a diciotto mesi, e se va male anche oltre... magari per sempre. Un matrimonio, insomma.

– Prestiti (II), cessione del quinto: «Ti permette di rimborsare in maniera automatica il tuo finanziamento con rate mensili trattenute direttamente sulla tua pensione o sul tuo stipendio». Capito? Dicono: «Ti permette...». Sembra che ti facciano un favore! Invece la traduzione è: lo Stato, che non ti garantisce più la pensione e che ti ha tolto i servizi postali pagati con le tue tasse, non dice nulla se gli stessi servizi postali ora diventati "finanza" ti ammaliano con la magia del quinto dello stipendio o della pensione.

– Conti correnti: «Scegli e usa tutti i giorni il conto che ha tutto, anche gli sconti BancoPosta». Sul depliant c'è un'immagine promozionale: capi di abbigliamento e scarpe. Tradotto: vieni da noi, metti i tuoi soldi nei nostri conti e compra, compra, compra! Anche a debito...

– Risparmio e investimenti: «Per cogliere nuove opportunità finanziarie... selezioniamo per i nostri clienti il meglio dei mercati finanziari». Tradotto: i mercati finanziari sono a caccia dei tuoi risparmi, sono smaniosi di impossessarsene.

Un altro settore che fa gran gola al sistema GangBank è quello delle vecchie municipalizzate. Le società multiservizi, o *multiutility*, sono aziende diversificate che si occupano tipicamente di acqua potabile, acque reflue, fornitura di elettricità e di gas, gestione dei rifiuti e altro ancora. A titolo d'esempio, citiamo alcune tra le più note: Acea, Iren, a2a, Hera.

La maggior parte dei suddetti servizi viene gestita in regime di monopolio. Si tratta di un monopolio naturale, su quelle uniche reti esistenti (acquedotti cittadini, condotte, elettrodotti e cablaggi, tubazioni) già costruite a suo tempo dallo Stato e quindi pubbliche per definizione, di tutti. Reti complesse, capillari e costose alle quali ha contribuito la comunità italiana con il proprio lavoro e le proprie tasse. Questi monopoli naturali sono spezzettati in monopoli locali su base territoriale: in sostanza, è come se la torta statale venisse suddivisa in fette o lotti in base al territorio.

Oggi su queste reti pubbliche a base locale lavorano prevalentemente società a capitale misto pubblico-privato ma a trazione decisamente privata. Dove il pubblico fa la bella statuina. Negli ultimi anni le *multiutility* sono cresciute moltissimo e si sono sostituite di fatto ai comuni e alle loro imprese municipalizzate nell'erogazione dei servizi pubblici. Le *multiutility* sono aziende quotate, e nei bollettini di borsa vengono appunto chiamate anche "ex municipalizzate". Hanno preso il posto dei comuni e degli enti locali che, vuoi direttamente vuoi attraverso le proprie società con un meccanismo di gestione cosiddetto *in house*, sarebbero le istituzioni più titolate a erogare servizi pubblici, al pubblico, attraverso reti pubbliche. Ne hanno preso il posto facendosi pagare, cioè riscuotendo fior di tariffe dai cittadini – oggi chiamati utenti – per remunerare gli azionisti privati, pur ereditando un bene collettivo. Non hanno parimenti assunto le stesse responsabilità di un sindaco, che per definizione è chiamato in prima persona a rispondere ai bisogni della cittadinanza e a dare conto del proprio operato.

Il regime di monopolio, per sua natura, consente di trarre guadagni da posizioni dominanti instaurando rendite di posizione. Per questo le banche e i "capitalisti di relazioni", con l'aiuto di una stampa culturalmente alleata, si sono avventati sulla gallina dalle uova d'oro. "Le piccole IRI", le avevano chiamate. La dismissione pubblico-privato finora non sembra aver portato particolare giovamento ai cittadini utenti, né mediamente sotto il profilo delle bollette né sotto il profilo della qualità dei servizi erogati. La famosa lettera a firma Draghi-Trichet chiedeva il colpo finale sulla liberalizzazione del settore. Del resto, acqua, gas e rifiuti sono certamente un affare appetitoso.

La spartizione privata dei servizi locali affonda le proprie radici negli anni Novanta, un po' come tutte le privatizzazioni. Di riffa o di raffa, è anch'essa figlia del *Britannia* o delle sue logiche. È figlia di politiche accomodanti da parte dei politici di sinistra, sia quella centrale romana sia quella locale. La sinistra filoblairiana, la sinistra al caviale, la sinistra di Capalbio. La sinistra neoliberista. La sinistra che da oltre vent'anni ha abbandonato il popolo.

Sul business dei servizi pubblici locali, poiché le infrastrutture sono dello Stato e quindi dei cittadini, da parte dei sedicenti impresari non c'è che da fare lobbying sui politici al fine di impossessarsi di ciò che è di tutti noi. Non c'è mica concorrenza: costruire nuove reti costerebbe un occhio della testa, per cui è assai più conveniente gestire quelle esistenti facendosele assegnare. Oltretutto, c'è anche una questione di non opportunità fisica: non avrebbe senso costruire reti su reti e strutture su strutture in un groviglio inestricabile.

Fatto sta che la *connection* tra politica e affari funziona. La parte affaristica si arricchisce e contribuisce a rafforzare la parte politica da cui ha ricevuto i benefici. Le società non hanno un volto, diversamente dai sindaci, molti dei quali, però, oggigiorno accettano ben volentieri di farsi da parte. Le società del settore digeriscono poco volentieri i processi, i dibattiti e le decisioni democratiche. Gli umori dei mercati azionari che influiscono sulle tendenze dei titoli, quegli umori che si chiamano i "sentimenti" di borsa (in gergo *sen-*

timent), si rafforzano nei momenti in cui la volontà popolare non può essere espressa, oppure quando la volontà popolare non viene applicata.

In Italia e in Europa, le società del settore sono solidamente sotto l'egida dell'eurotecnocrazia che lavora per sottrarre al popolo i beni comuni. Viceversa, si sgonfiano quando la finanza teme che la gente reclami indietro ciò che è suo: servizi, beni comuni e infrastrutture. Durante la campagna per il referendum costituzionale del 4 dicembre 2016, la tensione sui titoli di borsa delle società multiservizi si tagliava con il coltello. Per diversi titoli come a2a, Acea ed Hera, ma anche per le *big utility* come Snam ed Enel, i due possibili esiti del referendum – il SÌ e il NO – significavano rispettivamente un su e un giù da montagne russe nelle contrattazioni; in una fibrillazione continua da volatilità borsistica che scaricava inutili tensioni sull'intero paese. I bollettini di borsa quotidiani, nel periodo prereferendario, consigliavano testualmente di «stare alla larga» dalle *multiutility* e dalle *utility* (anche quelle grosse) in caso di vittoria del NO...

Acqua, trattamento delle acque reflue, rifiuti, energia: ci portano in casa servizi attraverso infrastrutture già finanziate da noi e dai nostri padri. Vengono "liberalizzate" (leggi "privatizzate") tramite relazioni con politici e tecnocrati amici o non ostili. A loro i profitti, a noi il caro-bollette.

D'altronde, i numeri parlano chiaro: per esempio, l'utile netto aggregato dei quattordici principali fornitori multiservizi italiani marca un +86% nei risultati trimestrali di settembre 2016 rispetto all'anno precedente. Per lo stesso periodo, il risultato operativo di alcune ex municipalizzate marcia a colpi di +29% (Ascopiave), +18,7% (Iren) e "solo" +13,9% (la "povera" Acea). Vacche grasse, anzi grassissime, per gli azionisti e gli investitori. Soldi vostri, di voi lettori che avete la pazienza di seguirmi.

I bollettini di borsa live quotidiani, come già detto, le chiamano "ex municipalizzate". Capito? Significa che non sono più vostre anche se le avete finanziate voi con le vostre tasse. Significa che, anche qualora un ente locale fosse socio di una partnership pubblico-privata, per le borse la sua presenza non conta già più.

Ma cosa mai investono, poi, questi investitori che entrano nel capitale delle *multiutility*? In carta. Cioè in titoli. In azioni. Che oggi sono carta virtuale. E questi soldi servono per il miglioramento, l'ampliamento e l'ammodernamento di strutture e servizi? In linea di massima diremmo ancora di no. Possiamo girarci intorno finché vogliamo, ma i soldi di carta servono sostanzialmente a garantire le rendite di posizione, a tenere i piedi saldamente in azienda, a sedersi al tavolo di comando. I denari per gli investimenti, invece, si cercano prevalentemente a debito. Sui mercati. Presso le banche. Emettendo obbligazioni. O con altri strumenti finanziari. È il solito grande inganno della finanza.

In soldoni: le *utility* e le *multiutility* sono piene di debiti. E se i tassi d'interesse salgono, i loro debiti pesano di più. Così, per pagare i debiti, da qualche parte dovranno pur trovare i soldi. E cosa c'è di più facile che ritoccare le tariffe su acqua, rifiuti, elettricità e gas?

Capitolo acqua, il petrolio blu. Negli ultimi anni, l'aumento tariffario dei servizi idrici è stato scandaloso, a dispetto del popolo italiano che si espresse chiaramente nel referendum del 12 e 13 giugno 2011: il 96% degli elettori rifiutò la gestione privata dei servizi idrici e chiese l'eliminazione dei profitti dal "bene comune" acqua. Dopo diversi referendum senza il raggiungimento del quorum, gli italiani hanno detto chiaramente: giù le mani dall'acqua pubblica!

Mai maggioranza fu tanto schiacciante. E mai volontà popolare fu tanto disattesa. Perlomeno nella storia recente europea. Forse solo il capovolgimento dell'esito referendario antitroika, tenutosi in Grecia nel 2015, grida maggior vendetta. O forse nemmeno. Al di là dei numeri, lo spessore dei contenuti democratici rovesciati è lo stesso: la forza della finanza e degli eurotecnocrati che sovverte la decisione democratica presa dai greci è pari alla cancellazione dell'acqua come diritto inalienabile dell'essere umano. Perché, come sostengono i comitati per l'acqua pubblica, «si scrive acqua e si legge democrazia». A chi fa paura quel voto referendario? A chi fa paura questo rigurgito di senso del pubblico che finalmente gli italiani hanno avuto nonostante il pressing dei soliti noti?

Ebbene, dicevamo dei prezzi dell'acqua. Vediamoli: +88% in Italia dal 2006 al 2016, con una media del +8,8% annuo e un picco stratosferico del +9,8% proprio alla fine del 2011, l'anno del referendum. Una bella mazzata punitiva che i gestori, ben lungi dal fare un passo indietro, hanno calato sui cittadini che avevano osato esprimersi democraticamente. E ancora: +9,2% nel 2015. Roba da non credere. Ma nulla viene per caso.

L'acqua privata nasce negli anni Novanta con la riforma Bassanini (1997, governo Prodi I), che imponeva «la semplificazione delle procedure amministrative e dei vincoli burocratici alle attività private», con le municipalizzate trasformate in società per azioni come primo passo verso la privatizzazione, con lo svuotamento del ruolo dei consigli comunali e il trasferimento dei poteri gestionali ai tecnici.

Così, ovunque nel mondo, se il gestore è privato aumenta i prezzi e punto. Se è pubblico, in Italia si inchina al mercato, come vedremo più avanti. Se è misto, come nella maggioranza dei casi italiani, comandano sempre e comunque i privati. Per cui nella Acea (Roma e Lazio) comandano la francese Suez e il costruttore-editore Francesco Gaetano Caltagirone. Nella Publiacqua fiorentino-toscana comanda, di nuovo, la francese Suez con la complicità dei consiglieri della quota pubblica, che fanno le belle statuine. Il 48,7% di Hera (Emilia Romagna) è quotato in borsa, così come il 50% di a2a (Lombardia). E i soci pubblici? Fanno le belle statuine, su ordine di una politica che lascia fare. La partnership pubblico-privata è in realtà un inciucio sulla testa dei cittadini. E così si scopre che un po' di *gens nova* con curricula leggerini, più una manciata di Pd e persino futuri direttori de «l'Unità» (Erasmo D'Angelis) sono entrati nel consiglio di Publiacqua, l'azienda della Firenze renziana. Per non disturbare l'operato dei soci privati. Una giovane Maria Elena Boschi viene nominata consigliere d'amministrazione dal 2009 al 2013 (anno in cui entra in Parlamento), ma guai a domandarsi se ne abbia le competenze; lo spirito del cambiamento ormai è l'unica cosa che conta (ah, quante cretinate si commettono nel nome del cambiamento a prescindere...). La figlia del banchiere di Banca Etruria lavora con tanta diligenza e ubbidienza da venire promossa a ministro della Repubblica. Sempre senza curriculum, ma tanto fidata da essere catapultata nel governo Renzi per provare a ringiovanire pure quella Costituzione italiana che tanto infastidisce le merchant bank.

La storia lo ha dimostrato: ovunque, nel mondo, la privatizzazione dei servizi idrici ha comportato (come minimo!) l'aumento abnorme delle bollette agli utenti nel brevissimo termine, il dimezzamento degli investimenti in manutenzione e nuovi impianti, e *dulcis in fundo* il licenziamento di migliaia e migliaia di persone. Dal Regno Unito alla Spagna, da Parigi a Cochabamba in Bolivia o Dar es Salaam in Tanzania, e chi più ne ha più ne metta: la privatizzazione dell'acqua diventa una mangiatoia per la ricca finanza e una pessima eredità in quanto a servizi e infrastrutture per la gente.

Eppure il destino non è segnato: Parigi, pochi anni fa, ha deciso di togliere ai privati il controllo dell'acqua dopo un ventennio di gestione disastrosa e di prezzi astronomici. Lo stesso hanno fatto di recente Berlino e altre 235 grandi città del mondo: l'acqua è stata resa pubblica.

In Italia no, noi arriviamo sempre tardi. E il caso più paradossale degli aumenti di prezzo di casa nostra riguarda proprio le (poche) società rimaste pubbliche, o meglio presunte tali: aumenti applicati anche dai più insospettabili, ovvero da quelle giunte arancioni elette come paladine del popolo. Che gonfiano surrettiziamente i prezzi dell'acqua di Milano pensando di non essere viste. Che, passo dopo passo, applicano perfino aumenti retroattivi. Sì, incrementi del 6% fatturati indietro nel tempo. Spieghiamo: con ricalcoli a noi incomprensibili, nel 2014 la società Metropolitana Milanese di Pisapia scava nel passato remoto dei cittadini, ricaricando i prezzi di tutti i loro consumi idrici del 2013, di tutto il 2014 trascorso alla data della delibera, e da lì in avanti. Praticamente, un'incidenza del +12% sulle bollette del 2014.

Analogamente, altri enti locali hanno saccheggiato le tasche degli italiani attraverso società idriche più o meno controllate. Parola d'ordine: bisogna fare cassa. Si introitano gli utili e, invece di investirli sul miglioramento del servizio, li si smista su altre voci qua e là, a tappare i buchi dei bilanci comunali provocati dai governi sinistri e neoliberisti dell'austerità. Sinistri in quanto di sinistra, almeno sulla carta, esattamente come il sindaco Pisapia eletto anche sulla scia del referendum vinto sull'acqua pubblica. Una sinistra che si riempie la bocca di retorica buonista ma che nelle scelte pratiche prende altre strade. Strade neoliberiste. Scelte di... cassa.

Referendum o no, l'acqua pubblica è sotto assedio. Le provano tutte. Ci provano tutti. Monti, appena insediato a palazzo Chigi, tentò subito il ribaltamento del fresco esito referendario con un decreto sulle liberalizzazioni. A volte basta poco: un paio di articoli in un contesto avulso dal merito della questione, e sono sicuri di farla franca. Ci provano sindaci come Fassino e Pisapia nel 2012 proponendo di costituire una mega società del Nord attraverso la fusione di a2a, Hera e Iren.

Quella delle operazioni finanziarie è la strada più battuta per arrivare alla privatizzazione dell'acqua lasciando le reti al pubblico perché faccia manutenzione e opere: «Strategie aziendali [...] che puntano a costruire [...] processi di acquisizione, aggregazione e fusione», così che «i quattro colossi *multiutilities* attuali – a2a, Iren, Hera e Acea – [...] potranno inglobare tutte le società di gestione dei servizi idrici, ambientali ed energetici», come denunciava il Forum italiano dei movimenti per l'acqua il 22 novembre 2016. Insomma, strategie di mercato. Strategie di crescita.

Anche nella riforma costituzionale, poi bocciata dal referendum del 4 dicembre 2016, ci avevano provato. Il famigerato decreto legge Boschi, infatti, attraverso il riassetto soverchiante dei poteri centrali su quelli periferici e con il burocratese nascosto tra le righe del testo, avrebbe di fatto indebolito ulteriormente i servizi locali a gestione pubblica.

È la logica del sistema GangBank. Logica legale: tutto è a norma di legge. Perché le leggi le dettano ai politici del proprio network. Ecco dove la politica ha le sue grandi responsabilità, ecco dove ormai stanno svendendo il bene pubblico perché «ce lo chiede l'Europa» o «ce lo chiede la modernità: lo Stato non può fare tutto».

La riforma della pubblica amministrazione, promossa dal duo Renzi-Madia parallelamente alla riforma costituzionale Renzi-Boschi, conteneva – tra l'altro – alcuni elementi di destabilizzazione dei servizi locali a gestione pubblica. E prendeva di mira – tra le altre cose – anche l'esito del referendum sull'acqua pubblica del 2011. La Corte costituzionale, però, l'ha sostanzialmente demolita alla fine di novembre del 2016, «dichiarando l'incostituzionalità di diversi articoli relativi a dirigenza, società partecipate, servizi pubblici locali e pubblico impiego». *La Madia te li porta via*: questo il titolo della vittoriosa campagna di sensibilizzazione promossa dal Forum dei movimenti per l'acqua a difesa dei beni comuni e contro la riforma Madia. In seguito alla sentenza della Consulta, «il governo è stato costretto a ritirare il decreto sui servizi pubblici locali», hanno affermato gli attivisti per l'acqua pubblica.

Morale: dal 2011 non solo non è stato fatto quasi nulla per attuare il referendum, e quindi per restituire agli enti locali gli acquedotti, ma – come abbiamo già spiegato – sia a livello nazionale sia in molte città si è andati nella direzione opposta. Sempre con metodi surrettizi e con forzature. Da Milano (vorremmo sbagliarci, ma temiamo che Sala darà il colpo di grazia definitivo all'acqua pubblica milanese) alla Puglia (attenzione all'Acquedotto Pugliese: un ricco piatto di ventitremila chilometri di rete pubblica che fa gola a capitalisti ingordi), c'è un boccone prelibato per gli stessi che sputano sentenze qualunquiste sull'inefficienza dei lavoratori pubblici attraverso mezzi di comunicazione compiacenti. Tra le grandi città, finora solo Napoli con De Magistris ha dato segno di voler attuare l'esito del referendum; e siamo in attesa di vedere se a Roma Virginia Raggi riuscirà a invertire le politiche finora imperanti.

Arriviamo ora alla privatizzazione e alla finanziarizzazione delle grandi aziende di Stato. Abbiamo volutamente trattato prima le *multiutility* perché sono il boccone più pregiato e più ambito. La difesa degli asset pubblici è la prossima prova di maturità degli italiani, quindi la domanda è: meglio difendere un pubblico che almeno controlliamo o un privato che si pappa tutto con lunghe concessioni regalate? Poiché le inefficienze non scompaiono passando dal pubblico al privato, né troviamo da una parte i ladri e dall'altra i virtuosi, sta a noi decidere se accettare ancora il mainstream culturale dettato dal GangBank.

Abbiamo smascherato il cosiddetto libero mercato, che sulle reti fisiche non funziona e abbiamo constatato che (alla faccia della competitività!) i prezzi al consumo non solo non scendono, ma si impennano vertiginosamente. I nostri bilanci familiari o aziendali parlano per noi: con la liberalizzazione non ci abbiamo guadagnato. Vi diranno: «Ma dove sono le liberalizzazioni? Finora non è stato fatto nulla!». Insomma, ne vorranno ancora. Vogliono tutto il piatto, non solo la maggior parte. Ripeto: toccherà a noi fare una scelta di campo.

Ora, per ampliare il discorso, proviamo a porci qualche altra domanda. Le grandi aziende di Stato sono dello Stato? I maggiori servizi pubblici italiani sono italiani? E tali servizi pubblici sono pubblici?

In un momento storico di progressivo e dilagante impoverimento, che ha spogliato undici milioni di italiani dei propri risparmi, dei servizi al cittadino, della tutela della salute e dei diritti del lavoro, interrogarsi su tutto è lecito. Perché è l'Italia che, ormai, è spoglia.

La risposta alle tre domande non è univoca.

Prendiamo Snam, il nostro gioiello industriale del gas. Si occupa di rigassificazione, trasporto, stoccaggio e (fino a che non è stata scorporata Italgas) di dispacciamento del gas naturale. Insomma: è l'azienda che fornisce il gas a chi a sua volta ce lo porta in casa.

A ottobre 2016, il 69% del capitale di Snam è controllato dal "mercato", con gli investitori istituzionali a quota 58%. Il 92% è in mani straniere. Per lo più fondi d'investimento, anche speculativi.

E l'Italia? In minoranza. Cassa Depositi e Prestiti non arriva al 30%, l'imprenditore della ceramica Romano Minozzi possiede da solo poco più del 4%. È vero, bisogna dire che l'esecutivo aziendale guidato da Marco Alverà è praticamente tutto tricolore. Ma di chi cura gli interessi?

O meglio: i governi della Repubblica, quando privatizzano le nostre eccellenze nazionali o parte di esse, rendono davvero un servizio ai cittadini e alla nazione? Siccome oggi i cittadini si chiamano "utenti", il dubbio è più che lecito.

Quanto vale Snam? Anche questo è difficile a dirsi univocamente. Seguendo i paradigmi della finanza, dovremmo attenerci al valore di borsa: più o meno 12,7 miliardi di euro di capitalizzazione al 9 dicembre 2016. Altro conto è il costo di realizzazione delle infrastrutture, che gli azionisti di oggi hanno in gran parte ereditato dalla comunità dei cittadini italiani.

Senza voler mettere in dubbio l'operato del management aziendale, gli investimenti correnti, l'importanza del servizio, l'eccellenza ingegneristica e il ruolo di chi lavorando riscalda le nostre case, c'è da chiedersi se i cosiddetti "investitori internazionali" abbiano pagato un prezzo equo per sedersi al tavolo di comando e incassare i dividendi. La costruzione *ex novo* degli oltre trentamila chilometri di gasdotti, completi dei campi di stoccaggio, delle centrali di compressione e rigassificazione e di tutte le attrezzature accessorie potrebbe valere – oggi – moltissime centinaia di miliardi di euro. L'esborso complessivo degli investitori privati che hanno sottoscritto le azioni è stato, invece, di pochi miliardi.

La stessa sproporzione tra valore dell'infrastruttura e apporto di capitale si ripropone quando si parla di distribuzione di energia elettrica, e quindi di Terna. Un gioiello, non c'è dubbio, e quindi non è nostra intenzione polemizzare con chicchessia. Ma chi lo monetizza? Il trasporto di elettricità anche dopo le liberalizzazioni è rimasto un monopolio naturale, poiché non sarebbe conveniente realizzare nuove reti per il trasporto in concorrenza con quelle esistenti, già finanziate e costruite dallo Stato.

Settantaduemila chilometri di linee, oltre ottocentocinquanta stazioni elettriche e quasi settecento trasformatori: ci vogliono decenni di lavoro e centinaia e centinaia di miliardi per costruirli, ma in Borsa (dati indicativi, ultimo trimestre 2016) Terna vale appena 9 miliardi suddivisi in quote del 70% (mercato) e 30% (CDP Reti). Il piccolo capitale di borsa è quello che ha garantito un cumulo di 4 miliardi di dividendi (a partire da quando la società si è quotata, nel 2004, fino al 2016). Un broker di borsa che 13 anni fa avesse investito in Terna 1.000 euro oggi si ritroverebbe in tasca

4.500 euro, grazie ai dividenti e a un titolo il cui valore nel corso degli anni è triplicato. Un bell'investimento per chi ha messo i soldi in "carta", cioè in azioni, meno per chi ha costruito le infrastrutture, cioè per il pubblico. A valle dell'alta e media tensione di Terna, poi, rivoli di *multiutility* e operatori fingono di farsi concorrenza nel portarci la luce in casa. Ma in realtà operano in tanti regimi di monopolio locale, appoggiandosi alla singola rete di distribuzione preesistente.

In soldoni, quando si privatizza l'affare lo fa sempre chi compra, soprattutto se ha le spalle larghe. Soprattutto se compra carta virtuale, cioè azioni, anziché i beni fisici al loro valore di messa in opera. L'affare non lo fanno mai i cittadini. Certo, sì, lo fa qualche buon cassettista con un buon conto in banca, sempre che sia sufficientemente attento ai saliscendi di borsa e reinvesta proficuamente i dividendi. E mai ci guadagna lo Stato, i cui governi – uno dopo l'altro – prendono come scusa la necessità di ridurre il debito pubblico per svendere, pardon privatizzare, pezzi d'Italia.

Ma cosa ottengono? Qualche spicciolo che si perde nell'oceano degli oltre duemiladuecento miliardi di euro di debito, che continua a crescere (anche) perché continuiamo a svendere aziende, valore e know-how in un circolo vizioso suicida.

Va detto che ogni valutazione fatta finora non è tesa a giudicare il management: si giudica e si critica la costruzione politica di privatizzazione. È questo paradigma che vogliamo fermare. Gli investitori fanno il loro guadagno, il loro business. Ma il mercato, se viene lasciato libero da regole, si pone fuori dallo spirito della Costituzione, la cui centralità sta nella difesa dei cittadini e dei loro interessi comuni.

Chiarito questo, torniamo agli investitori. Com'è che sono entrati così massicciamente in Snam? Prima che quest'azienda fosse scorporata da Eni, che la controllava al 52%, la finanza deteneva solo il 30% del capitale. Dopo il decreto Monti del

2012, come abbiamo detto poco sopra, è salita al 58% con una presenza straniera del 92%.

Eh sì, questo Monti! Sa tutti i trucchi. Prima ci confonde con la «cessione» di Snam da Eni a Cassa Depositi e Prestiti e con le «procedure di vendita trasparenti e non discriminatorie rivolte al pubblico dei risparmiatori e degli investitori istituzionali». E poi, con il gioco delle tre carte, mette la finanza internazionale in maggioranza e lo Stato italiano in minoranza. Privatizzando per decreto. Per sistemare i conti e per esaltare il credo neoliberista, diciamo noi. Lui, invece, dice che lo fa in nome della concorrenza e per eliminare posizioni dominanti. E perché «ce lo chiede l'Europa»: c'è sempre una qualche direttiva europea che prescrive come redimerci.

Lo spezzatino dell'Eni, cioè la strategia di svendita progressiva e a pezzi (Snam, Italgas, poi toccherà alla chimica e a Saipem) è purtroppo funzionale alla distribuzione di spuntini prelibati ai mercati internazionali in cerca di rendite facili a prezzi da *hard discount*. Rendite in posizione dominante, appunto, qual è quella di un gasdotto, privato o di Stato che sia. E intanto Eni, da gigante industriale altamente diversificato e leader di mercato, diventa un nano vulnerabile in balia degli umori internazionali. Un bocconcino a buon mercato dove, al solito, si sono introdotti i cosiddetti "investitori istituzionali". Eni, debole con i forti ma forte con i deboli. Il cane a sei zampe è costretto a dismettere fette enormi dei maxi giacimenti in Egitto e Mozambico per coprire le perdite d'esercizio 2015-2016 e per garantire i dividendi agli azionisti affamati. L'azienda è però spietata sui prezzi alla pompa con gli italiani. E non si fa problemi nel tagliare, senza preavviso adeguato, le forniture di gas a settemilatrecento clienti retail (per questo a dicembre del 2016 Eni è stata sanzionata dall'Autorità per l'energia). Per la cronaca, al 13 settembre 2016 Eni è un ente pubblico-privato rispettivamente al 30 e 70%. Quindi, dando il peso corretto ai numeri, è un ente privato-pubblico.

E poi non si capisce perché chi produce il gas (Eni) non possa anche trasportarlo, distribuirlo e venderlo attraverso proprie società. Da che mondo è mondo, se io coltivo pomodori posso anche portarli al mercato in città e metterli in vendita. E non si capisce perché uno Stato non possa provvedere ai servizi al cittadino, vuoi direttamente vuoi tramite le sue società.

Il libero mercato, che in questa sede nessuno vuole soffocare, esiste già nell'atto stesso della realizzazione delle reti e nella fornitura dei servizi a esse funzionali. Ce n'è per tutti: si possono produrre e fornire pompe, compressori, tubazioni, valvole, serbatoi, procurare la logistica; ci si può occupare degli scavi e della posa dei manufatti; costruire questo e quello, smontare questo e quell'altro, lavorare nell'indotto ecc. Industria meccanica, manifatturiera, della chimica e della plastica, dei mezzi di trasporto, dei servizi, siderurgia, minuteria metallica, attrezzature, abbigliamento da lavoro, mense e ristorazione... c'è di tutto. Ed è qui che deve esserci competizione tra imprese su qualità, prezzi, efficienza. Questo sì, è compito dei privati.

Ma nel settore della gestione dei servizi pubblici, ahimè, abbiamo dei mercati smaniosi di schiacciare gli Stati, anziché privati interessati a competere nel mercato per creare ricchezza. Purtroppo, l'obiettivo della finanza moderna non sta nel creare valore, ma nel prendere il controllo dei rubinetti, degli interruttori e dei contatori: quelli del gas, dell'acqua, dell'elettricità. A monte e a valle della filiera.

La finanza, anziché mettersi al servizio dell'economia reale, la opprime. E così, strutture che sono inequivocabilmente pubbliche, finanziate dalla comunità, servono a «offrire grandi soddisfazioni nel tempo agli azionisti», come recitano le brochure delle (ex?) aziende di Stato dedicate agli investitori.

Qui non siamo mossi da demagogia né vogliamo esercitarci in un *j'accuse* a buon mercato contro nessuno. Proviamo semplicemente a fornire una lettura diversa della realtà comunemente accettata. Per questo puntiamo l'indice contro il sistema GangBank.

Sono in corso ulteriori disimpegni statali che dovrebbero sollecitare altri interrogativi. È per esempio il caso di Enel, da cui il ministero dell'Economia continua la sua ritirata silenziosa e poco redditizia. Il risultato della partita delle quote di controllo è chiaro: "mercati" battono "Stato" 77% a 23%; "finanza internazionale" batte "finanza italiana" 90% a 10%. Dati di fine 2016.

Se è vero che il ministero è il socio con la quota *pro capite* più alta (maggioranza relativa), l'impressione è che abbia un ruolo assai passivo e che si attivi soltanto al momento delle nomine dirigenziali, con un occhio alla politica e uno agli investitori.

I travasi delle sovranità aziendali all'estero non sono privi di rischi: quando l'Italia non servirà più per incassare rendite di posizione, chi ci dice che i nuovi padroni non portino le aziende all'estero? O che non lo stiano già facendo, un pezzettino alla volta? Se e quando il mercato italiano non sarà più attrattivo – cosa possibile, vista la povertà che c'è in giro –, non è che si porteranno via il giocattolo? O non è che se ne disfaranno dall'oggi al domani gettandolo via come un limone spremuto? E i posti di lavoro che fine faranno?

C'è da augurarsi che la strada imboccata dalle società (ex) pubbliche italiane non replichi quella di Telecom Italia: una volta data in pasto al mercato, la società di telecomunicazioni è diventata una preda debole, indebitata, è passata più volte di mano ed è stata costantemente spremuta. Quindi, una volta sgonfia, è finita fatalmente alla francese Vivendi per il 24,6% del capitale, e alla finanza estera per il 54,6%. Come ha scritto Daniele Manca su «CorrierEconomia» il 19 dicembre 2016, «la filiera industriale creata dai grandi agglomerati è quella che alimenta il tessuto del nostro paese fatto di piccole e medie imprese. Un terzo di esse è alimentato dalle commesse di soli sei gruppi a capitale pubblico: Eni, Enel, Fs, Finmeccanica, Fincantieri e Poste». Smembrare ulteriormente questi gruppi, perderne il controllo e metterli totalmente in balia dei mercati potrebbe esserci fatale.

Non dimentichiamocelo: la ricchezza dell'Italia è frutto della mano pubblica, che anche attraverso l'IRI, manager pubblici come Enrico Mattei e gli investimenti diretti ha costruito il miracolo economico italiano degli anni Cinquanta e Sessanta, che diede impulso alle nostre imprese in regime di libero mercato fino a farci diventare la (ex) quinta potenza industriale del mondo.

Oggi qual è il contributo degli "investitori" allo sviluppo dei nostri beni comuni? Soldi in investimenti, di tasca loro, non sembra che ne mettano. Più che altro, li prendono a prestito. Dalle banche (indirettamente sono sempre soldi nostri, oppure è liquidità immessa dalla BCE, oppure sono prestiti della BEI, la Banca Europea degli Investimenti). O sfornano obbligazioni. Quindi: non è che sborsino esattamente del loro; più che altro sembrano avere il vizio di indebitare il nostro sistema economico-industriale. Una volta che gli investitori hanno i controlli societari, fanno quadrato attorno alla loro linea. Tradotto, significa che ci ricattano gentilmente in casa nostra, minacciando di andarsene se non impostiamo politiche di loro gradimento. E se vanno via, ecco i crolli di borsa, perché si disfano delle azioni esattamente come fa un bambino con un giocattolo rotto. E poi giù anche i BOT e i BTP. E la nostra economia finisce in ginocchio.

E qui si scatenano i derivati, le leve e altri strumenti che – nei momenti di tensione – consentono agli avvoltoi dei mercati di scommettere al ribasso sui fallimenti delle aziende, delle banche e degli Stati. Quindi, per evitare questo, ci prostriamo di nuovo al GangBank. Perché non controlliamo la nostra moneta, non controlliamo le nostre politiche economico-monetarie e la Banca d'Italia è in mano alle banche private. E alcune di queste banche sono imbottite di azionisti stranieri. Insomma, siamo in trappola e ci siamo privati da soli degli strumenti per uscirne.

Siamo tutti ipnotizzati dai luoghi comuni secondo cui l'efficienza dei privati nei servizi pubblici migliorerebbe le nostre vite. Ora, se i privati sono così bravi, perché invece di imbonirci di retorica non costruiscono le loro decine di migliaia di chilometri di reti, a proprie spese, per centinaia e centinaia di miliardi ciascuna, invece di prendersi le nostre?

La sfida è aperta.

7

Buoni sentimenti, cattiva coscienza

Il simbolo del Real Madrid. Un cerchio dorato con una banda obliqua di color viola, tagliata da due lettere, la M e la C, scritte in modo da riprendere la circolarità dello stemma, e una terza, la F, in mezzo, quasi fosse una spada conficcata. La M sta per Madrid. La C per Club; la F per Fútbol. Manca il Real? Già. Il Real è rappresentato, in quel simbolo famoso in tutto il mondo, da una corona. La corona della classe dirigente, monarchica, la corona che strizzava l'occhio – ricambiata – al dittatore Francisco Franco. Il Real, la squadra della *Castilla*, la squadra del potere. Quanta politica c'è in quello stemma non per caso "causa" di divisioni intense e vibranti con l'altra grande del calcio iberico, il Barcellona. Che è una fede, un'appartenenza, più che una squadra. Il Barça come emblema del nazionalismo catalano. Eppure...

Eppure anche i simboli si possono svendere di fronte al sistema GangBank. Un accordo di sponsorizzazione con la Banca Nazionale di Abu Dhabi, presentato in pompa magna negli Emirati Arabi Uniti alla presenza del presidente madridista Florentino Pérez, cancella un particolare non da poco: la croce cristiana che sovrasta la *corona real*. L'appoggio della banca serve come il pane se si vogliono i migliori giocatori del globo, servono i soldi degli emiri per pagare stipendi che infrangono il muro dei record. Il Real da esportazione non odora i soldi; servono e basta. E non importa se per averli bisogna sacrificare ciò che invece tiene in piedi le barricate della tifoseria. Che beffa quella carta di credito stampata e garantita dalla Banca Nazionale di Abu Dhabi che serve anche come tessera del Real.

Florentino Pérez l'aveva già fatto. Perché sa che le regole del gioco globale sono queste. Identità in curva. *Global* in tutti gli altri campi. Ma non è il solo. L'arcinemico blaugrana, il Barcellona, marchia le proprie maglie con la scritta Qatar Airways. Com'è lontano il tempo quando l'appartenenza catalana era la benzina della *cantera*, il vivaio della squadra, e la maglia era intoccabile. Ma così stanno le cose nell'era del football globale.

Quanto valgono gli sponsor sulle maglie di calcio e soprattutto quanto pagano per avere visibilità in quei pochi centimetri quadrati di stoffa? Tanto, tantissimo. Sempre di più. Perché il calcio è un veicolo di comunicazione politica. Non è un caso che arabi, cinesi e altri ricchi asiatici vadano in giro, per lo più in Europa, a comprarsi prestigiose squadre di calcio e/o a metterci i marchi "propri". Sapete chi investe nella sponsorship delle maglie da calcio in Europa? Al primo posto gli Emirati Arabi Uniti con un totale di 163 milioni di euro (+9% rispetto al 2015); Fly Emirates è lo sponsor sulle maglie da calcio più presente nella Champions League o nell'Europa League: Arsenal, Amburgo, Real Madrid, Paris Saint-Germain, il Benfica e l'Olympiakos. In Italia è la griffe del Milan. Non solo. La compagnia di bandiera di Dubai è anche partner ufficiale della FIFA: il suo marchio trionfa anche nei videogiochi delle principali console. Per i nostri figli è un marchio *friendly*.

La finanza araba – e in generale la finanza straniera – ha messo semi preziosi in Europa.

Secondo alcuni calcoli, riportati da Angelo Allegri in un articolo per «Il Giornale» titolato *La calata degli arabi: così gli emiri mettono le mani sull'Italia*, «gli investimenti islamici in Italia avevano superato nella metà del 2015 i 5 miliardi di euro nell'arco di una decina d'anni. A prima vista una cifra di tutto rispetto. E così è, se la si guarda dal lato di chi è stato comprato. Ma se si valuta dal punto di vista degli acquirenti, 5 miliardi diventano una goccia nel mare. Perché la potenza di fuoco finanziaria degli sceicchi è tale che si fa fatica anche a descriverla. Solo i fondi sovrani dei paesi del Golfo, gli organismi statali che hanno l'incarico di investire i surplus derivanti dalla vendita del petrolio, hanno un patrimonio di 2,5 trilioni di dollari. O, detto in modo forse più comprensibile, 2.500 miliardi di dollari. L'autorità per gli investimenti di Abu Dhabi controlla una ricchezza di 773 miliardi, poi viene l'Arabia Saudita con 732 e l'Autorità per gli investimenti del Kuwait con 548; in fila seguono gli altri piccoli paesi della zona. Ai 2,5 trilioni dei fondi sovrani si aggiungono le disponibilità dei grandi gruppi imprenditoriali (uno fra tutti: il gruppo Bin Laden). E poi ancora i patrimoni privati dei singoli: si calcola che i quaranta uomini più ricchi della penisola arabica abbiano da soli una ricchezza di 146 miliardi di dollari». Ecco la potenza di fuoco finanziaria del mondo arabo.

Questo articolo si ferma al marzo 2015, da allora altri investimenti sono stati conclusi. In Italia, i loro fondi sovrani sono partner di imprese e di aziende strategiche. Hanno proprietà immobiliari in zone di lusso. Insomma, sono imprescindibili. Esattamente come nel calcio i soldi servono per tenere competitivo e attrattivo il "circo pallonaro", la finanza straniera è ossigeno anche per il neoliberismo del GangBank.

A Milano, il modernissimo quartiere di Porta Nuova parla arabo grazie al fondo di investimento del Qatar: tutti i nuovi palazzi della zona, disegnati da famose archistar, sono totalmente in mano mediorientale. Tra questi c'è il grattacielo di UniCredit, il nuovo segno della skyline milanese nonché il grattacielo più alto d'Italia. Qui ha sede la prima banca italiana per presenza internazionale, UniCredit. Oddio, italiana... Il primo socio è arabo. Ma che importanza ha, visto che anche nel ventre di Piazza Affari c'è seme arabo poiché la casa madre London Stock Exchange è controllata dalla Borsa di Dubai (ha il 17,4% del capitale) e la Qatar Investment Authority (10,3%).

Ci fermiamo qui. L'elenco del capitalismo italiano terra di conquista è lungo e articolato. Dalle banche al turismo, dall'industria pesante a quella 2.0, il denaro ha smesso di essere giudicato con la puzza sotto il naso. È un dato di fatto della globalizzazione.

Così come viene considerato un dato di fatto della globalizzazione anche il multiculturalismo, la multietnicità, la società aperta. Nel mondo globale non ci sono muri né per il capitale né tanto meno per le genti. Almeno fino a quando il tappo salta, perché la gente si accorge dell'inganno.

La scorsa estate l'«Economist» (giornale delle élite finanziarie) ammise le proprie colpe per non aver saputo leggere la realtà britannica alla vigilia del SÌ alla Brexit e descrisse il mondo come un altopiano diviso in due tribù separate da un crepaccio profondissimo. Da una parte, la tribù dei globalisti e dei convinti supporter del multiculturalismo e delle società multietniche con i loro cartelli di benvenuto a tutto ciò che era straniero; dall'altra, il popolo dei muri con i loro NO ACCESS, con i loro VIETATO ENTRARE. In mezzo, il crepaccio. Che però – ecco dove sbaglia l'«Economist» – non è deserto. Chi abita il crepaccio?

Il sempre lucido Giulio Sapelli ci offre uno spunto assai interessante parlando di questa platea invisibile come «popolo degli abissi», prendendo a prestito un'espressione di Jack London. Chi è questo popolo degli abissi che abita il crepaccio e che emerge prepotentemente? «I giovani poveri, i vecchi poveri, gli emarginati, le classi medie povere, gli operai senza più diritti, le famiglie che non riescono più a vedere un futuro per i propri figli» scrive Giulio Sapelli, storico dell'economia, ex presidente della Fondazione Enrico Mattei. «Questo popolo degli abissi, che emerge dalle basse stratificazioni sociali, [...] si è messo in moto. Charles Tilly, Leopold Haimson e io, vent'anni e più or sono, avevamo scoperto in uno studio europeo comparato sui movimenti collettivi che la protesta sociale si metteva in atto non quando le cose andavano peggio materialmente, ma quando un barlume di speranza appariva all'orizzonte. [...] Al popolo degli abissi di essere definito populista non cale un bel nulla, soprattutto perché populista non lo è affatto, è solo un fiume di persone che si ingrossa sempre più alla ricerca dell'anello della catena che bisogna tirare per alzare il ponte levatoio e raggiungere quei beni comuni che sono stati tipici del patrimonio della sinistra storica che poi si è dileguato dopo Blair e Clinton e i vari seguaci. È già successo altre volte nella storia» conclude Sapelli, uomo di sinistra, socialista e profondamente distante dai modelli trumpisti o lepenisti o salviniani o ancora pentastellati. «Quando i beni comuni non sono stati offerti dalla classe politica di sinistra, sono stati da circa due secoli offerti dalla destra.»

Il popolo degli abissi, quello che stagnava, umiliato, nel crepaccio che l'establishment non ha visto perché troppo impegnato ad arricchirsi avidamente, è emerso. Dovunque. Senza più badare alle casacche di appartenenza. Il grande storico marxista Eric Hobsbawm – colui che splendidamente definì il Novecento come "secolo breve" – dedicò gran parte dei suoi studi alle classi sociali che oggi animano il popolo degli abissi; ne perimetrò il senso sociale e politico. Ma la sinistra era troppo impegnata a trovare terze vie neoliberiste per curarsi di loro. Aveva fame di potere. Così divenne complice e palo del sistema GangBank. Campioni di questa sinistra traditrice sono stati Bill Clinton in America e Tony Blair in Gran Bretagna. Sui loro *speech* si accordarono presto i D'Alema e i Prodi, i Letta (Enrico) e i Renzi. Bill Clinton aprì il varco alle élite abrogando la legge Glass-Steagall del 1933, cioè la legge che separava le attività della banca di deposito (cioè le banche che gestivano i risparmi dei cittadini) dalle banche di investimento. Tony Blair si accodò e convinse le sinistre europee che questa fosse la strada maestra da seguire. Da quel momento i risparmi e i cittadini divennero le prede del sistema GangBank. Non solo, in quel momento il neoliberismo capì di non avere più oppositori.

Il popolo degli abissi pian piano crebbe, fuori dai radar di tutti. Anzi, si moltiplicò nella menzogna della globalizzazione. La stessa globalizzazione che porta a cancellare le identità definendole un limite alla modernità. Nessuno però rifletté più su cosa dovesse essere la globalizzazione, il multiculturalismo, la società multietnica, la società multirazziale. «Era cosa buona» sentenziarono con piglio divino i progressisti, i riformisti di tutto il mondo. La parola del nuovo dio era e doveva essere infallibile. A qualsiasi costo. Poi la globalizzazione va in crisi, perché se da una parte è vero che ha accorciato le distanze tra il Nord e il Sud del mondo, dall'altra ha allargato vergognosamente la forbice tra ricchi e poveri.

Nessun illuminato riformista *liberal*, nessun retore del politicamente corretto è nelle condizioni di disagio o addirittura di disastro sociale di chi oggi non ha più voglia di ipocrite lezioncine intrise di politicamente corretto e si tappa le orecchie per non sentire prediche ipocrite sul solidarismo borghese. È allora il tempo degli egoismi? No, è il tempo di una giustizia riparatoria. Se oggi un cinese sta meglio, alla tuta blu desalarizzata di Detroit non importa nulla. Idem per le ragioni umanitarie dei profughi: la rabbia delle periferie è una rabbia senza appartenenza politica, è solo la rabbia di una povertà che si ripresenta. E che i salotti culturali vorrebbero ammansire con le parole "pietismo" o "solidarismo".

Il *mea culpa* di qualche *spin doctor*, ex collaboratore dei Clinton o di Obama, non è servito a invertire la rotta. «Ho sempre creduto all'utilità degli investimenti internazionali. Anch'io ho contribuito a promuovere la globalizzazione. Ma non bisognava dare il controllo di questi processi in mano a Wall Street e Big Pharma» ebbe a dire Jeffrey Sachs della Columbia University. Credete che sia servito a qualcosa? No, infatti tutti gli accordi commerciali, dal TPP al TTIP (accordi che costituivano il manifesto della *Obamanomics*) allo stesso CETA, sono stati pensati proprio dagli uffici legali delle multinazionali finanziarie e di Big Pharma.

Nemmeno le analisi sulle diseguaglianze generate dal neoliberismo elaborate da studiosi come Paul Krugman o Joseph Stiglitz sono servite a far aprire occhi e orecchie. Questo nuovo mondo non si deve fermare: la globalizzazione va rafforzata. Così, se in America arriva uno strano personaggio protezionista e iperconservatore, a difendere le regole neoliberiste ci pensa Xi Jinping, segretario generale del più grande e potente partito comunista, leader di una Cina nazionalista, motore di un'economia dirigista non meno protezionista verso le imprese occidentali. A Davos, il club dei potenti applaude lui, il presidente padrone. Perché rappresenta la Cina, la quale, grazie ai suoi bracci armati finanziari proprietà dello Stato, dopa ulteriormente un mercato dopato. Tra spacciatori di doping, evidentemente, si intendono a meraviglia.

Le loro strade, cioè i loro business, si incroceranno sulle nuove "vie della seta": il corridoio economico Cina-Mongolia-Russia; il New Asia-Europe Land Bridge (il doppio nuovo ponte terrestre eurasiatico); il corridoio economico Cina-Medio Oriente-Sudovest asiatico; il corridoio economico Cina-Pakistan, quello Bangladesh-Cina-India-Myanmar e quello Cina-Indocina. Come se non bastassero le nuove vie della seta, Pechino aggiunge la prima base militare cinese in territorio estero: nel Gibuti, per far fronte alla pirateria somala. In più, tutti gli investimenti dei fondi statali cinesi in giro per il mondo, Africa centrale e Australia compresi. Il governo di Pechino ha bisogno del petrolio degli arabi, ecco perché una delle nuove vie della seta punta lì, nell'instabile

Medio Oriente dove Xi Jinping è pronto ad alleanze politiche strategiche. Chi dà le carte il prossimo giro sarà sempre più questa superpotenza economica, dai delicati piedi d'argilla. Ma chi se ne importa: la pallina del sistema GangBank deve continuare a girare sulla roulette finanziaria e il Drago Rosso ha tanti, tantissimi soldi da spendere. E tanti accordi da stipulare.

La Cina replicherà il modello americano proprio mentre Trump ne vuole rivedere le regole finanziarie. Così parlava Jack Ma, il capo di Alibaba a Davos: «Trent'anni fa quando mi sono laureato si parlava di una strategia fenomenale: l'esternalizzazione (*outsourcing*) da parte degli USA della manifattura e dei servizi. La manifattura andava al Messico e alla Cina, i servizi all'India. Grossomodo gli americani dicevano: "Noi vogliamo mantenere il controllo della proprietà intellettuale, della tecnologia, del brand e lasciare il resto alle altre parti del mondo". In questo modo, le compagnie americane hanno fatto miliardi dalla globalizzazione. Quando mi sono laureato in Cina» continuava Jack Ma «provai a comprarmi un cercapersone Motorola. Costava 250 dollari e io ne guadagnavo 10 al mese come insegnante. Produrre il chip ne costava solo 8. Ecco, con questo metodo, trent'anni dopo, IBM, Cisco, Microsoft hanno fatto molti più profitti che le quattro maggiori banche cinesi messe assieme».

«Ma dove sono andati a finire tutti questi soldi?» domanda ancora Jack Ma alla platea di Davos. «Le compagnie della Silicon Valley hanno investito in Wall Street, dove la crisi finanziaria ha bruciato 19,2 trilioni di dollari e cancellato 34 milioni di posti di lavoro nel mondo. Inoltre, in questi anni gli americani hanno avuto tredici guerre, spendendo 14,20 trilioni di dollari. Quel denaro non è stato usato per le infrastrutture o per sostenere i lavoratori del Midwest, gli impiegati e gli operai. La soluzione, allora, è cominciare a spendere i soldi per i cittadini.»

Rispetto al tempo in cui Jack Ma si laureava e calcolava il super profitto di Motorola sul cercapersone e gli americani spostavano la manifattura nelle aree globali dove i costi del lavoro erano più bassi sono trascorsi diversi decenni, ma il disegno di creare nuove periferie dove scaricare le miserie non si è bloccato. In America il contraccolpo elettorale ha fatto capire che i cittadini non hanno più voglia di farsi fregare posti di lavoro e salari. Così il meccanismo della globalizzazione è stato fatto proprio dalla Cina (e in parte dall'India), che ha avviato politiche di delocalizzazione ben pianificate dal governo.

GangBank ha bisogno della leva finanziaria e di lavoratori a costi di saldo, lavoratori merce. Schiavi 2.0. Le periferie del mondo sfornano schiere di disperati: c'è chi resta in loco e chi invece è pronto a muoversi. Se si muovono i capitali perché queste nuove merci in carne e ossa non dovrebbero muoversi con la stessa libertà? Muhammad Yunus, il banchiere dei poveri, inventò una tecnica bancaria capace di dare dignità anche ai poveri più poveri. Inventò il microcredito e una banca, la Grameen Bank, per dare una speranza alle popolazioni povere del Bangladesh. Non un credito basato sulla solvibilità ma sulla fiducia, soprattutto sociale. Il suo disegno era di non depauperare le risorse umane del proprio paese, anche se povero.

Povertà, dignità, riscatto: nel paradigma di Yunus non c'erano le migrazioni irrefrenabili e inevitabili. Anzi, Yunus è sempre stato critico verso questa prospettiva. Aveva e ha ragione: le migrazioni fanno parte delle storie, ma non sta scritto da nessuna parte che esse non possano essere governate. Allora, la verità è che c'è un sistema che spinge per tenere le maglie larghe. Migrazioni incontrollate significano paura, insicurezza, instabilità da una parte, quantità di esseri umani da tenere sotto schiaffo dall'altra (migrazioni significano anche importanti spese nell'industria militare). Il resto lo fa la retorica del buonismo. Il resto lo fanno coloro che, nella cipria del solidarismo, consumano i loro loschi e puzzolenti traffici.

Profughi, Trump "congela" per quattro mesi l'immigrazione. E stop a tutti i cittadini da sette paesi islamici titolano i giornali di tutto il mondo contro il Muslim Ban. «Il presidente USA firma due decreti esecutivi per "tenere fuori dall'America i terroristi".» «Ingresso negli Stati Uniti sospeso per tre mesi per i cittadini di sette paesi musulmani: Siria, Libia, Iran, Iraq, Somalia, Sudan, Yemen.» «Bloccato il programma di accoglienza per i profughi: passeggeri con il visto, ma provenienti da Il Cairo e Teheran, bloccati negli aeroporti. Poi priorità solo ai rifugiati cristiani. Sospesi *sine die* gli ingressi di siriani. E per tre mesi niente ingresso per qualsiasi cittadino libico, iraniano, iracheno, somalo, sudanese e yemenita. Cancellato il rinnovo automatico dei visti per tutti gli stranieri. Caos negli scali e proteste diffuse in America.» La raffica di agenzie fa presto a diffondersi nel mondo.

Non vedevano l'ora di portare *the Donald* fuori dal perimetro delle battaglie lavorative. Non vedevano l'ora di uscire dalle discussioni su quanto il neopresidente stesse aiutando la *middle class* statunitense con le sue politiche protezioniste; i *democrats* e le penne *liberal* stavano capendo che le loro critiche a Trump scivolavano come acqua sul marmo senza intaccare la fiducia degli imprenditori e della *middle class*. Per non dire della Borsa che incredibilmente stabiliva nuovi record di scambi.

Finalmente, a febbraio, Donald ha fatto *the Donald*. Trump ha mostrato il suo profilo razzista. Trump, lo xenofobo. Trump, il conservatore più becero. Trump, il nazista. Finalmente l'esercito delle anime belle poteva esercitarsi nelle sue specialità dialettiche all'insegna del buonismo. I buoni contro i cattivi. I solidali contro i beceri. «Non si ricorda una simile mobilitazione del capitalismo americano contro un presidente» scriveva Federico Rampini corrispondente di punta in America per «Repubblica». «Stavolta Donald Trump ce li ha contro tutti, non solo le aziende digitali della West Coast ma il capitalismo più tradizionale, le banche di Wall Street, perfino i petrolchimici della dinastia Koch. È riuscito a unirli tutti all'opposizione, contro il suo decreto blindafrontiere.»

È vero, li ha messi tutti nell'altra metà del campo. Lui, il cattivo. Contro gli altri, i buoni. Specie quelli della Silicon Valley che mai lo hanno avuto in simpatia. Il gran capo di Apple, Tim Cook, ricordava che il compianto Steve Jobs era figlio di siriani. Anche mister Facebook Mark Zuckerberg ha snocciolato le sue origini straniere. E che dire di Starbucks: dal quartier generale di Seattle – ci informava ancora Rampini – «annuncia che assumerà diecimila rifugiati entro i prossimi cinque anni. [...] Airbnb offre alloggi gratis ai profughi. Uber offre prezzi scontati a chi ha bisogno di un passaggio per andare a manifestare negli aeroporti. Google vara un fondo di solidarietà di 4 milioni con chi ha subito danni del blocco degli ingressi, Lyft fa lo stesso con un milione di dollari». Che bello questo mondo giusto e solidale tanto caro alla Silicon Valley. Se non fosse che...

Se non fosse che forse così buoni, i buoni non lo sono. E che tutto questo buonismo alla fine sia un bel modo per lavarsi la faccia, tenersela pulita verso un pubblico modernista, politicamente corretto e acriticamente aperto ai cambiamenti.

In Italia il campione assoluto di questo mondo si chiama Sergio Marchionne. Il 27 agosto dello scorso anno parlando all'università LUISS di Roma ebbe a dire le seguenti parole: «Non possiamo demandare al funzionamento dei mercati la creazione di una società equa. I mercati non hanno coscienza, non hanno morale, non sanno distinguere tra ciò che è giusto e ciò che non lo è. [...] Sono una struttura che disciplina le economie, non la società. Se li lasciamo agire come meccanismo operativo delle società, tratteranno anche la vita umana come una merce». Nello stesso discorso, usò anche quelle parole che avevamo già riportato in un altro capitolo: «C'è un limite oltre il quale il profitto diventa avidità e chi opera nel libero mercato ha il dovere di fare i conti con la propria coscienza».

Ripeto: così parlò Sergio Marchionne, uno dei top manager più pagati, uno dei top manager più vicini alle logiche del neoliberismo. Sentirlo criticare il mercato quando egli ha solo il mercato come bussola appare beffardo, forse persino ipocrita. Non mi risulta che Marchionne abbia mai messo in discussione il proprio stipendio variabile, cioè ciò che lo fa schizzare nell'olimpo dei ricchissimi e non mi può risultare perché egli stesso è l'arbitro della propria remunerazione. Né mi risulta che il "manager con il maglione" abbia lavorato per migliorare gli stipendi dei propri lavoratori, anzi mi ricordo di grandi spaccature con i sindacati e con lavoratori della FIOM; né mi ricordo di scelte che non andassero sulla scia di quel «mercato funzionale ai profitti della multinazionale». Del resto non è la FCA di Marchionne che si è scelta la sede fiscale più conveniente?

Marchionne dunque è sulla scia di quei top manager del neoliberismo che predicano il buonismo ma poi compiono ben altre scelte. La schiera degli oppositori a Trump (del quale non mi interessa prendere le difese: lo considero il perfetto inciampo della storia per sperare di cambiare il corso degli eventi. Non credo, tanto per essere chiari, che egli sarà l'angelo giustiziere contro GangBank. Applica solo vecchi schemi solidi dell'economia repubblicana, che gli stessi repubblicani avevano smarrito per strada) è una eletta schiera di capi-padroni. Altro che campioni dell'altruismo o della solidarietà. Facile per i top manager di Wall Street prendere le difese dei poveri profughi dopo che le loro sciagurate scelte finanziarie hanno provocato un impoverimento.

Goldman Sachs e J.P.Morgan che tifano per l'America delle diversità sono le stesse merchant bank responsabili – loro con altri, sia chiaro – della grave crisi finanziaria cominciata quasi dieci anni fa. Con che faccia si permettono di fare la morale? Facile per i capi delle multinazionali predicare il *You're welcome* dopo che hanno delocalizzato o, peggio, usato la catena produttiva viziata da ogni tipo di *dumping*. Mettiamo pure che Trump sia il peggiore dei fanatici, ma loro rappresentano i sacerdoti di un fanatismo GangBank che ha provocato l'impoverimento delle persone. Costoro sono il motore della disparità fotografata dai dati globali. Vediamoli bene, allora, questi campioni del "volemose tutti bbene" che dalla Silicon Valley hanno cominciato a distruggere il lavoro. Iniziamo a vedere dove pagano le tasse i signori di Apple, di Google, di Starbucks, di Amazon, di Airbnb, di Uber, di Lyft: davvero vogliono bene agli americani? Davvero sono così patrioti come dicono di essere quando sottolineano che l'America è un paese di profughi e di stranieri?

Io penso che siano soltanto degli ottimi predicatori dalla doppia morale. Gente che inganna con le parole, gente che vende una falsa idea di modernità e di globalizzazione strizzando l'occhio solo ai propri profitti e fregandosene altamente dei diritti dei lavoratori. Usano le parole come i serpenti usano il veleno. Vogliono la società aperta, ma stanno distruggendo i diritti. Vogliono la società multiculturale, ma attuano l'egoismo del profitto immorale. Sono i campioni della *sharing economy* ma costringono i lavoratori alla *gig economy*. Mi fa specie pensare che un leader italiano guardi alla California come alla Mecca del saper far bene, quando proprio in California quel modello che egli pensa essere ottimale è messo fortemente in discussione dal basso.

La tanto rivoluzionaria Uber, la multinazionale che ha fatto breccia tra i liberisti alle vongole per aver rotto la lobby dei tassisti (capite a che punto arriva la retorica di questi signori: quella dei tassisti sarebbe una lobby, una lobby contro cui agitare le masse. I tassisti una lobby...), è stata condannata da un tribunale londinese perché in nome di una liberalizzazione totalmente arbitraria ha giocato la partita con regole tutte sue. Un provvedimento analogo ha bloccato UberPop a Milano. A Londra però è successo un qualcosa che forse può essere il cavallo di Troia per riportare la *sharing economy* sui giusti binari. Già, perché mentre lorsignori fanno la morale a Trump, al razzista Trump, all'antidemocratico Trump, un tribunale li ha messi in riga sul rispetto dei diritti. Uber (e quelli che come loro applicano la stessa logica del lavoratore non dipendente ma imprenditore di se stesso) è stata condannata a riconoscere la condizione di lavoratore parasubordinato ai propri driver. Altro che collaboratori a contratto...

La storia è questa, l'ha raccontata sul «Venerdì di Repubblica» Riccardo Staglianò. Un driver di Uber, durante il proprio servizio, viene offeso pesantemente da un cliente. Offese a sfondo razzista. Da qui la richiesta del driver a Uber di conoscere l'identità completa del cliente per sporgere denuncia. Che fanno quelli di Uber, i democratici signori di Uber, quelli che si muovono contro Trump perché razzista? Negano al proprio driver – Yaseen Aslam – i dati del cliente.

Ora – è stato il ragionamento del giudice londinese – che razza di lavoratore autonomo è colui che non conosce nemmeno l'identità del proprio cliente? Il castello di Uber è crollato sotto la sua stessa ipocrita impalcatura di business libero da qualsiasi regola. E ha perso la causa. «Altro che *independent contractor*, questo è lavoro parasubordinato» gli ha fatto capire con una sentenza il giudice londinese: Uber (e quelli come la multinazionale americana) non vende soltanto il software ma vende le corse. Quindi il legame con la propria flotta di driver non può sfuggire al riconoscimento dei diritti.

Ovviamente tutti questi nuovi padroni 2.0 sanno benissimo che stanno violando le regole più basilari del diritto del lavoro e in molti casi pure quelle fiscali. Corse scontate per chi andrà negli aeroporti a protestare contro il provvedimento di Trump, raccontava Rampini su «Repubblica». Che bella gente. Per fortuna esistono ancora dei giudici – e non degli arbitri, come vorrebbero nelle loro scritture che si chiamano "trattati internazionali": nei vari TPP, CETA e TTIP infatti è prevista anche la sostituzione dei tribunali con gli arbitri scelti dalle multinazionali – che hanno chiare le regole del diritto e non piegano la testa. La vera rivoluzione starebbe proprio nel portare in causa tutti questi furbetti 2.0 e fare pagare loro quello che tolgono con il ricatto dei lavoretti. E allora si scoprirà il gioco, e cioè che pagando tutto il dovuto e tutte le tasse, queste multinazionali dai profitti miracolosi scoppierebbero in un istante. Senza per questo causare grandi perdite di posti di lavoro, visto che il lavoratore è l'ultima loro preoccupazione.

Esagero? No. Il patron di Uber, Travis Kalanick, lo ha ammesso senza vergogna. Nel 2014, durante la Code Conference di San Francisco, rispondendo a chi si lamentava per le tariffe ancora troppo alte e troppo poco competitive, Kalanick spiegò che «la ragione per cui Uber ha determinati costi è che oggi si paga non solo la macchina, ma la persona che la guida. Quando non ci sarà il conducente nell'auto, il costo di Uber per andare in qualunque posto diventerà molto più basso che possedere una propria automobile. Ecco dov'è il trucco: portare per tutti la tariffa al di sotto del costo di proprietà dell'automobile. Così scomparirà la necessità di possedere una macchina».

Ora, ditemi se questo tipo di manager può permettersi di fare ad altri il predicozzo sul rispetto delle persone o delle regole. Ovviamente le parole di Kalanick provocarono forti polemiche e persino una campagna di boicottaggio. Il gran capo fu così costretto a una retromarcia. Di facciata. Già, perché Uber il progetto dell'auto che viaggia da sola, l'auto "senza quell'altro tizio dentro", l'auto con il pilota automatico, lo sta preparando sul serio. È il vero grande business che lo assilla. Tanto da ingaggiare un ex dipendente di Google impegnato su un progetto analogo con la conseguenza di arrivare alle carte bollate per spionaggio industriale e furto di brevetti. L'auto senza pilota è un progetto su cui altri illuminati, democratici e moderni imprenditori stanno convergendo soldi e sforzi. Da Google alla Tesla. Non stiamo parlando di fantascienza ma di prototipi già in cantiere e software già operativi. La Tesla, per esempio, è molto avanti in tal senso.

Il mondo alla Uber è il mondo che piace ad Amazon, a Google, a Facebook, alle start up che tanto ci fanno comodo perché ci semplificano la vita. Questo mondo però può essere fermato. Come? Facendo valere, come dicevo, i diritti garantiti dalla Costituzione italiana. Per questo la vorrebbero far fuori, perché i cittadini non sono merce e i lavoratori non sono un fastidio da gestire. Il mondo della globalizzazione è dominato dalle stesse vecchie logiche del padrone delle ferriere: un tempo si andava nei paesi più poveri per sfruttare i lavoratori e scaricare nelle loro terre il peggio delle produzioni industriali, ora che i poveri e i ricattabili si trovano o arrivano autonomamente pure nell'Occidente non ha più senso delocalizzare. Per questo i "buoni" tifano per le migrazioni: più disperati arrivano e più l'esercito dei lavoratori low cost si ingrossa.

La reazione della Silicon Valley o delle multinazionali alle politiche di Trump è il contrattacco al ritorno delle barriere, dei confini e delle dogane, al rafforzamento del protezionismo economico. Le multinazionali non vogliono limiti alla loro espansione globale, non vogliono restringere quelle maglie larghe che hanno consentito elusioni fiscali, compressione dei diritti del lavoro e dei salari, violazione delle regole ambientali. Frontiere significa confini; confini significa Stato; Stato significa Costituzione e Costituzione significa bilanciamento di poteri, riconoscimento di diritti e di doveri, conferimento di ruolo a partiti, associazioni e sindacati. L'America che contesta Trump (e qui non mi riferisco a quella VIP o dell'establishment) è un bene, significa che la democrazia funziona. Di contro ho paura quando il gioco democratico viene superato da visioni e manifesti all'insegna del villaggio globale. I (finti) buoni sono più pericolosi e insidiosi dei cattivi. Considero il manifesto politico di Zuckerberg più pericoloso degli intenti o dei deliri (dipende dai punti di vista) di Trump, perché il secondo ha e avrà addosso gli occhi puntati di chi gli si oppone, mister Facebook invece no. E il perché è facile da capire: che senso ha fare opposizione ai buoni? Perché opporsi alla modernità?

La globalizzazione che stiamo vivendo è in assenza di regole, tranne quelle sancite dal sistema GangBank. Ecco perché GangBank non vuole perdere la partita. È in corso il riconoscimento del campo dove si gioca la partita. La finanza accetta solo le sue regole, sancite nei trattati internazionali. Le crescenti perplessità o addirittura lo scetticismo verso l'Europa dei burocrati è un pessimo segnale per lorsignori.

Chi si è arricchito sulle spalle degli altri non sa cosa significhi dover condividere gli spazi – di per sé già degradati – e i diritti. Disse bene Branko Milanović nel suo libro *Global Inequality*: «All'interno dei nostri paesi, a coloro che sono stati impoveriti, non possiamo dire che i cinesi stanno meglio grazie alla globalizzazione. Non è una consolazione». Nemmeno è una consolazione sapere che la società aperta, multiculturale e multirazziale è una società più giusta in sé, perché se questa apertura diventa un detonatore sociale il mondo esplode. Clint Eastwood in quello straordinario film che è *Gran Torino* ha saputo fotografare questa sofferenza, questa tensione continua, riuscendo solo nel finale a dargli una espiazione cinematografica di grande suggestione. Ma non sempre potrà finire con un Walt Kowalski, con le sue idee, che paga per tutti.

Le dinamiche della *sharing economy*, ultima frontiera della retorica buonista, sono dinamiche che poggiano su un disegno politico, sociale, distruttivo. Proviamo a capire. Quando nel 2008 scoppiò la crisi finanziaria, le élite hanno cominciato a racimolare profitti mostruosi. Nel 2012, solo in Italia, fallirono 34 imprese al giorno; 507.000 persone rimasero senza lavoro (senza considerare le centinaia di migliaia di lavoratori in cassa integrazione); il PIL segnò un -2,4%, cioè il peggior crollo del fatturato del dopoguerra dopo quello indotto dal fallimento appunto di Lehman Brothers, il Ground Zero della crisi. Di contro, i ricchi nel 2012 aumentarono: 127.000 italiani in più rispetto all'anno precedente accrebbero il proprio patrimonio oltre il milione di dollari americani. I milionari in dollari d'Italia erano 1.412.000 alla fine del 2011 e sono saliti a 1.529.000 alla fine del 2012. Questo era il report che ci consegnava il Global Wealth Report del centro studi di Credit Suisse, banca svizzera specializzata in gestione di patrimoni.

Così, mentre l'economia reale arrancava ed era in affanno di fiato, le imprese finivano negli abissi spinte giù da banche e mercati drogati, i lavoratori vedevano consegnate lettere di licenziamento; insomma mentre il mondo reale soffriva e non vedeva una luce, i Paperon de' Paperoni crescevano. E come avevano fatto a crescere? Cosa era successo? Niente, avevano solo vinto una scommessa pesante nel gran casinò delle Borse. Mentre tanti italiani si avvicinavano a soglie di povertà, bruciando risparmi per sopravvivere, alcuni altri vedevano salire il valore dei loro patrimoni investiti in azioni e obbligazioni. Erano giocatori del GangBank.

Dal 2012 a oggi, quella forbice è aumentata. I ricchi iscritti al sistema GangBank hanno continuato a beneficiare delle prestidigitazioni magiche della finanza. In Italia come altrove la globalizzazione è solo virtuosa per i pirati del neoliberismo.

Le élite imparino l'umiltà o il populismo sarà trionfante scriveva Stephen Hawking commentando il SÌ alla Brexit e la vittoria di Trump. «Essendo un fisico teorico che vive a Cambridge, ho vissuto la mia vita in una bolla di eccezionale privilegio. [...] Ho la netta impressione che la mia torre d'avorio diventi sempre più alta. Pertanto faccio parte senza dubbio di quelle élite che recentemente [...] sono oggetto di un inequivocabile rigetto. [...] Siamo di fronte a un grido di rabbia da parte di persone che si sono sentite abbandonate dai loro leader. [...] Il crac finanziario ha rivelato a tutti che un numero ristrettissimo di individui che lavorano nel settore finanziario può accumulare compensi smisurati, mentre tutti gli altri fanno da garanti e si accollano i costi quando la loro avidità ci conduce alla deriva. [...] Dovremmo rigettare questi risultati elettorali liquidandoli come sfoghi di un populismo grossolano che non tiene in considerazione i fatti [...]? A mio parere sarebbe un terribile errore.»

Una severa autocritica, importante, quella del fisico Hawking. Ma il meglio deve ancora arrivare. «Le inquietudini che sono alla base di questi risultati elettorali e che concernono le conseguenze economiche della globalizzazione e della accelerazione del progresso tecnologico sono assolutamente comprensibili. L'automatizzazione delle fabbriche ha già decimato l'occupazione nell'industria tradizionale e l'ascesa dell'intelligenza artificiale probabilmente allargherà questa distruzione di posti di lavoro anche alle classi medie [...]. Tutto questo a sua volta» prosegue Stephen Hawking «accelererà la disuguaglianza economica, che già si sta allargando in tutto il mondo. Internet, e le piattaforme che rende possibili, consentono a gruppi molto ristretti di persone di ricavare profitti enormi con un numero di dipendenti ridottissimo. È inevitabile, è il progresso, ma è anche socialmente distruttivo.»

È inevitabile. È il progresso. È distruttivo. Allora dobbiamo scegliere: o vince il progresso inevitabile e distruttivo oppure vince il progresso disciplinato. Registi del primo scenario sono le élite del GangBank. Registi del secondo sono le classi dirigenti. È la politica. Bussola dei primi sono i trattati internazionali che regolano i *desiderata* del profitto senza esclusione di colpi. Bussola dei secondi sono le Costituzioni.

Ma torniamo al monito lanciato (anche) da Hawking: cari imprenditori dell'economia 2.0, «ristretti gruppi di persone che ricavano profitti enormi con un numero di dipendenti ridottissimo», il percorso che avete tracciato in accordo con la finanza e che state percorrendo porta tutti verso un burrone. A Milano e a Roma i tassisti sono venuti alle mani con i driver di Uber, idem a Bruxelles. Lo hanno fatto per difendere il loro guadagno. Non era la rivolta solo di un gruppo di lavoratori che non accettavano la concorrenza, era la rivolta di chi ha le carte in regola per il trasporto di persone contro chi, con la pettorina di una multinazionale, voleva scardinare le regole attuali per imporne altre. Le proprie. Con il tifo attorno degli ultrà liberali e liberisti, visionari di una modernità falsa, se non professionisti al soldo di banche e multinazionali (sapeste quanti giornalisti, esperti, commentatori e professori ricevono profumati gettoni di presenza per presenziare a certi convegni...).

Le regole dell'economia 2.0 si presentano come regole proiettate verso il futuro, verso un'occupazione e una crescita vendute come miracolistiche anche quando non lo sono. Loro, il mondo nuovo, il mondo del mercato libero, contro il mondo degli statalisti, del pubblico, il mondo delle corporazioni, delle caste, dei privilegi. Il mondo degli altri. Altruismo contro egoismo. La tribù del *You're welcome* contro la tribù dei muri. Invece le cose sono ben diverse. La libertà e la modernità sono il *maquillage* per abbellire gli inganni e i trucchi dei diavoli finanziari, degli squilibri sociali, della privazione del lavoro e del progressivo indebitamento privato che diventa una trappola. Altro che anime belle. Altro che accoglienza. Altro che multiculturalismo. Alle popolazioni dell'Africa sahariana e subsahariana hanno dato in mano un cellulare sempre connesso molto più che l'acqua potabile.

Allora vediamole queste regole del gioco scritte dai nuovi "padroni del vapore". Vediamo perché la *sharing economy* si regge su un inganno. Abbiamo già visto che la crisi finanziaria ha impoverito la classe media. E abbiamo anche visto come la mancanza di stipendio sia stata compensata da una finanza allegramente ingannevole: «Non avete i soldi per fare shopping o per fare la spesa, per comprare la casa o l'auto, insomma per essere ancora "utenti"? Be', ve li diamo noi, ve li prestiamo noi. A debito». La finanza non può fermarsi, deve far girare soldi e generare profitti di carta. E amen se poi crolla tutto. Tanto ci pensa il vecchio Stato a metterci i soldi e riequilibrare il sistema.

La crisi non ha fermato il sistema GangBank. Anzi. Oltre ad aver normalizzato la vita a rate, ha finanziato le start up. Cosa si sono inventati? L'inganno suona pressappoco così: «Caro lavoratore che hai perso il posto o sei sottopagato e che fai fatica ad arrivare alla fine del mese, sai che c'è? Ti vengo incontro io. Incrociamo le forze. Hai delle stanze o addirittura una casa che puoi far vivere per affitti mordi e fuggi? Ti diamo la possibilità di arrotondare in qualche modo. Hai un'auto e del tempo libero? Inventati accompagnatore». Lavoretti per arrotondare. Così, mentre il cittadino ci guadagna qualcosina, la società che vende il software ci guadagna... qualcosona. Che magari mette al riparo del fisco delocalizzando in paesi fiscalmente più convenienti.

Il sistema GangBank chiede diritti del lavoro il più flessibili possibile. In fondo conviene a tutti: il costo del lavoro è pesante, la crisi occupazionale è densa, quindi qual è la ricetta neoliberista? Flessibilità al quadrato. Riccardo Staglianò ha scritto un saggio interessantissimo, titolato *Al posto tuo*. Egli descrive la condizione della società americana dove «i lavoratori vanno giù a picco, mentre quelli part time cominciano a crescere impetuosamente», dove «chi ha perso un lavoro vero è costretto a mettere insieme una costellazione di lavoretti per rimpannucciare più o meno la cifra di prima», non rendendosi conto che spesso «è la stessa *sharing economy*, come nel caso di tassisti full time riciclatisi come autisti di Uber o di Lyft, ad averli spinti tra le braccia dei loro carnefici, rendendo meno redditizie le vecchie occupazioni».

«Ciò che spinge sempre più persone a mettersi in casa o in auto uno sconosciuto non è affatto la fiducia, ma la disperazione; il bisogno impellente di entrate supplementari. Serve perciò il talento di marketing di professionisti per rendere commestibile la nuova povertà americana.» Staglianò qui aggiunge un particolare molto interessante, che rivela il tradimento delle classi dirigenti: «Serve il talento di professionisti come Natalie Foster che aveva guidato la squadra New Media della campagna elettorale di Obama sulla riforma della sanità (non sarà l'unica transfuga dallo staff presidenziale: evidentemente la *sharing economy* non paga male)». Ancora il vecchio giochino delle *sliding doors*: si fanno fruttare le relazioni politiche, di vertice, per fare lobbying. Per raccontare una verità di plastica.

Fatto sta che con un'ottima rete di relazioni e una brillante campagna di comunicazione queste app prendono piede. Tra i disperati che hanno bisogno di uno stipendio "purché sia", perché hanno rate da pagare e delle bocche da sfamare. E prendono piede tra i clienti, che ovviamente ignari del danno di questa rivoluzione virtuale, sorridono ai driver di Uber o ai riders di Foodora, agli affittuari di Airbnb o ai fattorini di Amazon e a tutti coloro che «ci semplificano la vita». Il fatto è che la semplificazione, come vedremo, coincide con lo svuotamento delle vite degli altri. L'inganno di queste multinazionali, come abbiamo già visto, coincide nel caricare sulle spalle dei collaboratori il peso di tutti gli oneri per una manciata di euro o di dollari.

I beni (casa, garage, auto, bici...) sono a carico del lavoratore, così come le assicurazioni, le riparazioni, i costi del telefonino ecc. Ora vedremo se la rivolta dei lavoratori a suon di cause nei tribunali farà sgonfiare le valutazioni di questi padroni moderni. Vedremo se la voglia di far profitti sulla pelle dei disperati passerà quando le sentenze li obbligheranno a pagare tutto. Vedremo se basteranno i lobbisti nei vari Parlamenti o nei vari centri decisionali a fermare la voglia di legalità e il rispetto dei diritti. Vedremo se basteranno i dossier sui giornalisti criticoni (un collaboratore di mister Uber rivelò anche questa attività di dossieraggio ordinata dal suo capo) per fermare la verità.

Sapete chi sono gli uomini più ricchi del pianeta?

Come ogni anno ce lo dice la rivista «Forbes». Il più ricco resta Bill Gates, l'uomo di Microsoft, con un patrimonio di 86 miliardi di dollari americani; la prima posizione resta salda per il quarto anno di fila. Lo tallona Warren Buffett, il quale è capo di… Warren Buffett; posizione in risalita rispetto all'anno precedente: nel suo portafoglio un bel patrimonio da 76,5 miliardi di dollari. Salgono sia di posizione sia di ricchezza personale Jeff Bezos (terzo con 72,8 miliardi di dollari) e Mark Zuckerberg (56 miliardi), rispettivamente a capo di Amazon e Facebook. Ci fermiamo qui con l'elenco, se non per segnalare la brusca retrocessione di mister Zara, dal secondo al quarto posto: per Amancio Ortega "solo" 71,3 miliardi di dollari.

Quali sono i brand più di valore al mondo? Sempre «Forbes» ha stilato un'altra classifica. Vince Apple, seguito da Google, Microsoft, Coca-Cola, Facebook. E Amazon, che cresce a vista d'occhio. La Silicon Valley è la nuova terra promessa allora? Non credo proprio: i fatturati sono importantissimi ma la forza lavoro di questi brand è decisamente sproporzionata ai bilanci. Non solo. Il modello California mostra evidenti crepe sociali come dimostra la crisi del sistema universitario: le rette sempre più alte creano una deriva classista e studenti indebitati a vita. Ma crepe evidenti ci sono anche sulle infrastrutture solide: l'imponente diga di Oroville, lo scorso febbraio, ha fatto evacuare duecentomila persone per il timore di una mostruosa inondazione dovuta al cedimento di una parte; la leggendaria autostrada panoramica di Big Sur chiude dei tratti per frane e l'Alta Velocità non è mai partita nonostante i tanti annunci. Lo dico con le parole di Rampini scritte per commentare la visita di Renzi in California: «Il capitalismo "progressista" che elude le tasse accentua le diseguaglianze sociali e non è riuscito a costruire un modello di crescita alternativo. C'è la metamorfosi sociale di San Francisco che rischia di diventare "Dubai del Pacifico" perché i milionari digitali fanno incetta di case, gli *homeless* aumentano a vista d'occhio e neppure lo stipendio di un professore universitario basta a pagare un affitto in città. Oggi» prosegue Rampini «per la sinistra americana il modello California [quello che sforna i nuovi ricchi, N.d.A.] è problematico: a furia di corteggiare miliardari liberal e altre élite illuminate, si è persa per strada la classe operaia, la *middle class* impoverita dal nuovo terziario predatore (i fattorini di Amazon) e alla Casa Bianca è finito chi sapeva parlare alle loro paure». La morale che fa Federico Rampini dagli States è dunque la seguente: «Renzi quando governava si è fatto abbagliare dalle luci di un'America in parte immaginaria, ha peccato spesso di subalternità verso i poteri forti del nuovo capitalismo digitale, ha voluto pavoneggiarsi con i "padroni della rete", senza affrontare quel vasto mondo di sofferenza che è anche un sottoprodotto di quel modello economico».

Più chiaro di così...

Come hanno fatto, i nuovi padroni del mondo, questa montagna di soldi? Al bar potremmo dirla così: grande capacità di vendere dei sogni, grande potere di elusione fiscale, grande differenza tra costo del lavoro e i profitti.

«E chi li tocca a quelli: hanno in mano il mondo» direbbe il mio amico barista, che essendo il titolare va dritto al sodo. Già, "quelli" non hanno i problemi dei commercianti o dei piccoli e medi imprenditori. I quali, per esempio, non possono fare quel che ha fatto Apple in Irlanda, paese dove la società di Cupertino ha parcheggiato profitti e liquidità impressionanti: si parla di oltre 200 miliardi di dollari. L'antitrust europeo ha imposto al colosso californiano il recupero di 13 miliardi di tasse. Ora, non tutti sanno che è proprio per via degli accordi speciali stipulati dal governo irlandese e Cupertino che la Apple paga un'aliquota da discount, cioè lo 0,2%. Il capo della "mela mozzicata", Tim Cook – quello che dà lezione a Trump su cos'è l'America – ovviamente ha difeso il suo muro fiscale (ognuno fa i conti con i propri muri...) e ha rispedito al mittente ogni accusa: «Noi rispettiamo le leggi e paghiamo tutte le tasse dovute».

Una frase da manuale, che non fa una grinza. È vero: anch'io ritengo che Apple abbia rispettato le leggi e abbia pagato tutte le tasse dovute; il fatto è che quel «tutte le tasse dovute» è il frutto di una legge che gli uffici legali di Apple hanno scritto e girato al governo irlandese che, liberamente, ha detto sì. Ecco perché penso che, al di là delle intenzioni dell'antitrust UE, i buoni propositi resteranno solo sulla carta. Del resto, se l'Unione Europea (la cui commissione è presieduta da quel Juncker del quale vi abbiamo già detto ogni cosa nei capitoli precedenti) accetta il *dumping* fiscale all'interno del suo perimento politico, ha ben poco da imporre rientri. L'Irlanda permette questo genere di imposta fiscale – che vale per Apple come per altre multinazionali – perché ha costruito un sistema di elusione "a norma di legge". Secondo i report del Citizens for Tax Justice e secondo i dati del Public Interest Research Group Education Fund, le 500 maggiori aziende americane hanno 2.100 miliardi di dollari di *cash* parcheggiati all'estero, con la conseguenza che non pagano 620 miliardi di tasse sui profitti generati.

Apple, Google, Microsoft e Amazon sono campioni mondiali di elusione fiscale. Non è difficile poi avere redditi personali (per i loro capi) e fatturati aziendali da capogiro. Ma la cosa più impressionante non è soltanto la libertà di muoversi nella prateria della globalizzazione – espressione buona per intendere che nel globo siamo liberi di fare quello che vogliamo perché noi siamo noi e voi... Ecco, sì: una specie di marchese del Grillo 2.0! –, la cosa impressionante è che l'amministrazione Obama aveva pure difeso Apple dopo la decisione dell'antitrust europeo. «La legislazione fiscale retroattiva è ingiusta, contraria a principi legali consolidati» ha commentato a brutto muso il dipartimento del Tesoro.

Perché secondo voi i leader migliori fanno il tifo per i furbetti fiscali? Semplice, perché i politici ricevono fior di finanziamenti per le loro campagne elettorali o per le loro iniziative politiche. O perché sono ormai tossici di un mondo che considerano vincente.

In Italia, il numero due di Amazon, Diego Piacentini, è stato incaricato dal governo Renzi di concretizzare l'Agenda digitale italiana. «Mi sono messo in aspettativa» ha risposto a chi contestava un conflitto di interessi. Aspettativa non significa che l'azione esercitata nell'ambito della sfera pubblica non possa provocare vantaggi a una azienda della quale ha ancora azioni. Né che in qualche modo non possa influenzare con la propria esperienza privata delle decisioni politiche che forse avvantaggiano i grossi piuttosto che i piccoli. Lo abbiamo già visto. «A pensar male si fa peccato ma spesso ci si azzecca» diceva il Belzebù della politica italiana.

Tutto ciò detto poi va a incrociarsi con un altro elemento della economia digitale. Questi signori della Silicon Valley, quanto lavoro danno? Cosa producono? Come fanno crescere l'economia reale? Sappiamo che Bill Gates o Mark Zuckerberg sono molto attivi sul fronte della filantropia: appoggiano tutti i diritti della modernità, ma non me li ricordo particolarmente attivi sulla difesa dei diritti del lavoro. Quelli 1.0 per capirci. Quelli per cui una classe sociale ha lottato. Così come non mi sembra che siano particolarmente preoccupati delle condizioni di quell'altra sfera sociale che è sempre stata motore di crescita: la classe media. L'economia del GangBank su cui puntano questi giovanotti visionari e anche molto "paraguri" è una economia distruttiva. Distruttiva, come abbiamo visto, sul piano della creazione del lavoro. Distruttiva per essere il contesto entro cui si concretizza una specie di pirateria dei diritti, cioè quelle app dove il lavoratore disperato diventa "imprenditore di se stesso" come fosse alla pari con il capo della start up (mister Uber o mister Airbnb sono disposti a condividere, con i loro piccoli "imprenditori di loro stessi", pure i profitti o le modalità con cui si fanno lievitare i portafogli?). Distruttiva sul piano culturale, visto che crea un esercito di gente superficiale, incolta e credulona.

«Il 2016 si chiude con risultati al di sopra delle attese per Facebook» battono le agenzie a febbraio. «La piattaforma social registra ricavi in aumento del 51% arrivando a quota 8,81 miliardi di dollari, molto meglio di quanto previsto dagli analisti che scommettevano su 8,51 miliardi. E sul piano degli utenti, a fine dicembre erano 1,86 miliardi i profili attivi, con un aumento del 17% rispetto ad un anno fa e del 18% quelli su base giornaliera, con due iscritti su tre che accedono almeno una volta al giorno alla propria bacheca. Dal punto di vista dei profitti, Facebook ha chiuso l'ultimo trimestre 2016 a quota 3,6 miliardi di dollari pari a 1,41 dollari per azione contro gli 1,31 dollari previsti. I profitti annui hanno raggiunto quota 10,2 miliardi, 2,8 volte quelli dello scorso anno. I ricavi annui hanno toccato quota 27,6 miliardi (+54%).

A spingere è stata soprattutto la pubblicità sui dispositivi mobili: Facebook si conferma numero due nella raccolta specifica, alle spalle di Google. E se 1,23 miliardi controllano quotidianamente la piattaforma, 1,74 miliardi accedono proprio dal loro dispositivo mobile. Numeri che hanno fatto esultare il fondatore, Mark Zuckerberg: "La nostra missione di connettere il mondo è adesso più importante che mai" spiega "e abbiamo ancora molto lavoro da fare per unire la gente".»

«La nostra missione è adesso più importante che mai»? «Abbiamo ancora molto da fare per unire la gente»? Missione... Unire la gente... Mi faccio un nodo al fazzoletto e mi riprometto di tornare su queste parole. Perché sono sintomatiche della follia in corso. Prima però cerchiamo di mettere a fuoco la *mission* di questa azienda. Cosa produce Facebook per fatturare profitti così da record? Non produce nulla. Genera emozioni, diciamo così. Genera emozioni attraverso la condivisione di fatti, ricordi, idee, foto e altro. Ci fa sentire bene. Zuckerberg modernizza il *cogito ergo sum* di Cartesio: posto dunque esisto, twitto dunque esisto, filmo dunque esisto. Non c'è più traccia di un pensiero perché, così come l'economia della fatica non ha più senso nel mondo moderno, nemmeno la fatica di pensare viene premiata dalla viralità, cioè dal metro che misura il podio delle cose più trendy e pop (le cretinate lasciamole pure espresse in inglese...).

Ecco una summa dei video più virali del 2016: 1. Il karaoke in macchina tra la cantante Adele e il conduttore tv James Corden; 2. il *loop* di Pen Pineapple Apple Pen; 3. il "Cosa c'è dentro?", un video dove un padre taglia qualunque cosa (qui una pallina da golf) per sapere cosa nasconde; 4. uno spot della Nike dove Cristiano Ronaldo scambia identità con un raccattapalle; 5. l'esibizione di Grace, una bambina in gara ad *America's Got Talent*; 6. un gioco che si fa con una bottiglia d'acqua in cui la si lancia e a piroetta ultimata dovrebbe cadere in piedi.

Ora, non per forza uno deve avere nostalgia di certi tempi, però nemmeno credo sia così fondamentale scambiare per modernità un mega contenitore pubblicitario. Perché di questo stiamo parlando. Facebook non vende nulla perché il prodotto è il proprio affiliato. Il prodotto siamo noi utenti di Facebook. Noi siamo il loro asset fondamentale: più *followers*, più seguaci, più potere contrattuale. E qui torniamo al significato della parole di Mark Zuckerberg, del paladino Mark. «La nostra missione di connettere il mondo è adesso più importante che mai e abbiamo ancora molto lavoro da fare per unire la gente.» Ovviamente la missione che anima mister Facebook è la missione di un settarismo mica tanto celato, come dimostra il suo manifesto politico reso pubblico a febbraio. Unire la gente, per fare cosa? Unire per creare densità nella piattaforma; unire persone per darle in pasto agli algoritmi, unire genti per influenzarne i comportamenti consumistici.

Purtroppo la predisposizione con cui ci consegniamo a Facebook è un dato di fatto, ma soprattutto è una scelta, una libera scelta. Oddio, "libera" mica tanto se si studiano bene le regole della community digitale, se si presta attenzione a quei codici linguistici che, come ogni tecnica di scrittura e di marketing, sono funzionali allo stare sempre connessi. Ipnotizzati. E quindi "manipolabili". Grazie alla magia degli algoritmi.

Cosa produce Facebook, ci domandavamo, qual è la sua missione? A cosa serve mettere in rete più persone possibile? Serve a profilare le persone, creare tendenze e vendere i dati sensibili, cioè quel pacchetto di informazioni che sono l'oro prezioso delle miniere digitali. I nuovi sacerdoti di questi riti si chiamano *influencer*, muovono gran soldi per il solo fatto di poter controllare i propri *followers* come fossero in una stanza del *Grande Fratello*. Così ci guadagnano sia nella gestione e nella vendita dei nostri dati sensibili e dei nostri profili abitudinari (alla faccia delle regole sulla privacy), sia nel mercato pubblicitario.

Il carrello della spesa di Zuckerberg va esattamente in questa direzione: nel 2012 comprò per un miliardo Instagram, che aveva 30 milioni di utenti: oggi ne ha più di 400 milioni. È la gallina dalle uova d'oro. Poi, nel 2014, comprò per 19 miliardi WhatsApp, che aveva 450 milioni di utenti. Oggi sono più che raddoppiati: con questa tecnologia, Facebook ha messo la freccia per imboccare l'autostrada delle telefonate via rete. In poche parole, farà le scarpe ai gestori telefonici, proponendo le chiamate a costo zero. "Gratis" è la parola con cui ci attirano nelle loro trappole di raccolta dati. Tutto è gratis pur di prenderti. Non c'è un costo di accesso, non un abbonamento. Nulla si paga. Dunque se non c'è un prodotto da vendere, il prodotto sei tu. Google, Facebook, Apple, Amazon, Microsoft e Alibaba messe assieme hanno una potenza pari a un G8 sia come peso economico sia come "peso militare", nel senso che al loro occhio non sfugge nulla.

A conferma di ciò c'è la decisione della Danimarca, primo paese al mondo a farlo, di dotarsi di un ambasciatore digitale nella Silicon Valley. Il ministro degli esteri Anders Samuelsen prevede che questa figura – ancora da nominare – mantenga le relazioni e stipuli accordi con le aziende tecnologiche. «A detta di Samuelsen, società come Apple, Facebook, Google, Microsoft possono essere considerate delle vere e proprie nazioni. Nel 2015 le compagnie tech USA hanno incassato 215,6 miliardi di dollari (200,8 miliardi di euro), una cifra superiore all'intero PIL annuo di Grecia e Portogallo. "Apple per esempio ha un valore maggiore di tutte le aziende italiane quotate in Borsa messe assieme",» quindi, per pensarla ancora con Samuelsen, non è sbagliato dotarsi di un ambasciatore *digital*, dotarsi cioè di una «*TechPlomacy*».

Pensate che sia una *boutade*? Macché, il superstato virtuale è in cantiere eccome. Mister Facebook sembra pronto per la sua discesa in campo contro il trumpismo. «Stiamo costruendo il mondo che vogliamo?» ha scritto Zuckerberg in un post che a detta di moltissimi è un manifesto sociale e politico. Se finora avevamo conosciuto i social come un vettore "utile" per connettere le persone, il miliardario Mark ci avvisa che «il nostro prossimo obiettivo sarà quello di sviluppare l'infrastruttura sociale per la nostra comunità: per sostenerci, per tenerci al sicuro, per informarci, per l'impegno civico e per l'inclusione». Più globalizzazione, più apertura, più liquidità sociale e più omologazione culturale. *Per stare meglio*, ovvio. «Nel mondo ci sono persone lasciate indietro dalla globalizzazione e movimenti che spingono per il tirarsi indietro dalla connessione globale. [...] Possiamo creare una comunità globale che funzioni per tutti.» In nome del bene (anzi, del "benismo"...) Zuckerberg lancia la sua sfida al terrorismo, al cambiamento climatico, alla diffusione delle malattie. «Il progresso richiede che l'umanità si riunisca, non solo nelle città o nelle nazioni, ma in quanto comunità globale.» Il superstato neoliberista, oltre i confini, oltre le Costituzioni, ma dentro il sistema GangBank.

La recente battaglia di Facebook e della Silicon Valley contro il Muslim Ban di Donald Trump perché contrario ai principi americani e perché ostacolerebbe il reclutamento dei migliori talenti è ipocrita per le tante ragioni che abbiamo visto. Ma ne aggiungo un'altra. Non mi ricordo una fermezza tale da parte di mister Facebook contro il governo di Pechino, governo che non certo può essere preso come modello per il rispetto delle minoranze e dei diritti: la questione tibetana da una parte e i bambini lavoratori dall'altra sono stati i casi più eclatanti. Eppure Mark Zuckerberg si è inchinato mille volte al presidente Xi Jinping per tentare di rabbonirlo sugli impedimenti che ostacolano l'ingresso di Facebook sul mercato cinese.

Idem per il colosso di Google, che al fine di entrare nel mercato cinese ha accettato di censurare ciò che al regime non è gradito. «Rimuovere i risultati delle ricerche non è coerente con la missione di Google. Ma non dare alcuna informazione (o mettere a disposizione un servizio scadente) lo è ancora meno.» Galli da combattimento in America e pecore in Cina? A quanto pare è così. Le grandi discussioni sulla capacità della rete e della Silicon Valley o della globalizzazione di allargare le maglie democratiche sono ipocrisia: ciò che conta per queste multinazionali è il loro profitto. A costo di calpestare il buon senso, oltre che i diritti.

Il numero di *followers* fa la differenza. Fa il peso di queste multinazionali. Che ovviamente generano contenuti non stop studiati per tenere sempre in movimento la community. Tutte cose di bassissimo lignaggio culturale: la crescita dev'essere in senso quantitativo, non qualitativo.

Sempre connessi, dicevamo. Su cosa non importa. Un

recente studio ha messo in rilievo che staccarsi dal proprio smartphone è, per 7 italiani su 10, praticamente impossibile. Sguardo sempre basso e fisso sullo schermo, mani che diventano dei supporti di sostegno per cellulari o tablet, dita come *pen drive* imperdibili e inconsumabili per scorrere sul display messaggi, notizie, foto, giochi. Ciò che accade intorno non ha più senso: non c'è. La realtà non esiste. Gli esperti la chiamano "sindrome da *handphone*", ovvero – letteralmente – "sindrome da telefono in mano".

I luoghi più gettonati? Principalmente i mezzi pubblici (78%), poi il posto in cui si lavora (69%) e persino quello in cui si va in vacanza (41%). Una condizione ossessiva, una patologia. Che ha contagiato milioni di italiani. Il 72%, per l'appunto. Questi i risultati di uno studio condotto su 4.500 individui tra i 18 e i 65 anni, realizzato sui più importanti social network grazie a un sistema di monitoraggio online attuato con la metodologia WOA (Web Opinion Analysis). I dati lo confermano: il 19% degli italiani utilizza lo smartphone per sei ore al giorno, percentuale che negli adolescenti arriva al 42%, laddove il 21% rimane comunque su una media di quattro ore. I "malati" di cellulare sono più donne che uomini, rispettivamente il 58% e il 43%, con età tra i 18 e i 24 anni (67%), tra i 35 e i 54 (56%) e fra i 13 e i 17 (31%).Ora, capite bene che la rete attraverso le sue app diventa il mondo, così da invertire il reale con il virtuale. Comanda il virtuale; il reale è la proiezione del virtuale.

Posto dunque esisto. Scatto, filmo, twitto, dunque esisto. Dove esisto? Nel mondo virtuale, le cui regole sono appannaggio di monopolisti. Il pensiero è unico, omologato, *basic*, accessibile a tutti. Perché unica è la taglia in commercio: un tempo lo chiamavamo *il mondo alla McDonald's*, citando il libro di George Ritzer. Oggi siamo andati ben oltre: cibo a taglia unica (lì voleva andare il TTIP) da Walmart, Zara per vestirci, *gig economy* per tirare a campare, Google e Facebook per comunicare, Amazon per comprare. In questo mondo, i padroni sono 2.0 e si allargano sempre più. Perché la community si fida di loro, tanto da dargli i loro soldi. PayPal è la app più popolare che consente di pagare online; l'ha creata lo stesso guru di Tesla.

Ma il caso eclatante riguarda ancora Facebook: questo social ha già in tasca una licenza bancaria, gliel'ha concessa l'Irlanda per operare come istituto di pagamento. Basterà avere un conto su Facebook e si potrà sia incassare soldi che pagare con un semplice clic dal cellulare. Non solo, «secondo alcune indiscrezioni», scrive il magazine de «Il Sole24Ore», «Plus24», il "re dei social" «starebbe valutando l'acquisto di *fintech* specializzate nel trasferimento di denaro. Facebook potrebbe quindi esportare in Europa il sistema di pagamenti tra utenti di Facebook Messenger già attivo negli Stati Uniti». «Amazon» continua Mauro Del Corno «ha da poco presentato una carta di credito, in partnership con J.P.Morgan, riservata ai suoi clienti *prime*.»

Siamo ben oltre la vecchia concezione di social; la fiducia concessa su un falso (per non dire ipocrita) mito di modernità è la pietra d'angolo di questi guru della globalizzazione. Non mi sorprenderebbe scoprire che dalle semplici operazioni di banca si passi alla gestione del credito *tout court*.

Facebook si fa banca. Google e Uber fanno a gara per arrivare primi nella costruzione della macchina che si guida da sola. L'hi-tech che, algoritmo dopo algoritmo, è pronto a sostituire i lavoratori con i robot. Le merchant bank distributori di denaro a prestito. Ogni cosa incentivata dal sistema GangBank si sta muovendo per spingere le persone oltre ai loro diritti. Non più cittadini nel mondo, ma utenti del *loro* mondo. È questa l'idea di modernità venduta nella globalizzazione. Si può neutralizzare? Sì, se ritorniamo con i piedi per terra. Ma non mi sembra che la classe politica sia attrezzata e libera per poterlo fare.

Il 31 maggio 2016 la commissione Affari legali dell'Europarlamento ha avanzato una proposta: gli oneri previdenziali e sociali dovrebbero essere pagati anche sui robot, sui sistemi di automazione industriale, sui software informatici e su tutto ciò che in qualche modo sostituisce il lavoro svolto dalle persone in carne e ossa. Questa idea ha mosso il dibattito dividendo la platea in conservatori e progressisti. A parte il fatto che ci troviamo di fronte all'ennesima conferma che la questione previdenziale si esaurirebbe a mera contabilità (le riforme delle pensioni si fanno solo per aggiustare i conti, non per rendere migliore la vita delle persone), mi permetto di fare notare che siamo in pieno solco del sistema GangBank.

Il lavoro non è solo una funzione del processo produttivo o una questione che si esaurisce nel salario o nella retribuzione più in generale, il lavoro ha una dimensione sociale molto più articolata e complessa; attiene anche alla propria realizzazione, alla propria autostima. Riguarda la dignità delle persone, tant'è che quando eravamo piccoli, chiedevamo a nostro papà che lavoro facesse.

Ecco perché la proposta di Bill Gates di pagare una tassa sui robot che sostituiranno il lavoro umano mi sembra un altro giro a vuoto: la tassa è un elemento variabile, il diritto al lavoro no.

Non ha senso pensare che la sostituzione dell'uomo con i robot possa essere compensata dal pagamento di oneri sociali e previdenziali o da una tassa o ancora dal reddito di cittadinanza, perché una impostazione del genere si allontana dall'impegno politico della piena occupazione. Se togli il lavoro alle persone e compensi questa privazione con un reddito di cittadinanza o con una carta di credito pagata dai robot (faccio per dire, sia chiaro!), la società si ritroverebbe comunque un problema sociale di non minore impatto. Lo dico perché vi sono aree d'Italia dove le organizzazioni criminali fanno leva proprio sulla precarietà per reclutare le proprie giovani milizie. Proseguire con politiche di precarizzazione sarebbe un regalo alle mafie. Il lavoro sempre più robotizzato porterà inevitabilmente un regresso sociale, spingendolo addirittura tra le braccia della malavita.

Un uomo senza lavoro è un uomo più solo, senza stimoli, con minori relazioni e capacità di relazioni. La difesa del lavoro è la difesa di noi stessi. Altro che globalizzazione.

Arriviamo così all'ultima questione che liquiderò in fretta. Se la globalizzazione è in crisi, le ricette di Trump sono la salvezza? Io penso che Donald Trump con noi non c'entri nulla. La sua vittoria è stata salutare perché ha rotto un percorso perverso, al pari della Brexit (per quanto abbiano due pesi specifici diversi); ma per nulla al mondo avrei voglia di avere Trump comandante in capo. Gli americani sono divertenti se li guardi da fuori, per il resto... no, grazie. La nostra cultura è del Mediterraneo, le nostre radici sono in quel mare che è luogo di scambio.

La mia posizione resta quella splendidamente sintetizzata da Vasco: «Non siamo mica gli americani». La dico tutta: chi s'illude che Trump diventi un supereroe della Marvel, un nuovo Capitan America, secondo me si sbaglia. Trump è un imprenditore americano, è roba loro, ha una testa da americano. Quindi, per quel che mi riguarda, questi americani se ne restino pure a casa propria. Che poi è l'unico motivo per cui alla fine mi sono convinto che peggio del *tycoon* ci fosse solo la signora Clinton. I trumpisti d'Italia o d'Europa rischiano di muoversi come replicanti fuori contesto. Finché si tratta di accoppiarsi a un globale "vaffa" ci sta, ma non oltre. Stiamo facendo di tutto per scrollarci di dosso le catene tedesche e vogliamo già indossare di nuovo la giubba americana? E perché mai?

La crisi europea si sta producendo perché i cittadini non hanno più voglia di essere qualcosa d'altro rispetto a quello che sono. L'elemento centrale della disgregazione eurocratica è il senso di identità, il senso di appartenenza. La nostra cultura è ancora pregna di civiltà mediterranea, cioè di un luogo stupendo dove il tempo si è evoluto in Storia e la Storia è diventata adulta.

Quel Mediterraneo è il nostro orgoglio, il nostro punto d'appoggio dove ripartire, è il nostro fulcro dove piazzare la leva e scardinare quanto di stupido questa eurofollia ha materializzato con l'aiuto di imbroglioni travestiti da analisti, esperti o, peggio, da sognatori. L'Europa non sarà mai la nostra casa fintanto che non va a Canossa, cioè nel suo mar Mediterraneo, crocevia di imbroglioni e geni.

Lo scrivo da troppo tempo per poter adesso crogiolarmi nella vittoria di uno che resta lontano anni luce da me. Spero per gli americani che faccia quel bene che ha promesso loro (ho dei dubbi...), ma Trump non è un modello che posso permettermi per ricostruire. Avevamo bisogno del "*superbowl* elettorale" per intuire che il ceto medio è in profonda difficoltà? Avevamo bisogno del successo del candidato repubblicano per certificare l'arroganza dell'establishment? O che la gente si è rotta dei politici? Stiamo freschi se così fosse. La crisi del ceto medio è colpa del modello di sviluppo esportato dagli americani, un modello a debito.

Noi non siamo gli americani; meno male, aggiungo. Noi siamo qua, in un'altra parte del globo che è un mondo a parte. Un mondo che resta centrale. Che guarda alla sponda americana ma non può escludere il Nordafrica o quel Medio Oriente i cui codici fanno parte della nostra storia (Palermo, Venezia, Ravenna...). E non può fare a meno di intrecciare alleanze con la Russia, più vicina di quanto pensiamo. Noi insomma dovremmo imparare a ributtare lo sguardo su noi stessi. La vittoria di Trump è un'occasione d'oro perché indebolisce i burocrati di Bruxelles, per questo è il perfetto inciampo che può rimettere in ordine le caselle.

Ma da qui a definirci trumpiani, no grazie.

8
Immigrazione, ultima tappa dell'Europa

«Dobbiamo continuare su questa strada.»

Aspetta l'anniversario del trattato di Maastricht, Mario Draghi, per parlare al parlamento di Bruxelles e ricordare che in Europa si va avanti con il pilota automatico. «Diversamente da una percezione diffusa, le condizioni economiche dell'eurozona sono stabilmente migliorate.» Già, la percezione diffusa... Forse le condizioni economiche sono stabilmente migliorate secondo la divertente media di Trilussa: se tu hai due polli e io zero, abbiamo in media un pollo a testa. La Germania e pochi altri hanno due polli, ma chi non ne ha nemmeno uno non vuole rimanere con la pancia vuota: ecco perché sta guardando all'uscita d'emergenza. La Francia, di polli, ne avrebbe eccome, ma i francesi – che per ben due volte votarono contro il trattato di Maastricht – devono essersi fatti due conti e hanno capito che tutto sommato l'euro non conviene nemmeno a loro. «Con me all'Eliseo, via la Francia dall'euro, via dall'Unione e via dalla NATO» arringa Marine Le Pen.

Fa paura, Marine. Fa paura che un bis della Brexit produca uno smottamento irrimediabile. E fa paura che la classe media e la classe operaia diventino un corpo elettorale unico, capace di superare le distinzioni di appartenenza ideologica (poi magari torneranno a dividersi in futuro). Così, Mario Draghi e Angela Merkel rinsaldano il loro legame. L'emergenza li obbliga a parlare la stessa lingua, e poco importa che i falchi tedeschi – Bundesbank in testa – non amino affatto SuperMario. L'eurocastello stavolta è seriamente a rischio. «Guardiamo con preoccupazione ad annunci di potenziali misure protezionistiche» ha ammonito Draghi. «L'Unione Europea è stata creata sulle basi del libero scambio» e «l'ultima cosa di cui abbiamo bisogno è l'allentamento delle regole.» Draghi si sofferma sul sentimento economico al top da cinque anni e sulla disoccupazione al 9,6%, il livello più basso dal maggio 2009. «Sono passi nella giusta direzione, ma sono solo i primi passi.»

Insomma, si va avanti nel segno della moneta unica. «L'euro è irrevocabile e così prevede il trattato.» Ah sì? Questa frase, Draghi, avrebbe fatto meglio a non pronunciarla. Perché finché si tratta di fare la media di Trilussa, passi; ma se l'euro diventa una moneta «irrevocabile» perché «lo prevede il trattato», e il trattato magari è quello festeggiato a Maastricht, allora no.

A spiegare bene come andarono le cose è stato Giuseppe Guarino, noto giurista italiano, uno dei primi professori ordinari di Diritto pubblico alla Sapienza di Roma, europeista convintissimo, già ministro delle Finanze e ministro dell'Industria negli anni della cosiddetta Prima Repubblica. La tesi di Guarino – in parte già menzionata nei capitoli precedenti – è la seguente: il trattato unico europeo meglio conosciuto come trattato di Maastricht fissava al 1° gennaio 1999 il lancio dell'euro; ma questo lancio, «quale disciplinato dal TUE, non è mai avvenuto. Dal 1° marzo 1999 ha ricevuto applicazione un regolamento, il n. 1466/97, il cui contenuto è in stridente contrasto con quello dei Trattati». Cercherò di semplificare al massimo, ma abbiate la pazienza di proseguire nella lettura, perché vorrei che coglieste appieno tutti i passaggi con cui Guarino delinea la propria tesi. È importante perché non si basa su ragionamenti politici ma sui fondamenti del diritto, e perché smentisce la ricostruzione di

Draghi, quella per cui l'euro è irrevocabile in quanto lo direbbero i Trattati. Non è così.

«Dal 1° gennaio 1999 a oggi, cioè nell'arco di quindici anni [Guarino scrive nel 2014; l'economista James Galbraith giudicherà le tesi del collega italiano "stupefacenti", "sorprendenti" e in possesso della "qualità terribile della verità", N.d.A.], sono stati in vigore tre trattati, il TUE (Maastricht) dal 1° novembre 1993, Amsterdam dal 1° maggio 1999, Lisbona dal 1° dicembre 2009. In sostituzione dei tre trattati è stata imposta l'osservanza del regolamento 1466/97 e di due regolamenti successivi, il n. 1055/2005 e il n. 1175/2011, nonché di un atto anomalo, il fiscal compact, che si autoqualifica trattato di diritto internazionale. Al fiscal compact hanno fatto seguito iniziative altrettanto anomale.»

Entriamo nel dettaglio. «La disciplina del TUE [...] era finalizzata alla crescita. L'obiettivo della crescita era affidato agli Stati membri, i quali [questo dato è importante per capire l'inganno, N.d.A.] lo avrebbero realizzato avvalendosi ciascuno della propria politica economica e della capacità d'indebitamento regolamentata dall'art. 104 c) TUE [...]. Il regolamento 1466/97 e quelli successivi hanno introdotto un Patto di Stabilità e Crescita (PSC) che all'obiettivo della crescita ha sostituito [con efficacia retroattiva, aggiungerà qualche riga sotto Guarino, N.d.A.] il risultato della parità del bilancio a medio termine. Raggiungere la parità del bilancio è un obbligo per tutti gli Stati membri.»

Vi è chiaro? Qualcuno – poi Guarino ci rivelerà il nome e il disegno – ha sostituito un trattato internazionale con un regolamento, e con quel regolamento ha di fatto neutralizzato la sovranità politica dei governi. In poche parole, siamo in una situazione di illegalità diffusa. Stiamo rispettando regole partorite dai burocrati del sistema GangBank che sarebbero nulle.

La ricostruzione di Guarino ci offre una base solida su cui poggiare le conclusioni di questo libro. Rimane a questo punto una domanda a cui rispondere: chi è stato a cambiare le carte in tavola?

Un tedesco. Secondo Paolo Peluffo, l'autore di *Carlo Azeglio Ciampi. L'uomo e il presidente*, l'autore del testo di quello che sarebbe stato il regolamento 1466/97 sarebbe stato il ministro delle Finanze tedesco, Theo Waigel: «Waigel, persuaso che la soluzione migliore sarebbe stata quella di mantenere in vita le antecedenti monete nazionali, quindi il marco, potrebbe essersi augurato che l'Italia non superasse lo scrutinio di ammissione all'euro. In assenza dell'Italia, la Francia si sarebbe ritirata e con la Francia gli altri Stati. Unica valida alternativa sarebbe stata l'ottenere da tutti gli aspiranti alla zona euro l'accettazione preventiva all'assoggettamento in futuro a controlli di gestione massimamente severi».

Guarino va avanti. Seguiamolo. «Waigel incontra Ciampi il 4 luglio 1996. Una seconda volta insieme a Tietmeyer, governatore della Bundesbank. Ciampi è pronto ad accettare ogni richiesta. È pessimista sulle sorti dell'Italia. Vede nell'ingresso nell'euro l'unica via di salvezza. Attua quattro manovre aggiuntive.»

È l'inizio della politica di Bruxelles. Waigel ha vinto. Barando sulle regole. Fin dall'inizio, l'euro è chiaramente un disegno tedesco che una classe politica in Italia ha accettato nascondendo la verità ai cittadini. Ai giornalisti è toccato poi il compito di montare la panna della retorica europeista e del debito pubblico.

I dati reali ci dicono che, da quel momento in avanti, l'indebitamento italiano è diventato più cospicuo e più allarmante. Che lo Stato è stato spogliato della sua sovranità e dei suoi pregiati gioielli di famiglia, divenuti tali con investimenti pubblici, cioè di tutti i cittadini. Che l'impresa reale è stata umiliata con tasse, disorganizzazione e imbarazzanti regali all'economia finanziaria. E infine che le famiglie e i lavoratori sono stati privati della protezione della Costituzione. In cambio di cosa? Di un grande inganno monetario.

Lo so, siamo abituati a sentir usare dai politici espressioni forti in televisione, nei talk show, sui giornali o in rete. Leggete ora le seguenti parole del professor Guarino: «Il regolamento 1466/97 e quelli successivi hanno posto fine al regime democratico, di cui gli Stati europei rappresentavano la principale espressione al mondo, allo stesso vincolati da norme costituzionali interne, condizione necessaria nello stesso tempo per essere ammessi all'Unione e alla zona euro. Questo risultato è da considerarsi tanto più sorprendente in quanto è stato ottenuto senza violenza, in modo silenzioso e senza che nessuno se ne accorgesse. [...] Il regime democratico poggia su due presupposti: che esista un vertice che disponga di "poteri" dei quali si avvalga per perseguire una propria politica economica [...] e che i cittadini dispongano di un'ampia tutela della libertà personale e di un adeguato livello di diritti sociali e del potere di influire con il voto personale, periodico ed eguale, a mezzo dei partiti politici, e avvalendosi del diritto di libertà e della pressione sociale, sugli indirizzi politici che il governo adotterà e ai quali i cittadini dovranno assoggettarsi. Se il governo è privato dei poteri essenziali per decidere una propria politica economica, il regime democratico è automaticamente cancellato per il venire meno del suo presupposto. La soppressione del regime democratico si qualifica tecnicamente come "instaurazione di fatto di un nuovo regime", fattispecie ben più grave di quella che si qualifica "colpo di Stato"».

Sono parole di uno studioso stimato, con titoli accademici rispettabilissimi, per nulla smanioso di visibilità. «Con un solo principio, condensato in non più di quattro righe del regolamento (art. 2, lett. a e art. 4, n. 1), gli Stati membri sono stati privati degli strumenti necessari per realizzare l'obiettivo della crescita, cui le collettività aspiravano, ed è stato soppresso il principio democratico.»

Ovviamente i giornalisti so-tutto-io non hanno mai preso in considerazione le tesi di Guarino (eccetto Angelo Polimeno del Tg1, che ha scritto il libro *Non chiamatelo euro*) per paura di inimicarsi la schiera degli europeisti senza macchia. Meglio raccontare che contro l'euro ci sono soltanto i Salvini, le Meloni, i Grillo: gente rozza, gente che non studia... I populisti. La realtà, invece, ci racconta che sotto il tetto dei "no euro" ci sono professionisti di grande livello. I quali hanno smontato l'austerity sempre sulla scorta di dati precisi e valutazioni tecniche.

Ci tengo a rimarcarlo perché, persino di fronte alla famosa lettera della BCE e di Bankitalia, i commentatori dei grandi giornali non hanno scritto la verità, preferendo la solita litania dello Stato sprecone. «Un po' di rigore tedesco ci farà bene» continuano a scrivere, anche se – da Deutsche Bank a Volkswagen – nemmeno la Germania può meritarsi il paradiso senza passare dal purgatorio.

Il mito dell'Europa è quanto di più artificiale esista; è un mito di cui non si vedono i fondamenti: infatti, nelle discussioni tra pro e contro, gli europeisti a corto di ragioni liquidano la tesi avversa con la solita frase: «E allora tenetevi la vostra Italietta con la lira e i politici ladri», dimenticando che quella Italietta con la "liretta" e quella classe politica di "corrotti" e di "ladri" ha consentito alle generazioni passate di uscire da una guerra devastante e, negli anni Settanta e Ottanta, di produrre progressivamente una ricchezza privata da record. Quella ricchezza che oggi fa da ammortizzatore. E dimenticando pure che quella Italietta, dotata di ricchezze inestimabili sul piano culturale, ha partorito una Costituzione che nessun trattato europeo si può permettere di neutralizzare.

A tal proposito va chiarito un altro aspetto: la nostra Carta non prevede l'annullamento della sovranità, e nemmeno la sua cessione. Prevede la sola limitazione, che è un processo reversibile. Sebbene una nutrita schiera politica di illuminati pensatori affermi il contrario, predicando l'ineluttabilità della scelta europea.

Da qui una domanda: chi vuole la svendita dell'Italia?

Se non vale nulla, come ci continuano a dire, perché la vogliono tenere dentro a tutti i costi? Se siamo quelli con il debito pubblico *monstre*, se siamo una bomba a orologeria, se siamo brutti, sporchi, furbetti e corrotti, se siamo quelli che imbrogliano sulle regole, perché non ci lasciano andare per la nostra strada? Perché non consentono una "Italexit"? E perché non la consentono alla Francia o alla Grecia? Perché si usa la minaccia dello spread, che è una pistola giocattolo usata per rapinare in banca gente cieca e impaurita? Se non valiamo nulla, se non valiamo una lira, ci lascino perdere. Ci lascino essere quel calabrone che siamo sempre stati: brutti, tozzi, goffi, ma capaci di volare.

Usciamo dall'euro. Concordiamo un'uscita prima che siano i popoli a obbligare le istituzioni a frettolose retromarce. L'Unione si limiti a essere uno spazio di mercato comune dove ognuno raggiunge la crescita usando le leve economiche che preferisce. Usciamo dalla logica della caverna di Platone, dove le ombre vengono vendute come la migliore delle società possibili. Non è così. Eravamo liberi. Non lo siamo più. Siamo schiavi moderni. Ve l'ho dimostrato capitolo dopo capitolo. Riprendiamoci l'orgoglio di essere una comunità coperta da una Costituzione che resta sicuramente migliore di tutti quei trattati folli, stupidi e soprattutto fallimentari. Gli anni unionisti ed euristi sono stati anni di impoverimento progressivo: le performance positive raccontate da Draghi sono performance di carta, sono i risultati di un'economia finanziaria. Poggiano sulla fregatura del lavoro. Il profitto si concentra nelle mani di pochi. La modernità è solo la più ingannevole delle società padronali.

I cittadini italiani devono tornare a rivendicare *tutti i loro diritti*, nessuno escluso, *così come previsti dalla Costituzione*. Non ci si può suicidare perché la banca ti mette il cappio al collo, perché lo Stato non paga i propri debiti e poi ti soffoca con le tasse, perché il diritto al lavoro è stato sostituito dalla lotteria dei lavoretti. Non si può fare la lotta contro il sistema GangBank se noi abbiamo le mani nude e loro la bomba atomica. Non si può lasciare il governo della cosa pubblica a politici ignoranti e succubi del neoliberismo. Non si può pensare che tutto debba girare attorno a un sistema di elemosine perché il mercato vince a prescindere.

Ci hanno ingannato già una volta con il "Ce lo chiede l'Europa, ma in cambio vi diamo prosperità". Hanno fallito. Ora che sono stati scoperti, vorrebbero continuare a ingannarci con altre droghe buoniste. Dopo l'europeismo irenico, ecco il politically correct dell'immigrazione, della società aperta. Tanto a loro che importa? Chi gioca con la casacca del GangBank mica sa cosa siano le periferie, mica ha paura di prendere i mezzi pubblici a una certa ora, mica è in concorrenza per un posto di "lavoretto"... Chi sale in cattedra senza averne i titoli parla senza conoscere.

In un importante articolo da noi già abbondantemente citato, il fisico Stephen Hawking affronta – come conseguenza delle distorsioni della globalizzazione – anche il tema dei flussi migratori. «Visto che ormai nell'Africa subsahariana sono più numerose le persone con un telefono che quelle che hanno accesso ad acqua pulita, fra non molto significherà che quasi nessuno, nel nostro pianeta sempre più affollato, potrà sfuggire alla disuguaglianza. [...] I poveri delle aree rurali affluiscono nelle città spinti dalla speranza, ammassandosi nelle baraccopoli. E poi spesso, quando scoprono che il nirvana promesso da Instagram non è disponibile là, lo cercano in altri paesi, andando a ingrossare le fila sempre più nutrite dei migranti economici in cerca di una vita migliore. Questi migranti a loro volta mettono sotto pressione le infrastrutture e le economie dei paesi in cui arrivano, minando la tolleranza e alimentando ancora di più il populismo politico.»

Non importa se anche Hawking cade nello schematismo, definendo "populismo" ciò che è un'altra idea politica, programmatica, con ricette spigolose e dure; importa invece che ci dica chiaramente che questo flusso creerà più disordine che ordine. La globalizzazione fallisce proprio perché non frena le migrazioni; la globalizzazione – se fosse stata davvero una ricetta miracolosa e non la scorciatoia per aumentare i propri profitti a danno delle collettività – avrebbe dovuto accrescere in loco le condizioni di lavoro. Non è successo, e non sarà certo la tesi neoliberista del "Non bisogna fermarsi, bisogna spingere la globalizzazione sempre più in là" (non si accontentano mai) a migliorarla. Fintanto che la globalizzazione sarà una terra di scorribande, tutte le migliori intenzioni resteranno lettera morta. I paesi in via di sviluppo servono per combinare i propri affari e muovere i popoli come fattore di instabilità. E, con un esercito di disperati che preme nelle periferie, sarà impossibile rivendicare tutti i propri diritti. Perché ci sarà una riserva di lavoratori in nero pronta a fornire un alibi per abbassare l'asticella. La politica dei voucher non era stata giustificata con la guerra al lavoro nero? Certo che sì; ma i risultati sono sotto gli occhi di tutti.

«L'immigrazione verso l'Europa ha numeri insostenibili» ha commentato Giovanni Sartori, politologo di peso ed esperto di immigrazione. «Chi entra, chiunque sia, deve avere un visto, documenti regolari, una identità certa. I clandestini, come persone che vivono in un paese illegalmente, devono essere espulsi. E chi rimane non può avere diritto di voto, altrimenti i musulmani fondano un partito politico e con i loro tassi di natalità micidiali fra trent'anni hanno la maggioranza assoluta. E noi ci troviamo a vivere sotto la legge di Allah. Ho vissuto trent'anni negli USA. Avevo tutti i diritti, non quello di voto. E stavo benissimo. [...] Se c'è rispetto reciproco e la volontà di convivere sì, [il contatto tra civiltà diverse] è un arricchimento. Altrimenti non è un arricchimento, è una guerra. Guerra dove l'arma più potente è quella demografica, tutta a loro favore.» E ancora: «L'Europa non esiste. Non si è mai visto un edificio politico più stupido di questa Europa. È un mostro. Non è neppure in grado di fermare l'immigrazione di persone che lavorano al 10% del costo della manodopera europea, devastando l'economia continentale. Non è questa la mia Europa».

Al casinò globale della finanza globale fanno comodo i *croupier* addomesticabili e ubbidienti. *Croupier* consenzienti e compiacenti con il banco, che vince sempre. Addomesticabili e ubbidienti come i governi italiani degli ultimi anni, consenzienti e compiacenti come le oligarchie europee e mondiali. Queste ultime, strapagate con i soldi dei contribuenti, soggiogano per conto terzi i contribuenti stessi e i loro Stati sovrani, che ormai non sono più sovrani. Per compiacere alle GangBank, che danno le carte del debito e drenano le risorse collettive verso le proprie casseforti private.

La finanza è globale, e lo sono anche i suoi effetti. La globalizzazione è stata un oggetto assai dibattuto negli ultimi tre decenni. Ma in realtà è un soggetto. Un oggetto-soggetto. Un oggetto contestato ovunque, ma un soggetto sempre vincente contro una schiera spaventosa di perdenti. Tra questi perdenti ci sono centinaia di milioni di cittadini occidentali, dalla classe media in giù, coinvolti in un processo di impoverimento geograficamente trasversale, spietato e inarrestabile. Tra loro, undici milioni di italiani che non possono permettersi cure mediche. Come in Africa. Tra loro, quasi cinque milioni di italiani indigenti in povertà assoluta, che non riescono a mettere insieme il pranzo con la cena. Con la tetra prospettiva, nel nostro belpaese, di un rischio povertà in ulteriore allargamento fino a quota venti milioni: più o meno il 36% della popolazione italiana.

Alla pressione dell'oligarchia finanziaria globale, che spoglia deliberatamente i popoli delle loro ricchezze e dei loro diritti facendo leva su governi e parlamenti teleguidati, si aggiunge quella dal basso da parte di schiere di altri poveri che si aggiungono ai nostri. Bocche da sfamare che vengono in Italia e che chiedono una casa, un letto, cibo, assistenza sanitaria, scuola e soldi. Nella falsa illusione che questi crescano sugli alberi come i manghi, che si generino da sé nei bancomat. Strana idea, questa, radicatasi specialmente in Africa in decenni di pessime pratiche messe in atto dalla ricchissima industria degli aiuti a pioggia, dell'assistenza, del finto sviluppo che ha generato corruzione dilagante e sperpero di denaro pubblico. 1.300 miliardi di dollari contando i soli aiuti OCSE destinati all'Africa. Almeno il doppio, crediamo, se si conteggiano anche la cooperazione non governativa, la filantropia e le iniziative individuali, l'associazionismo, i beni in natura, gli aiuti missionari, le donazioni, i sostegni a distanza ecc. Al netto dei teatri di guerra, in cui per ora non entriamo, da tutte le latitudini partono schiere di migranti illusi dall'idea che in Europa troveranno il Bengodi. Incoscienti nel sottovalutare i pericoli del viaggio, vengono rastrellati da organizzazioni criminali di matrice terroristica che fanno il lavoro sporco di chi vuole destabilizzare l'Europa. L'organizzazione delle migrazioni è un business sporco che alimenta bande di criminali: è mai possibile che la tecnologia con cui si va all'attacco di altri paesi non possa essere utilizzata per distruggere militarmente le flotte di queste bande? Questo genere di traffici è un bancomat operativo h24 nelle mani di chi genera – oltre al barbaro mercato di essere umani – strategie terroristiche.

Dopo aver clamorosamente fallito in Africa, oggi talune agenzie e organizzazioni per lo sviluppo sedicenti umanitarie pretendono di replicare qui da noi il modello parassitario che da molto tempo dà loro da mangiare. I lauti stipendi che da tre, quattro o persino cinque decenni ingrassano taluni funzionari che si nutrono del disagio altrui, del denaro di contribuenti ignari e di quello di donatori ingenui, finora non sono serviti evidentemente a nulla. Altrimenti non si spiega perché questi stessi funzionari ingrassati piangano miseria africana e panasiatica dopo quasi tre generazioni di aiuti.

«È il potere dei più buoni» cantava il grande Giorgio Gaber, una canzone che inchioda – come solo lui sapeva fare nella sua anarchia intellettuale impregnata di tanto buon senso – le contraddizioni del buonismo. Ascoltatela tutta se vi capita, recuperatela. Qui vi cito solo la conclusione del buonismo:

«È il potere dei più buoni
è il potere dei più buoni
costruito sulle tragedie e sulle frustrazioni
è il potere dei più buoni
che un domani può venir buono per le elezioni».

Non si risparmiano a parole, quello no. Sono prodighi di ammonimenti sull'accoglienza: «Bisogna fare di più», «L'Europa non fa abbastanza», «L'Italia non fa abbastanza». Ci sgridano dal pulpito di organizzazioni globali con fatturati da capogiro, che fanno più finanza che sviluppo destreggiandosi abilmente nell'arte contabile e nei pingui investimenti in marketing. Bisogna spalancare le porte ai migranti perché ce lo dicono organizzazioni che fatturano quanto certe aziende quotate in borsa.

I dati che arrivano dal Viminale sono da paura: nei primi mesi del 2017 i migranti soccorsi in mare sono aumentati del 67% e ci si prepara al peggio. Sempre secondo una proiezione del ministero dell'Interno, ci si attende che nel 2017 saranno battuti tutti i record di accoglienza degli anni scorsi. La nuova stima è che dalla sola Libia arriveranno 250.000 persone. Lo scorso anno ne arrivarono 181.000.

In questa situazione va collocata anche l'accusa che arriva da Frontex, l'agenzia europea che si occupa dei confini: «Le ONG non collaborano con noi» ha affermato il direttore di Frontex, Fabrice Leggeri.

In Italia tre procure stanno indagando su una prassi pericolosa: gli scafisti preferiscono spedire i gommoni verso le navi umanitarie perché queste si limitano a soccorrere senza preoccuparsi di distruggere le flotte dei criminali.

Il 40% dei salvataggi è effettuato da organizzazioni umanitarie (un boom rispetto all'anno precedente) che poi portano in Italia questi disperati.

È in atto una specie di ricatto morale verso l'opinione pubblica. Organizzazioni globali che, nel mercato globale della povertà, attingono a fondi inestinguibili, non perdono occasione di aprire bocca con la loro retorica terzomondista. Tanto, c'è sempre una porta di casa degli altri, di coloro che, oltre a essere vittime della globalizzazione, subiscono le campagne di pubblico biasimo delle tivù e quelle dei mercanti di povertà.

Venditori di foto di bambini fanno già la fila per la nuova frontiera dello storytelling strappalacrime globale: l'Europa del Sud può diventare ciò che è la Cambogia nel Sudest asiatico. Bimbi autoctoni e bimbi migranti da immortalare per commuovere gli ingenui, pronti a sborsare i soldi che finanzieranno strutture ridondanti e stipendi improduttivi. Dopo aver rovinato un bel pezzo d'Asia e tutta l'Africa, le multinazionali di quell'adozione a distanza che nutre i cooperanti ma non i bambini sono già sbarcate in Europa. Mettono le bandierine sulle mappe geografiche dei propri siti, fanno come la Coca-Cola e le grandi corporation. Sono attori globali anche loro, con reti di filiali e *branch* che sembrano fatte per dissipare risorse, in uno schema organizzativo che è volutamente complesso per giustificare gli stipendi degli amministratori delegati. 350-400.000 dollari di emolumenti a certi dirigenti che dicono di aiutare i bambini... Ma per favore!

Tanto per fare un esempio, UNHCR ha un budget di 3 miliardi e mezzo di dollari. Save the Children fattura 1,1 miliardi di dollari.

Diverse organizzazioni e cooperative fiancheggiano il disagio per alimentarsene e flirtano con i governi che il disagio lo fomentano. Per produrre business in cambio di voti; per assicurare voti in cambio di business; per schiacciare il popolino in lotte fratricide.

L'accoglienza diffusa, in Italia, è disagio diffuso, è illegalità diffusa, è povertà diffusa. È ingiustizia e disuguaglianza. È portatrice di ghetti e di degrado. Tutti fenomeni facili a radicarsi, impossibili da estirparsi. Perfetti brodi di coltura per chi fa del disagio altrui la propria fonte di reddito.

Sia gli italiani sia i migranti sono vittime dall'ipocrisia di certe parti politiche, intrise di ideologia deleteria e terrorizzate dall'idea di perdere i voti di talune associazioni irresponsabili. Di organizzazioni che, da noi, promuovono i diritti degli altri a scapito di quelli degli italiani, onde garantirsi fondi inesauribili e facili stipendi.

È facile parlare di accoglienza, ma anche le migliori intenzioni si ritorcono contro quando l'accoglienza non ha la guida politica. L'accoglienza è una sfida che va affrontata poco alla volta, trovando ogni volta un equilibrio cui successivamente aggiungi un altro pezzo. Pensare che le cose poi si risolvano da sé è non solo ipocrita, ma è deleterio. Sul piano sociale, la crisi occupazionale ha eliminato anche dal mercato del lavoro parecchi immigrati disposti a qualsiasi impiego. Costoro, senza una retribuzione, non disponendo di un risparmio rifugio, diventano dei disperati, diventano sale sulla ferita aperta.

Il buonismo, il pietismo, il lassismo sono gravissimi vizi che, anziché aiutare i migranti e gli italiani, li mettono gli uni contro gli altri.

In questo mondo di povertà globale, non c'è nulla di più pericoloso dell'aggiungere poveri ai poveri. Dell'accatastarli gli uni sugli altri. Del mischiare culture diverse o perfino opposte, in un'epoca in cui si è tornati a lottare per il pane e per il territorio.

Quand'anche tra gli uni e gli altri vi fossero l'empatia, la condivisione e l'accoglienza che sinceramente auspichiamo, queste si trasformerebbero di fatto nel dimezzamento dei diritti e del pane. «Un po' a te, un po' a me»... di quel poco che è rimasto. Si arriva all'accettazione al ribasso di soprusi imposti dall'alto. È esattamente lo scenario sociale ideale per il sistema GangBank.

Chi non vive il disagio quotidianamente sulla propria pelle non può capirlo. I sapientoni ignoranti della politica, lontani anni luce dalla vita reale, istupiditi dai dogmi ideologici o nei casi peggiori complici di disastri pianificati, e i giornalisti *embedded* di alcuni salotti tivù continuano a farci credere l'incredibile: e cioè che possiamo mantenere a debito (sì ragazzi, sempre quel maledetto debito) il mezzo milione di stranieri arrivati illegalmente in Italia tra il 2014 e il 2016. 4 miliardi all'anno per le operazioni in mare (di salvataggio secondo alcuni, di traghettamento complice e irresponsabile secondo altri). 10 miliardi di spesa già messi nero su bianco nel documento programmatico di bilancio 2017. Tutto a debito, per affondare sempre di più la barca italiana. Per togliere diritti agli italiani e fallire totalmente nel darli ai nuovi arrivati, i quali giocoforza finiscono per creare ghetti, tensioni, competizione sociale al ribasso, illegalità e microcriminalità. E attriti culturali e religiosi. È l'accoglienza irresponsabile di chi non vuole porre dei criteri oggettivamente indispensabili, criteri che si basano su una ripartizione che – lo abbiamo visto anche in questi due anni di tensioni con l'Europa – non accade, tant'è che i migranti restano a carico delle zone di frontiera.

Nel goffo tentativo di dopare il PIL a suon di soldi alle cooperative, i nostri governi sinistri ci sovraccaricano di debito destinato a una spesa sterile di puro assistenzialismo, peraltro negato ai bisognosi italiani, anziché investire in sviluppo, educazione scolastica e ricerca di alto livello. Senza alcuna visione né di breve, né di medio, né di lungo termine.

Del resto, il disagio e le tensioni fanno il gioco di chi comanda. *Divide et impera*, dicevano i romani. Ragazzi, stiamo scoprendo l'acqua calda. Il malessere diffuso nei bassi strati sociali rende più agevole il gioco di chi sta in alto: quello dei nostri governanti mediocri e quello dei nostri nuovi padroni senza volto sparsi per il globo.

Bando alle ipocrisie. Non ce l'abbiamo con nessuno, ma crediamo sia ora di gettare la maschera su almeno tre questioni.

La prima: nel contesto di una crisi economica quasi decennale, provocata ad arte da banchieri e finanzieri, in Italia la cosiddetta "accoglienza" è economicamente insostenibile e socialmente devastante, oltre che gravemente pericolosa per la sicurezza interna, alla luce degli attentati terroristici che stanno flagellando l'Europa.

La seconda: dobbiamo accantonare lo stereotipo della povera Africa e dei "poverini" del Sud del mondo. Che l'Africa non possa farsi carico dei suoi poveri è una mera bugia che fa comodo a chi vuole mischiare poveri con poveri per trarne vantaggio economico, lavoro a bassissimo costo e potere politico. Una menzogna formulata da gente che vuole farci credere che i leader del Ghana, della Costa d'Avorio, del Senegal, della Nigeria, del Ruanda e dell'Uganda mozzino le teste dei propri connazionali a colpi di machete. Invece sono semplicemente dei politici meschini come lo sono i nostri, con cui condividono lo stesso difetto globale: vogliono adattare le Costituzioni e le leggi elettorali a se stessi o renderle funzionali a interessi privati anziché collettivi.

La forbice sociale è globale. La povertà è trasversale agli Stati, così come l'opulenza. Senza negare l'esistenza delle tragiche miserie locali, la Nigeria e l'Angola sono nazioni ricchissime dove convivono miliardari smargiassi, monarchie regionali tribali e politici scaltri. L'economia sommersa in Africa ha dimensioni spaventose: multipli dei PIL ufficiali, altro che il 10%

dell'Italia insultata e derisa. Il già cospicuo PIL della Nigeria da 500 miliardi di dollari andrebbe moltiplicato per un fattore che va da due a quattro. Le zone urbane e periurbane di tutta l'Africa subsahariana sono costellate di ville milionarie non certo possedute da coloni bianchi. Per intenderci: nell'elenco degli imprenditori, dei ricconi e dei finanzieri globali, figurano parecchi africani. Come il nigeriano Aliko Dangote, attivo nell'industria del cemento e oggi cinquantunesimo uomo più ricco del mondo (classifica «Forbes» 2016) con un patrimonio di 15,4 miliardi di dollari. O come il tanzaniano Mohammed Dewji, il più "povero" fra i ricchi, che siede nel ristretto club dei Paperoni nonostante sia un cittadino del centocinquantunesimo paese meno sviluppato del mondo.

La terza: giusto a titolo di esempio, non possiamo pensare di mantenere i quattro-cinque-sei-sette figli degli ivoriani né a casa nostra né a casa loro, quando la Costa d'Avorio cresce all'8% e quando le famiglie dell'Italia a crescita zero non possono permettersi di averne manco uno, di figlio.

Se dunque è vero che il *cash* è ovunque, anche nascosto nell'economia nera, a maggior ragione non ha senso mischiare povertà con povertà creando miscele esplosive.

Oltre alla competizione sociale e a quella per salari da miseria, l'ammassamento di povertà e la spalmatura del disagio (invocata da sinistri rappresentanti politici) aumentano inevitabilmente la criminalità comune e fertilizzano la crescita di ghetti insalubri e insicuri. Ce lo dimostrano la storia, le *favelas* sudamericane e gli *slum* indiani e africani.

La globalizzazione livella, anzi schiaccia, verso il basso. Riproduce in Europa quei ghetti del Sud del mondo che la cooperazione internazionale è stata incapace di sanare. Quei nuovi ghetti europei che contribuiranno all'aumento dei fatturati globali dell'industria degli aiuti che fiancheggia i governi malvagi fingendo di contrastarli.

Il prezzo dell'integrazione lo pagano sempre i più deboli,

i meno abbienti, le periferie. Mai gli elettori dei quartieri chic di Milano o quelli dei Parioli di Roma. E l'integrazione rischia di diventare disintegrazione. Disintegrazione sociale.

La delinquenza comune è in aumento, checché ne dicano le statistiche. I cittadini vittima di reati comuni, esasperati, ormai non sporgono più denuncia. Hanno perso la speranza di avere giustizia. Hanno perso la forza di lottare contro le ingiustizie quotidiane. Si sono abituati, pur indignati, disgustati e sottomessi, all'illegalità fatta sistema, all'ingiustizia conclamata. Ai soprusi di "città nelle città" che vivono di economie sommerse parallele e che, a cielo aperto e sotto gli occhi di tutti (autorità *in primis*), sfiancano i quartieri popolari di Milano, Napoli, Roma e Torino. Indifesi di fronte alla legge, i cittadini non hanno il diritto all'autodifesa, nel qual caso saranno senz'altro denunciati dai loro prevaricatori e aggressori.

A Milano, in corso Buenos Aires c'è un furto ogni venti minuti. Dico, parliamo di una sola via di Milano e di un solo reato minore. Non me ne voglia nessuno: a sentire qualche commerciante della zona, sono tutti stranieri e tutti recidivi. Quand'anche siano colti con le mani del sacco, non passa mezz'ora che vengono rilasciati, liberi di continuare a rubare. E in galera non ci va nessuno, perché la legislazione è (volutamente?) garantista e pietista verso chi non ha le carte in regola. La clandestinità favorisce per definizione l'illegalità e l'impunità. Chi non esiste non può essere punito. Chi non esiste non può essere rimandato a casa finché non sarà riconosciuto. E quindi non sarà mai riconosciuto. Chi non esiste sarà sempre difeso dal lassismo, dal pressapochismo, dal buonismo e dal pietismo di chi campa di lauti stipendi improduttivi vendendo diritti per gli altri e calpestando quelli di chi rispetta le regole di convivenza civile. E stiamo parlando di minuzie.

Lungi da noi sollevare questioni xenofobe. Ma la realtà si

affronta mostrandola, non negandola. Ci sono interi quartieri e intere zone franche, comuni di provincia dimenticati, dove si vede davvero di tutto: lo spaccio; lo sfruttamento della prostituzione; gli stupri; le rapine; le occupazioni abusive di case popolari; follie come il subaffitto e la messa in vendita di alloggi comunali da parte di occupanti abusivi (come documentato anche in una delle mie trasmissioni); pazzie come la trasformazione in motel clandestini dei medesimi alloggi comunali, con tanto di annunci su internet (100 euro al mese a posto letto); prediche di morte fatte da sedicenti guide spirituali in moschee improvvisate; abusivismo commerciale, contraffazione, smercio di prodotti rubati e contraffatti sotto il naso degli assessori comunali, proprio dietro l'angolo del municipio; occupazione non autorizzata di suolo pubblico; ribellione alle forze dell'ordine, fuga dai centri di accoglienza e/o di identificazione; sequestri di persona presso i medesimi centri; lavoro nero e sfruttamento di manodopera clandestina; economie parallele avulse dal nostro sistema sviluppatesi nei ghetti e nelle periferie urbane.

Quando con l'ex magistrato Davigo dicevamo giustamente che i reati dei colletti bianchi sono fuori dai radar dell'indignazione popolare, non volevamo assolutamente sottovalutare la gravità della delinquenza comune, la cui densità e frequenza (nonché talvolta la crudeltà di certe modalità di aggressione, per esempio l'uso delle lame) è fonte di grande allarme sociale. È vero che un colletto bianco da solo può fare quarantacinquemila vittime, e quindi fa *strike* di birilli umani senza pagarne le conseguenze, ma la somma dei criminali comuni fa altrettanto danno. Per esempio, nel 2016 un reato apparentemente innocuo come il commercio abusivo è costato all'Italia 26 miliardi di euro e ha falciato centottantamila posti di lavoro.

Sia i reati dei colletti bianchi sia quelli comuni sono socialmente distruttivi, in sinergia fra loro. Sono distruttivi dall'alto i primi, dal basso i secondi. Laddove i secondi contribuiscono anche all'indebolimento della coesione sociale e distolgono l'occhio dei cittadini (assorbiti dalle emergenze e dalle paure quotidiane) proprio dai crimini di GangBank. Che così festeggia a champagne.

Alcuni cittadini, obbligati a difendersi nella vita quotidiana dalla nuova deriva di degrado e criminalità nei loro quartieri, obbligati a lottare per il pane e per la casa, indebitati perfino per riuscire a pagare le bollette o per far fronte al versamento anticipato di alcune tasse, non hanno materialmente modo di alzare lo sguardo verso i colletti bianchi e GangBank. A meno che non ne rimangano direttamente vittime o non ne prendano coscienza grazie alle attivissime associazioni dei consumatori.

Ancora una volta non me ne voglia il lettore, con cui mi scuso per la schiettezza: senza fare crociate contro chicchessia, in un paese ormai di poveri com'è l'Italia, l'eccesso di immigrazione priva di controlli aumenta fisiologicamente la criminalità comune e l'instabilità. Chi ha fame deve mangiare, il come non importa.

Dove voglio arrivare? La destabilizzazione sociale e le minacce esterne sono mezzi scientifici storicamente usati dall'establishment per rafforzarsi. Spaccando la base, si acquisisce maggior potere: *divide et impera*, come ho già detto.

La microcriminalità e l'immigrazione finiscono per essere funzionali alla strategia di conquista dei neoliberisti eurocrati e anglosassoni. Destabilizzano gli strati sociali più bassi e rafforzano i governi complici. A prescindere dal fatto che vi sia o meno un piano studiato e attuato a monte.

Più specificamente, l'immigrazione è un'arma: è parte integrante della strategia di conquista elaborata dai paesi arabi, dai loro imam e dai loro fondi d'investimento che si stanno comprando pezzi d'Italia con i nostri stessi soldi. Quelli del pieno di benzina e dei voli aerei solo apparentemente sottocosto. L'occupazione degli spazi, dei luoghi fisici e delle anime, che in quest'ultimo caso diventa sottomissione, fa il gioco del piano di conquista culturale, economica e finanziaria di grosse fette d'Europa da parte degli sceicchi.

Banche, società finanziarie, immobili di lusso, terreni e poderi, masserie, ville, alberghi, grattacieli, imprese, aziende di Stato, compagnie aeree, know-how industriale, società sportive: il *cash* del discutibile mondo arabo che finanzia i terroristi (Qatar, Arabia Saudita, Emirati) si è insinuato dappertutto, ampliando la schiera di padroni che ci sta colonizzando. Con il plauso dei media allineati, che ipnotizzano le platee dicendo: «Pensate com'è bella l'Italia, vengono a comprarci persino dal Qatar». Svenduti a cifre da *hard discount*.

Ormai siamo una colonia. Una colonia spezzettata, anche se non geograficamente. Spezzettata tra molti padroni. Mega fondi e società finanziarie; americani, cinesi, arabi, russi; fondi sovrani di ogni dove; speculatori individuali con profili alla George Soros. Siamo un paese periferico, come dicono nel mondo della finanza. Ripeto, *periferico*: leggere i bollettini finanziari quotidiani per credere. Dalla periferia dell'Impero austroungarico e del Regno di Spagna dell'epoca prerisorgimentale, siamo passati alla periferia del dominio finanziario globale. Siamo periferia di GangBank, altro che «padroni a casa nostra».

Storicamente, i processi di colonizzazione vengono attuati dall'alto e dal basso, schiacciando "a sandwich" – o meglio in una morsa – l'anima sociale delle popolazioni conquistate. Talvolta con le armi, ma non necessariamente. Sempre, però, con la complicità di qualcuno dall'interno, di classi dirigenti vuoi corrotte o vuoi semplicemente stupide. L'Africa siamo noi.

L'Italia saccheggiata dal GangBank globale, l'Italia del debito mostruoso di oltre 2.200 miliardi, pari a più del 130% del PIL, rischia il collasso a causa della competizione tra individui poveri e indebitati. Tra italiani e stranieri. Rischia il crollo di quelle fondamenta sociali che i nostri governanti sembrano picconare a bella posta. E allora si abbassa l'asticella dei licenziamenti, si erodono tutele e diritti. Si massacra la sanità con liste d'attesa che "intanto puoi morire" e con ticket talmente costosi da obbligarti praticamente ad andare dai privati. Sempre che tu abbia i soldi, altrimenti puoi schiattare in corsia, sdraiato per terra perché non ci sono i letti.

Ragazzi, questa non è letteratura di fantasia, non è demagogia. Non stiamo esagerando: stiamo dicendo cose che accadono veramente nei nostri ospedali, a cui manca persino l'acqua oltre ai posti letto. Questa è vera e propria cronaca africana, su cui versano lacrime di coccodrillo i nostri ministri incapaci. Come la Lorenzin, la quale dovrebbe esibire un po' meno commiserazione da bar e lavorare un po' di più. Lei è la responsabile del (mal)funzionamento della sanità, lei è la persona (mal)indicata come capo esecutivo dei servizi alla salute. Farebbe bene a dedicare meno tempo a campagne di sensibilizzazione da associazione di quartiere come quella del Fertility Day (fallimentare, costosa e di cattivo gusto) e più tempo a far sì che funzionino le pediatrie, le ostetricie e le ginecologie. Se lavorerà bene, se metterà i soldi nella sanità e se i suoi colleghi ministri lavoreranno altrettanto bene, vedrà che gli italiani torneranno a fare figli. Più di quanto creda. Non saranno i Family Day e i Fertility Day a convincere gli italiani a fare più figli: si dovrebbe lavorare sulla voce di welfare state, cioè quella voce che GangBank sta privatizzando per depredare ancor più ciò che resta nel risparmio italiano.

I nostri governanti, dicevamo, ti affogano, poi ti danno una mancia sotto forma di bonus, poi giù di nuovo, testa sott'acqua.

Come abbiamo già visto, le Costituzioni non valgono più. Anche se sopravvivono ai referendum. I diritti e le dichiarazioni universali dell'uomo sono specchietti per le allodole. Dichiarazioni ingannevoli scavalcate dai trattati internazionali e dalla dittatura finanziaria. Io mi tengo stretto la COSTITUZIONE ITALIANA, quella senza il pareggio di bilancio e norme euriste. La nostra Costituzione, nonostante tutta la retorica sulla sua mai accertata anzianità di servizio, conserva un equilibrio magnifico. Solo la riformite degli ultimi decenni poteva peggiorarla; qualche volta l'hanno fatto, altre – per fortuna – no, perché i tentativi sono stati respinti.

La povertà globale è funzionale alla finanza globale: lotte al ribasso per stipendi da fame rendono sempre più ricchi i ricchi, fiaccano la resistenza sociale e rafforzano le oligarchie di governo transnazionali.

L'immigrazione è una questione politica (oltre che ideologica) per cui non esiste *la* soluzione, perché muta continuamente. Si possono fissare delle quote di ingresso; ma anche in questo caso non basta. L'immigrazione trascina con sé problemi pratici, gestionali. I centri di identificazione sono solo una parte della questione, e ridurre il congelamento del patto di stabilità al controllo delle frontiere e alla gestione dei centri di identificazione è miope.

Le *banlieue* sono l'esempio lampante di come le periferie siano state utilizzate come parcheggio sociale, spesso invisibile ai salotti della *gauche*. Sia chiaro: non è che le periferie delle grandi città italiane siano immuni da tensioni sociali; diciamo che da noi le tensioni non raggiungono l'intensità parigina, ma il degrado è comunque sotto gli occhi di tutti.

Dopo la strage alla redazione di «Charlie Hebdo», la Francia, facendo leva sullo stato di emergenza, si era messa fuori dalla gabbia contabile per tornare a macinare politica, cioè a essere sovrana delle proprie scelte governative. Dovrebbe essere così per tutti. Gestire l'integrazione significa per esempio costruire più alloggi popolari, più asili, più scuole; significa non diminuire i diritti del lavoro; significa illuminare le strade e collegarle con trasporti pubblici; significa pagare più agenti per pattugliare quelle zone. Significa, in breve, non concedere alle organizzazioni criminali ciò che lo Stato non fa perché è distratto o perché ci mangia sopra.

Che senso ha congelare Schengen o il Patto di Stabilità e Crescita solo in funzione del pericolo terroristico? Per assurdo, allora, dovremmo aspettare (Dio non voglia) un terrorismo di matrice politica per ragionare sulle classi sociali basse e medio-basse? Dovremmo aspettare un'insurrezione delle partite IVA o degli artigiani per rivedere la questione fiscale? Tutti questi temi rappresentano grandi sfide politiche che non si possono delegare a un soggetto – l'Europa – privo di struttura politica.

Lo stato di emergenza è l'emergenza dello Stato che vuole tornare a essere sovrano. I tagli alle forze dell'ordine (altro argomento d'attualità) messi in atto in questi anni di fanatismo ragionieristico ci rendono più deboli nel controllo ordinario delle città, figuriamoci ora che ci sono gravi minacce terroristiche.

Il politically correct non è una categoria della politica; può esserne un presupposto (al limite). La metapolitica è diversa dalla politica. Abdicare a Schengen non basta. Stornare le spese relative alla lotta al terrorismo o alla gestione dell'immigrazione è poca cosa. La spesa pubblica (concetto lontano anni luce dallo spreco pubblico) è l'investimento dei governi per dare risposte alle questioni sociali. Bruxelles è la prima a saperlo; per questo rispedisce le patate bollenti ai governi. Bell'affare.

Io credo che nessuna politica di gestione delle migrazioni (tema che precede le politiche di integrazione) darà frutti fintanto che è dopata da mille parole e mille dichiarazioni. Solo adesso assisto a retromarce spericolate sui rapporti politici con il dittatore Gheddafi: prima era tutto un inzuppare il pane nell'opportunità morale di quei rapporti. Quel colonnello imbarazzante serviva – e servirebbe ancora – ai signori di Bruxelles. Il guaio è che la politica non sempre ripara gli errori della retorica. Ho sempre scritto che non esiste Europa senza politica (da qui la mia "negazione" dell'Europa come soggetto) e soprattutto non esiste Europa senza una politica estera. L'assoluta assenza sullo scacchiere del Mediterraneo – e non parlo solo della gestione dell'emergenza sbarchi – è l'errore più vistoso commesso dall'Europa.

Nel momento in cui l'Europa non presidia il suo fronte più delicato e centrale, lo lascia agli altri. In questo caso, lo lascia in appalto ai cartelli criminali, che sono padroni dei corridoi navigabili. Ogni giorno quei corridoi sono battuti da barconi e gommoni che trasportano disperati e disperazioni. Accogliere queste persone impone il dovere di elaborare una minima idea di cosa accadrà dopo. L'accoglienza per tutti non è un risultato politico possibile. Sarà cinico, sarà brutale, ma è reale. Prima dell'accoglienza viene la gestione del fenomeno.

La politica deve agire. Cominciando dal controllo armato. Non posso pensare che la tecnologia satellitare militare non consenta un monitoraggio preciso! Stiamo parlando di zattere in mare, mica di droni invisibili! Il Mediterraneo va ripreso. E lo si deve fare impiegando navi, tecnologia, mezzi. Solo così si scoraggiano le scorribande dei trafficanti. Questo non significherebbe annullare del tutto il pericolo degli sbarchi, ma sicuramente ne ridurrebbe (e magari ne abbatterebbe) il numero.

Riportiamo il traffico di migranti a numeri accettabili. Riportiamo le migrazioni all'interno della legalità. Riportiamo la questione immigrazione nella sfera del sostenibile. Altrimenti siamo tutti funzionali alla giostra della retorica.

Altrimenti, dopo il «mai più tragedie come queste» ci sarà una tragedia peggiore. Perché il male non si ferma. È parte di questo mondo. Il disperato non gestito non è una risorsa per nessuno, tranne per il mercato della disperazione.

Il sistema GangBank non fa distinzioni di nazionalità, di sesso, di religione e di razza. La disperazione degli altri è la sua forza. La nostra, invece, è il recupero di un mondo che respinge la falsa modernità. La falsa idea di essere perfetti. Di essere sempre come qualcuno. Noi siamo l'Italia, noi siamo italiani. Con i nostri limiti, i nostri difetti, i nostri peccati. Basta guardarci attorno per toccare con mano quello che abbiamo saputo costruire, distruggere e poi ricostruire ancora. Ripartiamo da noi. Ripartiamo da tutti i nostri diritti. È un dovere. Se i politici fanno da palo al sistema GangBank, facciamo in modo di non renderci anche noi complici. Ogni volta che montano ad arte la nostra indignazione è per fare un regalo al neoliberismo. Non è un complotto, è solo la loro strategia. Respingiamola.

Riprendiamoci le nostre vite. Ripartiamo dall'Italia.

Ringraziamenti

Ringrazio Carlo Musso che ha creduto in questo progetto.

Claudia Coccia che lo ha seguito con cura e pazienza.

Un ringraziamento particolare a Mario che mi ha seguito nella scrittura. A Manuele Bonaccorsi per aver riletto e corretto. E a Stefania Gioia per i preziosi consigli stilistici.

Ringrazio tutta la redazione della *Gabbia Open* per avermi sopportato nelle settimane di scrittura.

Ringrazio il mio avvocato, Eugenio Piccolo, perché si prende cura di ogni dettaglio.

Indice